關帝學 聖鸞學院系列叢書

聖凡雙修實踐策略

後疫情時代的新生活方式與契機

陳桂興 主編

序

透過論壇教育蹊徑
五常德教義融入日常蔚為習慣

十分歡喜，在疫情稍過，際此正當百業重發、蓬勃奮起的時節，我們圓滿辦完第二屆五常德論壇。

玄門真宗雖是以關聖帝君為主祀的教門，我們更大的願心是匡正人心、教化社會，提升個人幸福與家庭美滿，促進厚用利生與社會和樂。老子曰「千里之行、始於足下」，教育便是五常德千里行的足下，這個使命必須從教育做起！教育，是紮根的工作，惟能知能行，知行合一的道德才有價值。

教育學提到教育內涵，有知、情、藝三個要素，知是教育的道理，情是認同內化的態度，藝是行為的能力，也就是實踐的表現。在道德範疇裡，實踐最重要，沒有實踐的道德，只是倫理玄學、只是學院空談，於世道人心與人類的美滿幸福助益不大。玄門真宗連續第

二年，邀請學者專家、教育先鋒校長朋友們，共聚探討五常德，除了理念的澄清與重建，更著眼於道德的闡揚，進一步透過教育途徑，宣化鼓舞，期能融入日常生活，蔚為習慣。

◆五常德新義　指引人心回歸正知正行

邇來大家每有喟嘆，如今品德教育失能、固有倫理道德隱微不彰。也有人責怪學校課程，把品德教育拿掉了。我曾聽一位校長感慨地辯解，不管課程改革怎變，他的學校還是紮紮實實在做生活教育和品格鍛鍊，但是小學六年諄諄教誨，不如網路六小時，也不如檯面上媒體、政治人物的幾番言行。

這位校長點出了今日的關鍵！大家為了商業招徠、為了政場競鬥、為了個別私利，扯斷固有道德準繩，丟掉一把良心量尺，罔顧人格修養，更遑論形像風骨，正所謂「人心不古」。偏偏這樣的負面示範，透過網路媒體世界，浸泡當下每人的心思。無形中排擠原有價值體系、霸佔學校教育、吞噬殆盡是非倫常，而大家見怪不怪、習以為常。校長的感慨，的確事實。

面對這樣的態勢，我們且莫憂懷怨嘆，更要秉持積極的信念和作為，力圖振衰起敝。

所謂「風雨如晦、雞鳴不已」，最黑暗的時刻不也正是黎明將要到來？個人有緣奉獻教門，始終堅信「不信春風喚不回」，何況有關聖帝君神尊做坐纛護持，更加堅信亂流歪風必定很快回歸正知正行。

華夏傳統壓箱寶裡，還是有許多淑世利民的好東西。從孔子提出仁義禮，孟子提出仁義禮智，到西漢董仲舒加入信德，五常德已是二千年生活遵循的〈老骨董〉。而華夏民族之所以能夠堅韌綿延、之所以能夠維持生生不墜的命脈，往往是守住一些精萃的老東西，五常德即是其一。君不見時下許多五音不諧、旋律不暢的靡靡之音，縱然一時給人哼哼哎哎，但流行一過即無影無蹤；反觀許多動人心弦、悅耳撩人的老歌，百聽不膩永遠傳唱，成為人類精神文化的養分。五常德就如同後者，是一種歷久彌新、不受時移境遷，永遠適用的道德理念、生活指引、行為準則與修身涵養。

我們強調的五常德，是以仁、義、禮、智、信為綱本，賦予創新的內涵與意義，並涵蓋人生的各個項度與層次。仁，指的是求得健康的身體；義，是營造良好的人際關係；禮，是經營好幸福的家庭；智，是發展利益眾生的事業；信，是篤實踐履的精進修行。這五個常德層面，迨乎包括我們生命生活的面面向向了。

◆盍言超凡入聖？修行就在日常起居柴米油鹽

玄門真宗講求聖凡雙修！我們深知，社會由常民組成，常民是人間的主力，人食五穀雜糧，有七情六欲、有喜怒哀樂，不是人人都要超凡入聖。禮佛供神、教門科儀、修行法要等固然重要，但這畢竟不是眾人之事，也不必要眾人一同，否則社會無由運作、眾生無由生存；入世修行更是社會的常態，更是改善大眾生活的方式。就如星雲大師講〈人間佛教〉，五常德的修為不是叢林宗門，也不是青燈古佛，更未必是持齋念經，其實就是一種生活方式，包括衣食住行、柴米油鹽，甚至飲食男女，從出生到百年、從起床到就寢，生老病死無時不地，一舉手一投足，一言一行，無不是精進修行的範疇。五常德論壇的舉辦，就是在做這種生活修為的探討與宣揚。

有了第一屆的經驗，本屆五常德論壇我們做了微調與修正，讓活動更臻週慮完善。在疫情稍緩的時節，假中教大舒適寬敞的英才校區演藝廳，包括六十位中小學校長暨上百位教門護法執事、志工兄弟姊妹們，共聚一堂，浸潤在五常德的智慧大堂裡，反芻學理真知，見證實際典例，希冀從身體健康、人際和諧、家庭美滿、事業順利、精進修行等面向，檢視傳統精粹，融入時代元素，重建道德體系，化作日常實踐。

我全場參與論壇專注聆聽，與談人報告精闢有味，分組討論熱烈投入，綜合座談心得發表見到校長們各有創見、亦莊亦諧、妙語如珠，把看似嚴肅的五常德議題，說得逸趣橫生又令人深刻，達到寓教於樂的效果，著實領教了與會校長們的功力。

◆感謝諸方慧智結晶 祈願本書大家樂讀實踐

首先感謝，論壇與專書出版計畫主持人台中教育大學林政逸所長，從年初接案之後即縝密擘劃辦理，鉅細靡遺，數度召開籌備會議，精準管控流程與活動內容，更不厭其煩與教門明律師姐（陳芊妘校長）等配合無間。受邀的與談人也都是一時之選，涵蓋教授、專家及校長，可謂結合產官學、揉合理念與實務的完整構面。感謝五位與談人，殫精竭慮為論壇論述、撰稿，他們是：

仁—李永烈　台中市永安國小校長；

義—江志正　台中教育大學前教授；

禮—魏麗敏　台中教育大學教育學院院長；

智—劉仲成　國立台中資訊圖書館館長；

信──錢得龍　台中市峰谷國小校長。

心得撰述的校長們，篇篇精采獨到，拓展了本書觸角與內涵，特別感謝。

本專輯付梓發行，乃匯集各方善心慧智之結晶。咸信這不光是一本書籍，而是一椿信念、一股力量及一種行動。我們期盼這是一本大家願讀、樂讀的好書，一如本文前述，能發揮讀而有知，知而能行，深化關聖帝君的五常德教義，落實聖凡雙修的生活實踐，營造幸福美好的生活，遂行圓滿人生！這，才是本書旨趣。

玄門真宗　創教教尊　玄興

目錄

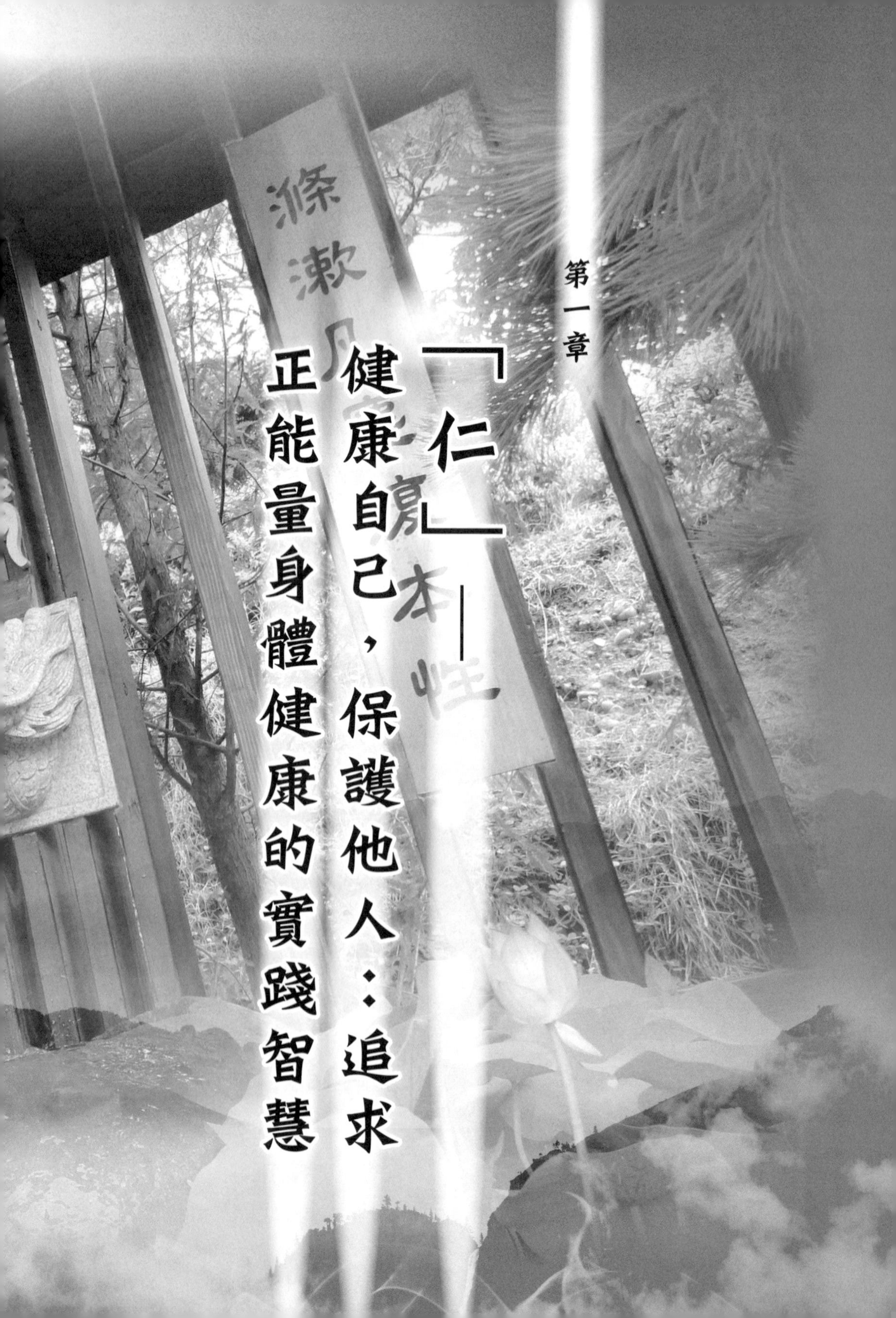

第一章

「仁」健康自己，保護他人：追求正能量身體健康的實踐智慧

淨皈天地圓融初

健康自己，保護他人：追求正能量身體健康的實踐智慧

——後疫情時代的新生活方式

李永烈
台中市大安區永安國小校長

本文撰寫期間洽逢新冠肺炎 (Covid-19) 疫情在臺灣急遽升溫，全國國人同胞進入前所未見的第三級疫情警戒，萬千學子「停課不停學」，政府鼓勵大家戴口罩、勤洗手，減少外出避免群聚感染的風險；社會上大家也彼此勉勵：「防疫期間最好乖乖宅在家，健康自己也保護他人」。故筆者以「健康自己，保護他人：追求正能量的身體健康-後疫情時代的新生活方式」為題，詮釋健康自己對自身、家庭及整個社會的重要性，並闡述正向的念頭是追求身體健康的第一步，及如何健康自己、保護他人的具體實踐智慧。

身體健康的重要性自不待言，而「如何維持健康的身體?」也幾乎是每個人的每日必修功課；

如何健康自己的知識宣導、實踐策略、經驗分享，甚或自身週遭的成功及失敗案例俯拾皆是，隨處可取經借鏡或警惕。然而現代人明明知道身體健康是一切的根本，大多數人也各有一套屬於自己的健康想法，只是能具體實踐且持之以恆內化成習慣的人實在是少之又少，尤其是年輕人；顯見一般人「知道」卻不一定能「實踐」，「想為」不一定「能為」或「持續」，如何蓄積自己的正能量，從健康自己做起，進而推己及人，保護他人，形成善的循環圈，是本文最想要傳達給讀者的理念。

本文撰寫大綱主要包括如下：第壹部份是「前言」，說明健康自己的必要性；第貳部份是「正能量的重要性」，論述正能量的重要性和目標；第參部份是「正能量與身體健康的關係」，說明個人的正能量與自己身體健康的連動；第肆部份是「追求正能量身體健康的實踐智慧」，分別從定時靜息、善用時序、正確飲食、規律運動及平衡角色等五個層面，提供具體的實踐作法；第伍部份是「結語」，從健康自己開始，歸納個人在自身、家庭與社會工作生活角色的平衡。

關鍵詞：正能量、健康自己、實踐智慧

壹、前言

佛陀之所以出家，有一個典故叫做「四門遊觀」。東門遇老人、南門遇病人、西門遇死人、北門遇修行人，透過這四道門看到了人生在世的痛苦，由於生而為人需要面對許多的磨難與挑戰，因此維持正能量身體健康，才能有力量去面對一生當行之道，得到正確圓融的成就。

時值新冠肺炎(Covid-19)疫情升溫，隨著確診、死亡人數的攀升，讓人感到人生的無常。人生的組成，諸如：金錢、地位、財富、事業、家庭、子女都是「0」，惟有身體健康才是「1」，沒有了身體健康的「1」，後面有再多的「0」，都是無用。因此擁有健康是人的最根本，才能擁有未來；失去健康，就等於失去了一切。簡言之，身體健康是一切成就的基礎，是人生最寶貴的財富。

每個人都知道「健康」對於自己、家庭及社會的重要性，然而生活週遭中隨處可見BMI(身體質量指數)過高、或有三高(高血壓、高血糖及高血脂)等相對「不健康」的親朋好友，已經明顯超重的身材，但為了滿足口腹之慾，還是常可見到「手搖茶飲」人手一杯，塩酥雞油炸攤前大排長龍，熬夜、續攤、縱情飲酒、夜生活，更成為許多人的日常生活基本樣態；這樣的現象呈現出自己追求健康的正能量，無法超越放任自己獲得小確幸的結果。

為何現代人明明知道身體健康很重要，卻還是放任自己，因為一般人「知道」卻不一定能「實踐」，「想為」不一定「能為」或「持續」，個人不夠堅定的意志力無法戰勝「享受當下小確幸」負向的誘惑力，心想著反正跟我一樣、甚至比自己嚴重的人多的是，於是一日復一日，終於造成無法挽回的結果；這樣的現象，尤其在大專院校學生及時下一般年輕人，更為普遍嚴重。

實際上，每個都是具有追求健康身體的想法的，如何強化這個正向念頭，蓄積成正能量，再透過具體的靜息、時序、飲食、運動及平衡角色等實踐智慧，持之以恒，從容慢老、健康一生的生活是可以達得到的。

貳、正能量的重要性

一般人對於「健康」或「不健康」認知，常會陷入一種單純從生理層面來判定的迷思。例如，身體檢查的各個指數，或者反應在身體上的各種不適症狀；然而，現今許多醫學研究已證實，各種疾病的形成，除了生理、環境或遺傳層面外，的確存在著個人心理因素的影響。現今我們的生活環境經常充滿過度刺激與競爭，日常中隨時迎來各種壓力與挫折，很容易引發負向情緒，當我們長期陷入焦慮、憤怒或難過等負向心理緒時，很自然地會尋找讓自己身體放鬆、愉悅的宣洩出口，於是放縱自己從吃、喝、視覺、聽覺等感官來滿足，長期累積，自然容易過度消耗身心能量，影響自己身體各系統原本運作的平衡。事實上，現今已有許多醫學研究，驗證正向心理如何影響健康、生活、或壽命?以下論述正能量的意義與目標。

一、正能量(positive energy)的意義

正能量，就是積極的能量，它的原意是物理學中的一個專業術語。英國心理學家理查德・懷斯曼(Richard Wiseman)的專著「正能量」把人體比作一個能量場。通過激發內在潛力，一個人可以展現新的自我，從而變得更加自信和充滿活力。「積極能量」是指健康、樂觀、積極的動機和情緒。時下人們把所有積極、健康、鼓舞、賦權、有益於社會和充滿希望的事物都稱為「積極能量」，也就是「正能量」，形成了具有消極能量和消極影響的反義詞。

正能量是正向心理的引申，又稱正面思考，正能量是指人們遇到困難或挑戰時，會自主產生

解決問題的企圖心，並不斷的練習改變思維，蓄積正能量來面對困境。仲秀蓮 (2004) 曾整理正向心理的定義，包括以下六種意義：

（一）正向心理是一種信念

正向心理不是為了爭取名利或權力，而是堅持一種信念來克服困難，並完成生命中具有價值及具創意的價值觀。

（二）正向心理是往好的方向想

凡事往好的方向想，利用正向心理來探索原來被認為不是有利的事情，例如親愛的家人過世時，除了感傷不捨外，不會去怨天尤人，而要有發生在自己身上的都是機率的觀念認知。

（三）正向心理是相信自己具有潛能

能夠克服艱難困苦的人，之所以被認為很堅強，是因為他們親身感受到如何將潛能激發出來的秘訣，並且相信不論身處何處，只要相信自己，就能產生強大的力量。

（四）正向心理是正確的心態

積極的心態 (positive mental attitude) 是正確的心態，正確的心態是由正面的特徵所組成的，例如信心、希望、樂觀、勇氣、進取、慷慨、容忍、機智、誠懇與豐富的常識等，這些都是正面的。

（五）正向心理是對自己傳送好的訊息

真正成功的人是那些已學會勇敢面對人生挑戰，且能把逆境中求勝的經驗傳送給自己的人，所以正向心理是對自己及他人傳送好的訊息。

（六）正向心理是運用長處與善的德性

正向的念頭來自長處與美好德性，當用到我們的長處及美好德性，良好的感覺會產生。美國心理學家 Seligman 歸納整個世界橫跨三千年與各種不同文化傳統，發現正向心理都不脫離下面六項美好德性：智慧與知識、勇氣、人道與愛、正義、修養、心靈的超越。

綜上所述，可知正能量是正向心理的引申，是面對問題、困境時處理事情的態度。然而，筆者以為，許多人把正能量單純直接理解為是積極的心理和積極的態度，這只是正能量第一層意義；正能量的另一層意義是健康的心理狀態，該積極則全力以赴，處於被動則可以饒過自己；因此，筆者對於正能量的基本解讀如下。

（一）「正能量」是指符合自然規律、社會規律和人自身規律的健康心理狀態，正向積極是基

本原則，但適可而止，知所進退亦是正能量的展現。

(二) 接受自己所無法控制的和看起來好似被動的思想行為，只要是符合自然法則的行為，這樣的行為就不僅不是消極的和負面的，而恰恰是一種積極的和健康的行為，也是一種正能量。

綜上，「正能量」不單純是人們自己的一種意願及所謂「積極的」和「主動的」行為，不是永無止境、無限上綱的積極與主動，而是總體原則向上，但適時適量求均衡的態度，真正符合自然、社會和人類自身規律的行為。所以，獲得正能量是有前提的，這個前提不是通過簡單的「積極」或「消極」來判斷的，而是要建立在人對於自然法則的掌握和對自身限度理解基礎之上的一種想法，真正由理性主導的行為。

二、正能量的目標

個人擁有正向心理，才能儲備正向能量，而為什麼要儲備正向能量呢？這與一個現代人的最基本問題有關 - 究竟什麼是好的發展與生活？根據美國學者 Seligman(轉引自陳伊琳 2018) 的看法，正向心理可以協助個人朝向下列三個目標前進：

（一）快樂的人生（Pleasure life）

能夠成功地在生活中獲得各樣正面的情緒，包括快樂、自信、平靜、滿足等，便是快樂的人生；因此，發展正向心理的目標主要是使人自發性的引發各種正面情緒並持續穩定維持。

（二）美好的人生（Good life）

除了追求快活的人生外，我們如果能夠在各種生活的重要環節上（包括家庭、人際關係、工作、子女管教等）運用我們個人獨特的長處和美德，我們便可以達到滿足和美好的生活。可以說，建立長處和美好德性是達到美好生活的必要階梯。

（三）有意義的人生（Meaningful life）

在快活的人生和美好的人生之上，我們更可以追尋有意義的人生。能夠運用我們個人獨特的長處和美德，達到我們個人更大的目標，生活便有意義。同時，增進心理健康的最正確之道，是藉由實踐智慧與知識、勇氣、人道與愛、正義、修養、心靈超越等普世美德、崇高的價值，或個人長處的發揚。

正向心理協助人們朝向快樂、美好及有意義的目標邁進，筆者以為：正向心理累積的正能量，可以從維持自身的健康做起，並把握住有限的生命時光，積極活在當下，活出自己的人生來，其

重點亦有下列三項：

(1) **享受生命**：從快樂生活開始做起，審視自身的最佳體驗，並體會正常和健康的生活中正向的情感和情緒，例如關係、愛好、興趣及娛樂等。

(2) **參與生命**：展現出自己沉浸、忘我和福樂生活的益處，這是每個人在正向投入他們的日常生活時的體驗。當一個人的能力和他的工作任務要求較好地契合時，比如確信自己充分發揮的情況下，可以完使命時，這些狀態就會出現。

(3) **意義生命**：除了享受生命及參與生命外，人是萬物之靈，如何從一些比個人更廣大和更持久的事情，例人與大自然、社會團體、組織、運動、傳統及信仰體系的參與和貢獻上，得到幸福與歸屬感，這就可以讓自己的人生更有意義。

參、正能量與身體健康的關連

從正向的念頭開始，逐漸積累正能量來健康自己是在後疫情時期，克服環境困頓與不明未來最好的方式之一。一般人也許能體會正能量與身體健康的相關性，但卻不一定認為其彼此之關具有高度的相關性。在現代生活中，科學家已經在醫學、心理學的研究發現，正能量能促進身體健康，而正能量與身體健康的主要關連如下：

一、正、負向思考神經系統互斥消長

當一個人思考是樂觀、詳和、感激和快樂…時，人腦中的正向思考的神經系統會產生作用，而另一套負向思考如仇恨、悲傷、沮喪、妒嫉…的神經系統則被抑制住，不會或降低產生作用；簡言之，正向思考可以促進神經系統形成善的循環，而負向思考則會促成不好的循環。

二、神經系統會有「不用退化，愈用愈發」的現象

一個擁有正能量的人，因為看待周遭的事情總是以正面的態度；時常心存感激，對於短暫的困境或挑戰，會盡力克服，並接受努力後的結果。可想而知，如果一個人的正向思考神經系統被活化了，而負面思考的神經系統就會因為不常發揮功能而退化了。

三、神經系統會透過神經傳導物質生長或傷害細胞

擁有正能量的人因為常使用正向思考神經系統，經常分泌讓細胞健康的神經傳導物質，所以

比較不容易生病。近年來醫學上產生許多怪病，甚至有很多已滅除的感染疾病又再度發現，其原因就是很多病人都因自身的細胞不健康，而變得難以醫治。

四、正向思考神經系統可以促進免疫力

醫學上發現，正向思考的神經系統能分泌出讓細胞生長健康的神經傳導物質，使人體免疫系統中的免疫細胞活躍，對於外來細菌或病毒較有抵抗力，人也就比較不容易生病。這就是我們常聽到的，一個癌症病人如果比較樂觀，通常癌症都比較容易獲得控制與治療的道理。但是，負向思考的人就沒這麼幸運，因為他的免疫系統被負向思考的神經系統影響，很多免疫細胞早已死亡，而不再具有保護作用。

蓄積正能量的人，傾向於正面看待發生在目己的任何事情，人生不如意事十之八九，如何面對發生在自己週遭的事情？積極用心處理這些事情，並接受自己努力處理過的結果，最後讓處理的結果自心中放下，心中無罣礙後，身體自然無負擔，當然容易促成神經系統善的循環，累積正能量，面對人生的下一個生活挑戰。

肆、追求正能量身體健康的實踐智慧

擁有面向的念頭，能儲備正能量是邁向健康的第一步；而第二步便是將這些念頭與想法付諸行動。而如何追求正能量的身體健康，筆者擬以擔任國小校長逾四分之一世紀的經驗與想法，反思自己在帶領師生築基在健康身體前提下，從用力型校長邁向用心型校長，再到智慧型校長的心路歷程。以下借用關聖帝君的救贖誓願「聖凡雙修的生活方式實踐策略」中的五常德教義，並搭配後疫情時期健康自己的生活體驗，歸結出追求正能量身體健康的實踐智慧，包括「定時靜息」、「善用時序」、「正確飲食」、「規律運動」、「平衡角色」等五項，說明如下。

一、定時「靜息」（Rest）

對於身心經常承受大小壓力的現代人而言，要經常保持正能量著實不容易。而國內神經醫學博士楊定一認為：靜坐是最好的方法，尤其是靜坐時也能保持正向意念。

不論是從科學或醫學的角度來分析與驗證，長期定時定量維持靜坐的習慣，都可以穩定人體各種生理機能，還可以改善焦慮、憤怒和壓力感，甚至是大幅提升個人自信、快樂平安的感謝，

擁有較好的自我形象(self-image)。因此，對於身心經常處於失衡狀態的現代人來說，學習靜坐實在不失為一種值得嘗試的維持健康方法，尤其針對扮演角色多元，時時要維持校園和諧運作，協助師生一起學習成長的校長，每天有一小段時間讓自己靜置下來，在沒有雜音干擾的環境下，讓校長的身心靈可以得到澄清與休息，是儲備正能量很重要的動作。

有關定時靜息，筆者以自己的實踐經驗，配合高度用惱的專業工作人的經驗分享，彙整的建議具體作為如下。

（一）定時跟身體對話

一般上班族，從早上出門到晚上回家，幾乎都是忙碌不停歇的工作，回到家後也很少有時間真正讓自己的身體休息，大都仰賴資訊產品娛樂身心，轉移身心疲累的注意力，但這無非對身體也是一種精神上的消耗，不是真正的放鬆與休息。

以筆者個人經驗，可以利用晚上睡前靜坐10－20分鐘，利用這短暫的時間思考今天所發生的事情，今天做了什麼值得高興的事，又或者今天看到、聽到了什麼可以留下印象的人事物？利用這段時間與自己身體進行對話，也讓經過一天已疲憊不堪的身體得到片刻的寧靜，讓身心安頓平和。

大多數人之所以覺得一天比一天累，主要是因為沒有好好的將昨天的自己吸收、消化完，這裡所說的吸收消化指的是好好把昨天見聞的都好好的沈澱下來，內化成為自己的回憶或者知識。在這個資訊量極其爆炸的世代，也許在睡前的前一秒還正在接受新的知識，代表我們的身體、頭腦沒有時間去處理這些資訊，所以這些資訊就會跟著我們進入睡眠中，阻礙我們的睡眠，也讓明日的我們疲憊不堪；所以建議大家睡前的30分鐘不要使用3C產品，也建議不要任由電視、平板開機運作，而自己累到睡著；其原因就是這些人們習以為常的睡前習慣，會讓我們的五官無法好好的休息，一直持續運作中，建議應在睡前即關閉所有3C資訊產品，讓自己的身體與感官靜置下來，放鬆自己，深度休息。

睡前靜坐並不代表迷信或儀式化，而是代表我們可以利用這些短暫的時間，好好跟今天自己的身體說辛苦了，剩下的就交給明天！彷彿每天的自己都是不一樣的自己，每天的自己都有不同的任務，只要達成任務了，就可以好好的休息。

然而，睡前靜坐對年輕人是一大挑戰，時下年輕人，除了不容易讓身體靜置下來外，另一個為大家所熟知的壞習慣，便是「熬夜」，熬夜是對身體能量的預支與超支，會讓我們原本應該休息的身體，沒辦法得到充足的時間睡眠，長期的休息時間不足，而依靠著提神食品來吊住身體的

運作狀態，會讓我們的身體感官受到損傷，年輕人的身體本錢較夠，但長期以往，將會產生快老、免疫力差、精神無法集中等情況，不僅每天的事情沒辦法做好，連帶著嚴重影響著隔天的正常學習生活，這個熬夜習慣是時下年輕人應該要避免及克服的一個不好的大專校園學生文化。

（二）珍惜當下常感恩

靜息能夠引發自己珍惜當下，並感謝自己週遭所發生的一切人事物。茲舉校園學生用餐為例，唐代李紳的憫農詩「鋤禾日當午，汗滴禾下土。誰知盤中飧，粒粒皆辛苦？」小朋友每個人朗朗上口，但在實際日常生活上，隨處可見充斥著挑食、浪費、供給過量的情況，尤其到了每週一日蔬食日，其剩下的飯菜量往往可以再供給另外一個人來食用。

對於未經過物質缺乏苦難的年輕世代，人們常常將自己所擁有的東西視為理所當然，所以也讓大家忽略了珍惜當下與感恩的重要性。我們能夠在家裡或者在學校餐廳享用豐盛的食物及環境，是仰賴農夫們辛辛苦苦種植稻米，再經由繁瑣的程序送進廚房，接著讓廚師烹調完端上桌，這背後需要靠許多人的努力，才有豐碩的果實可以食用，正所謂一粥一飯，當思來處不易。

筆者以為這也正是目前農政單位大力推動「食農教育」的主要原因，讓小朋友透過實地的農事體驗與操作，體會每一餐飯都是集合眾人力量努力後，才有的成果；藉由所看、所作及類化的同理，來培養感恩的心，也能夠讓小朋友在用餐的時候保持惜福知足的心，不要將這一切視為理所當然，我們得要知道在我們溫飽的背後有多少人默默的在辛勤耕作著，又有多少人在烈日底下埋頭努力著，我們能夠享受這麼幸福的生活，他們絕對功不可沒，所以對任何事物抱持著珍惜當下與感恩的心是非常重要的，這對追求正能量身體健康扮演著極為重要的一環。

（三）適時歸零與重置（Reset）

放下我執，活在當下；「天下熙熙，皆為利來；天下攘攘，皆為利往。」然而所謂名利、情感、得失，如夢幻泡影，如露亦如電，放下執著，活在當下，適時運用靜息時間歸零與重置自己，校正人生追求真正的目標，才能有豁達快意的人生。

馬斯洛曾提出需求層次理論，需求層次金字塔共分為五層：生存、安全、社會、尊嚴，而金字塔的最頂端屬於自我實現，人生中每個人都在追求自己的目標與理想，然而這樣的夢想以及目標常常被世俗的金錢與名位綁架了；因為人們永無止境的貪念，以及要鞏固現有的名利及地位，常常會出現得失心太大的現象；舉例來說：許多企業老闆不甘於現狀，想更進一步跨足政治，滿足自己對於名利、權望的渴求，但會因為這樣而讓自己的身心靈處於一個不健康的循環，過大的權力、過高的地位會讓人迷失了方向，會讓人不知道自己怎麼走到這一步的，也忘了當初選擇的

原因。

如果大家都能運用每日靜息時間，來澄清自己人生努力目標，那自己會對所追求的名利及權位有另一翻較高格局的解讀，大老闆的目標不再是獲利數字的無限累積與突破，而是提供社會上一大批人工作及養活每一個家庭的平台，這是社會賦予大老闆的重責大任，也讓大老闆的人生更有意義。

從每日打零工的升斗小民到日進斗金的大老闆，每一個人都是社會角色的扮演，取得自己努力後所應當取的財富，就可以生活得更加豁達，但這並非要我們放棄自己的目標及理想，而是讓我們換個角度去思考，思考怎麼看待名和利這件事，當我們在其中找到一個適合的平衡點，我們將不會有這麼大的得失心，而是將每次的成功、挫折都當做是往後成長茁壯的養分。

我們常常過於懼怕失敗、渴求成功，但我們都忽略了一個重點，往往造就成功的關鍵因素就是失敗，當你知道你為什麼做錯，才知道怎麼把事情做對，在學會跑步之前，你一定得先學會怎麼跌倒，而這些跌倒反而成為我們日後越跑越快的秘密武器；賈伯斯年輕的時候不也曾經受過挫折，被自己成立的公司踢出去，但後來又成功回來並成為蘋果公司的 CEO，開啟了新一代資訊科技的應用革命。一般都相信那時的失利一定奠定了他日後成功的基礎，也讓他的心靈更加堅強，永遠接受更多更難的挑戰。

適時歸零與重置自己是定時靜息實踐智慧中，很重要的一項功課，它可以讓每個人在忙碌工作賺錢追求晉升的努力中，稍稍停下一點點腳步，衡量除了金錢及名位外，自己的身體、家人關係的經營、社會的責任等是否相對應的兼顧與考量。

（四）自省自律看長遠

「人非聖賢，孰能無過？」，每天利用時間靜思自己的過錯、懊悔和遺憾，若能真心省思，就像清水洗滌過一樣，人格便能昇華，心中也能坦蕩；尤其是校長角色的扮演，幾乎不可能是每一項決定都可以讓大家都獲益或滿意，一定是順了姑意，便逆了嫂意，因此每天自省自律習慣便是相當重要的一環，如何能讓獲得利益的人，更充分發揮他的能量？而如何讓校長的決定受到損害的人，體諒決定有限性或不得已，站在共同維護學生受教權的大前提中，一起努力，這是身為校長每日必須自省自律看長遠很重要的功課之一。

在人生這條路上，沒有人能夠永不犯錯，也幾乎沒有人能夠把每件事做到「盡善盡美，每個人都滿意。」，因為沒有人是完人，犯錯並不可恥，可恥的是自己感覺良好，缺乏自省自律的習慣，

很多人做事情常常會虎頭蛇尾，犯錯當沒事一樣帶過，如此下來即使知道自己有哪些問題，也不知道從何改起，一般相信每個人都是朝著完美這個目標努力著，為了要朝這個目標努力，我們勢必得改正自己所犯下的錯誤，每天花一點時間去思考自己做錯了什麼，我以後要怎麼改正這個錯誤，但永遠不要為自己找藉口，一旦你為自己找了一次藉口，去合理化你的過錯後，你以後要正視自己的錯誤就難了。

對年輕人來說，在學生時期，同學們犯錯有老師擔著，告訴同學怎麼做是對的？什麼是錯的？不過只要踏出社會，進入職場，就必須由社會大學來教導大家，往往要付出一定的代價才能為解決自己所犯下的過。年輕人必須培養自己觀察、學習的眼與心，藉由每次的省思、調整、改變讓自己成為一個更好的人，除了展現個人價值外，另一方便也證明了你並非是一個因循苟且不懂得認錯改錯的人，這對於正能量的身體健康會有一個很好的循環。

剛開始犯錯的時候當然很難自己發現，又或者自己根本沒有花時間去好好認識自己，花時間去好好的省思自己的所作所為，這時候運用定時靜息時間，讓自己身心得到沈澱，將會有很好的環境氛圍與心情進而去探索、思考自己。

不管你的成就多高、地位多麼顯赫、掌握了多少權力，永遠記得爬得越高、頭越要彎得越低，世界上最難的是就是做一個完人，完人是每個人所追求的目標，但也永遠達不到那個目標，這也代表了我們永遠有努力的空間，永遠都能夠成為一個更好的人，而成為更好的人最重要的事情就是要知道自己哪裡不足、或者是哪裡做得不好。

我們常常會因為下錯一個決定而懊悔不已，久久無法從那樣的後悔中走出來，但很多人不知道的是錯誤已經造成，與其在原地躊躇不前、自怨自艾，不如找出問題的所在，找出解決的方法，並要求自己以後不能再犯同樣的錯誤，這就跟每次辦活動、開會的時候總需要開檢討會，開檢討會的目的不是為了要責怪任何人，而是要找出問題在哪裡，從而改善才能讓整個群體往正面的方向前進。

（五）為人厚道重修身

靜息必須時常觀功念恩，心懷慈悲，與人為善，樂於助人。想要健康自己保護他人，一個很重要的想法就是相信：「人是以良善為出發點與其他人相處的。」這並非是將所有人都視為好人而忽略了其中可能發生的危險，而是洞察每個人做每件事的背後都有其用意所在，處世的基本心態可以厚道一些，多帶一些欣賞與諒解，別人自然能感受到這股善意，一起把事情完成。

厚道的人，也許表面上常常會有吃虧的感覺，但只要立下底線與堅持紅線，透過明確的告知與互動，把彼此的接納區間規範清楚，佔了人家便宜，要表達感恩與歉意，而別人佔了自己的便宜，也要讓對方知曉自己有注意到，此次可以不在意，但希望下次能有所調整或改善，確保彼此關係的正向發展。

（六）鍛練平常心處事

每日靜息就是在鍛練自己的平常心，蓄積正能量。舉凡面臨不確定的重要大事時，我們常常會因為得失心太重而失了平常心，不僅無法表現出原來的水準，原有實力也大打折扣，而把事情搞砸。

年輕人在學生時期的段考、會考、學測，無不倍感緊張，深怕考得不如預期，但通常是愈在意愈容易失常；初入職場面試時，也深怕自己無法正常表現而砸鍋；上台說話前，心中反覆默念演講的內容，卻容易怯場忘詞；年輕人在經驗不足的情況下，要想保持平常心是一件極為困難的事情。筆者並不否認越是關鍵的時候，越是需要保持平常心，太大的得失心反而會使自己的身體過於緊繃，導致你無法發揮平常的水準，但過於平常心也會造就另外一個問題，那就是你無法讓自己保持在一個戰鬥狀態。

在任何場合下，將自己調整在一個進可攻、退可守的狀態才是最理想的情況，但這裡要討論的是那些給自己過大壓力的人，他們給予自己壓力沒有讓自己發揮超群，而是發揮得不如預期，時刻保持平常心，將自己所準備、所讀的，上台講出你所準備的部分，進入教室寫出你所讀的部分，而保持平常心很大一個關鍵是你如何去看待你的努力。

筆者以為：不論是什麼事情，只要你已盡力去準備，盡力去達到你心中最完美的狀態，已經努力了，自己問心無愧是最重要的，一旦有了這樣的認知後，我們就可以比較容易的保持平常心，要有做任何事情全力以赴的決心，正所謂盡人事、聽天命，很多時候我們能做的就是盡我們所能的去發揮，很多時候結果都會是美好的，但有些人很常出現的是還沒有盡人事，就等著聽天命，那結果往往都會是遺憾的。保持平常心，在自己可能的範圍內，把該想到該準備的事先操練好，成功的機會自然人，就算失敗了，也是學習了一次經驗，蓄積了正能量。

二、善用「時序」（Timing）

追求正能量身體健康的實踐智慧，第二項即是善用時序。鍛練自己在最洽當的時間點，進行適宜人事時地物處理，提升對時間時序的感知，遵守身體與自然的規律。筆者就個人實踐經驗，

並歸納多位成功人士對時間時序點的分享回饋，彙整建議具體作為如下。

（一）建立規律的作息

金剛經提到「爾時，世尊食時，著衣持缽，入舍衛大城乞食。於其城中次第乞已，還至本處。飯食訖，收衣缽。洗足已，敷座而坐。」上述內容簡單言明即使是修道之人，仍然依循著平日生活的規律，做平日該做的功課 - 著衣持缽、乞食、還至本處、吃飯、吃完飯、收衣缽，依照著平日當作之事，師法自然 - 不勞動就不吃飯。

身體的規律遵循自然的律，就能常保健康喜樂。所謂日出而作、日落而息，多數人其實是一種很規律的動物，我們會在固定的時間工作，固定的時間休息，這樣的循環是保持自己身體健康很重要的一部分，每個人都有自己的生理時鐘、作息平衡，但常常會因為很多突然的狀況而打破這樣的平衡。

從 2020 起爆發的新冠 (Covid-19) 疫情病毒，就大大地挑戰人們原來習以為常的規律，打破了建立好的平衡，各行各業被逼得在家進行居家辦公，當然居家辦公是疫情防制下，不得已而為之的權宜措施；但在這樣特殊的時期，無形之中也產生了工作與生活過於靠攏的問題，因為沒有了固定的上班時間、地點，事情採責任制多，這會讓我們分不清楚什麼時候在上班，什麼時候是下班陪伴家人的時間，過於冗長的會議、坐在椅子前面用電腦視訊辦公，一坐就是四到五個小時，因為也沒有明確的用餐時間，所以常常會邊辦公邊吃午餐，打亂了原本的作息模式，而且隨著疫情的起起落落，幾乎無法建立常態規律的作息，這對自身健康是極大的挑戰。

然而，疫情終究會過去，在後疫情時代，人們總會回到原本比較規律的工作生活樣態；期待每個人在這次的重大疫情過後，能調整至正能量最能蓄積發揮的身體狀態，重新建立規律的作息，用更從容的心態看待自己的生活。

（二）從容生老病死苦

從容面對人生的生、老、病、死、苦，以大智慧活在世上，人生必經的四大階段就是生老病死，這是萬物無法逃避的過程，也沒有人能夠例外；人們要想的不是怎麼避免這個過程，而是要想要怎麼在這個既定的過程中過的從容面對。例如生病這個階段，等到年紀越來越年長，體力越來越差的時候，這時候的我們的精氣神已經不比年輕時那樣的意氣風發，我們就要調整自己的飲食習慣、作息…等等，許多人年過五十，早上四五點多就會醒、小跑步一下就喘很久，偶爾熬夜身體就會發出警訊…，自己在跟身體的對話中，我們要正向地去接受人生每個階段，享受每個階段帶給我們的苦與樂，因為每個階段能夠做的事情其實是不盡相同的，而且上天給每個人的時間，

普遍來說，都是公平的。

許多人年輕的時候，說走就走、想去就去，但當年歲漸長後，身上所背負的責任、行囊越來越重後，大部份人便開始害怕這樣未事先計畫好的旅程，遲遲無法踏出那一步；年輕的我們沒有錢、有勇氣，年長的我們有錢、有時間、，也會有衝動，卻已經沒有那樣的勇氣。其實人生不就是這樣嗎？不斷地在改變，不斷的接受新的階段、新的自己，如何讓自己活的豁達、活的從容才是重要的，世間上能夠讓大家煩惱的事物實在是太多了，如果無法從容享受自己有限的人生，那就真的是枉走了人世間這一遭。

然而，一旦生老病死發生在我們的摯愛身上，又會是另外一種情況，人們要如何看著自己最深愛的家人、親朋經歷這人生必經的過程，每個人的答案都不盡相同，有些人可能難以接受而導致自己久久不能從那個悲傷的情緒中走出來，但有些人雖然難過，卻可以從容的接受這個事情，並祝福他們在另外一個世界裡可以活的自由自在；這都是不同面對的方法，這沒有真正的對與錯，也沒有該怎麼做或不該怎麼做，完全取自於人的內心修行，如果能夠了解這人生的必然，從容面對生老病死苦，或許可以讓我們的人生活的更加豁達。

（三）時時樂善多助人

俗話說施比受更有福，只要看到別人因為自己的幫助而渡過危機、解決問題，別人感恩的神情回報，那樣的快樂是用錢所買不到的；我們常會看到許多人賺到了一輩子都花不完的錢，但去問他的生活快樂嗎？他的答案有時候反而是否定的！如果他沒有利用這些錢發揮它最大的影響力，而是只想著怎麼傳給後代；我們週遭有多少富家子，敗光父祖好不容易賺得的家產的例子，實在是比比皆是。

曾是世界首富的微軟創辦人比爾蓋茲擁有美金 1,460 億元的身價，照理來說他的孩子、孫子們可以衣食無缺好幾代，但他所給自己孩子們的零用錢卻比一般家庭來得少，比爾蓋茲希望他們可以充實自己，投資自己，讓自己成為一個對於社會有相當貢獻的人，所以選擇將他的一部分財產投入基金會當中，與妻子兩人共同經營，目標是推動全球醫療和公共健康事業，在能力可及範圍內，每個人都有可能成為別人的貴人，每個人都可以讓別人的心靈與自己的心靈得到滿足。

筆者是師專生，在大專時期，我們時常會到偏鄉學校進行服務教育，目的是為了讓教育資源匱乏的小學校，可以在寒暑假期間有一群大學生來陪伴孩子讀書，然而我們知道寒暑假對於大學生而言是相當好的打工機會，可以利用這兩個月賺錢買自己想要的東西，但總會有一群人放棄這

樣難得的機會，將自己投身進偏鄉教育中，參與營隊可以學到的東西是平常在課堂中所學不到的，可以從帶領偏鄉孩子的活動過程中，學會與人合作、與人溝通、與學校聯繫、與各式各樣的人開會、協商，這在未來出社會，踏入職場中都會是相當寶貴且無價的經驗。

因為辦理營隊多半是無償的，所以真正會參與的人都是對於教育有相當程度熱忱的一群人，而這群人或許會在未來成為你意想不到的力量，進行服務教育不僅可以拓展自己的人脈，同一時間你也在增進自己的能力，打工或許是在投資即時的物質享受東西，然而偏鄉教育服務卻是在投資自己。在人生的任何階段，投資自己一直是一個短多長空的生意，因為學到了就是自己的，例如前段所舉的偏鄉教育服務，你無法另外修學分學到這些東西，很多寶貴的經驗是金錢所買不到的，你只能透過長時間的累積。

許多人完成學業出社會後，因為時間常常被壓縮，導致假日完全不想與人有所交集，選擇待在家裡，築起一道堅固的圍牆，將自己關在裡面，建議何不仿踏出家門，參與各式各樣的社會服務工作，像是淨灘、淨山、圖書館志工…等，做這些事情並非想要讓自己變得特別，而是豐富我們的內心，在滿足他人的同時，你的內心已經被你自己所充實了。

（四）幽默中微笑生活

「一笑解千愁」，時常保持歡喜快樂的心情，不但有益於身心的和諧與平衡，更能為人間增添歡喜。自從我們從學校畢業出社會、踏入職場後，大家臉上的笑容就越來越少了，每天拖著疲憊不堪的身軀回到家裡，七早八早起床再拖著未充電好疲憊不堪的身軀出們上班，其實如果能換個心境，以「樂在工作」為出發點，讓工作、生活、休閒的步調連成一線，大家會發現很多有意義、有趣的事就充斥在我們身邊，只是我們沒有去發現。

記得在學生時期，班上總會有那一兩位同學充當大家的開心果，常常讓全班哄堂大笑，笑對人來說好處很多，其中最大的好處是會提升幸福感，你會感覺到你是在享受生活的，生活中許多的小確幸都是從分享中得到的，試著找一位知心好朋友，或者是你的伴侶、家人，每天向他們分享你的日常生活，你的人際關係也會因為這樣而有所提升，我們可以們心自問，多久沒有開懷大笑，多久沒有跟自己好好對話，多久只是在抱怨自己遇到的問題，多想一些正面的事情，讓你想起來會會心一笑的事情，都是都是最珍貴、最無價的寶藏，笑容就是你最美麗的寶藏。

三、正確「飲食」（Diet）

在從前貧困的社會裡，飲食僅求溫飽，無法有太多的選擇，而現今的社會則由於經濟的發達進步，大幅地改變了現代人的飲食觀念，往往先考慮食物好不好吃？水果甜不甜？卻把營不營養放在後面，也不太在意過甜的水果容易造成身體的負擔！正確的飲食觀念，應該要以營養、健康為首要的選擇，並且必須符合衛生安全的標準，大部份的時候，粗茶淡飯多蔬食，反而對身體是最有益處的。

筆者綜合自己的飲食體驗，並參考自衛福部 (2021) 對國人飲食習慣的建議，歸結的具體作法如下。

（一）均衡且適量飲食

飲食應依據衛生福利部公布「每日飲食指南」的食物分類與建議份量，適當選擇搭配。特別注意應吃到足夠量的蔬菜、水果、全穀、豆類、堅果種子及乳製品。現代家庭越來越少在家煮飯，多半選擇買口感較佳、口味較重的外食回家，所以常造成許多僅可微量攝取的調味品超量，造成身體的負擔，引發許多慢性病的例子層出不窮。

均衡飲食常是追求身體健康最重要的一環，也許要求每個人每天都下廚做三餐是一項太困難的挑戰，但是可以試著利用假日的時間，好好調整自己的飲食，注意每餐熱量的攝取，多補充蔬菜，或者是多吃豆類製品，俗話說吃到好、吃得健康，心情就好了一大半，想要讓自己維持一個開心的狀態，飲食均衡絕對是不可獲缺的功臣。

現今社會我們可以選擇的食物、餐廳種類豐富多元，我們也會在華人社會中常常看到吃到飽的餐廳，其實吃到飽的餐廳是臺灣一項很特別的飲食文化；尤其在傳統社會中，總會認為吃飽是最正常且最應該的一件事情，也是最容易觸動顧客掏錢消費的原始想法，所以才造就了這樣特殊的飲食文化。但這些吃到飽的餐廳往往造產生了食物的浪費及過度進食的身體負荷，也許我們平常吃到八分飽就會停止了，但如果今天是吃到飽餐廳，我們心裡會有一種心態是我既然都付錢了，那一定要吃到12-15分飽才算是值回票價，這樣的飲食行為偶一為之不要，但如果變成習慣後，不但讓我們的身材容易走樣，超量進食會給予自己過大的壓力，最重要的是再多的山珍海味，一旦過量，不僅容易美味變無味，也失去了我們享受飲食帶來正能量的目標了。

人的飲食習慣應從「吃到飽」提升到「品嚐」層次，吃東西應該是快樂、無束縛的，而如今我們替吃飯套上一項附加價值，那並非是我們所期望看到的，即使去吃吃到飽餐廳，我們仍舊可

以根據自己能力、自己的熱量需求程度，選擇自己要需要的量，不要因為一時的貪小便宜，而讓產生許多不良的後遺症，反而得不償失。

（二）多蔬粗食少精緻

全穀（糙米、全麥製品）或其他雜糧含有豐富的維生素、礦物質及膳食纖維，提供各式各樣的植化素成分，對人體健康具有保護作用。現代人的飲食習慣越來越講求養生之道，從前的人想要求個溫飽都有困難，現在我們生活條件變好，自然就有多一點選擇，可以讓自己吃得營養且吃得健康，國人的主食大多還是以米飯為主，然而一般白米飯的主要成分是澱粉，並沒有其他人體更需要的營養素，所以建議大家搭配穀類進行食用，一方面維持飽足感，另一方面這些穀類所蘊藏的豐富維生素及礦物質是我們不可或缺的。

飲食應優先選擇原態的植物性食物，如新鮮蔬菜、水果、全穀、豆類、堅果種子等，盡量避免攝取以大量白糖、澱粉、油脂等精製原料所加工製成的食品，可先由一些小的改變開始做起，以漸進方式達成飲食目標。

現今的人較喜歡吃的食物，大多都屬於加工、醃漬、油炸過後色香味俱全的美食，然而這些食物不但已經失去原本食物的特性、營養，反而添加了許多高鈉、高鹽、高油，讓人們越吃越不健康，太過美味的東西通常是對人體有益的營養素愈少，但這並非告訴我們不能夠吃這些加工製的食品，而是任何東西適量即可。

有時候有些評估起來很營養的食物攝取過多也會有問題存在，但無論如何建議還是盡可能的選擇原型的食物，這樣一方面吃得健康，另一方面也少了加工的費用能更經濟實惠。只要你希望讓自己擁有一副健康的身體、適宜的身材、愉悅的心情，那麼一些高油多糖油炸精緻的食物，還是要在你飲食清單中的份量少一些。

（三）當季在地多樣化

六大類食物中的每類食物宜力求變化，增加食物多樣性，可增加獲得各種不同營養素及植化素的機會。盡量選擇當季食材，營養價值高，且較為便宜，品質也好。雖說隨著科技的進步，品種的研發，在臺灣我們一年四季都可以吃到想吃的蔬果，只是就算科技如何進步、品種如何開發，選擇當季大量產出的蔬菜還是最營養、最健康、也最便宜的選擇。

這個道理也告訴我們不挑食的重要性，假如你能順著大自然的規律選擇食材，那麼你一年四

季永遠有當季的蔬果可以吃，這就如同一個循環一樣，不會特別喜歡高麗菜就一年四季只買高麗菜，而是均衡飲食；從不同的蔬果中找尋營養，當季的水果、蔬菜往往是最新鮮也最划算的，重要的是這樣季節的循環帶動水果生產的輪替，也讓我們一年四季都能夠吃到不同的水果，而不是只單單吃一樣水果，其他就全部都不吃，做個不挑食、不偏愛的人，你的身體會變得越來越好，越來越健康；因為不同蔬果的攝取，代表你能夠吸收的維生素、礦物質、營養也不同，滿足身體所需的這些營養，才是現代的養生之道。

（四）重視細節少恣意

民以食為天，飲食是人們日常生活中最重要的一環，因此只要一個飲食觀念偏差，在不經意的日積月累過程中，常常會造成想像不到的巨大後果與傷害。在週遭的親朋好友中，一定有許多因為飲食習慣的偏差，而產生身體的傷害的例子；例如，多吃少動身材走樣、飲水不足造成腎結石、恣意飲酒吃食太精緻而尿酸過高、每天含糖飲料而形成糖尿病⋯，類似發生在自己及週遭的例子不勝枚舉。

然而，羅馬並非一夕造成的，人們對於自己許多偏差的飲食小細節通常是知道的，只是常常意志力不夠堅定，恣意放任自己，享受在口腹之慾下的滿足感，最終養成了抗拒不了的習慣，而對身體健康產生了巨大的危害。筆者以觀察週遭年輕人的飲食細節，整理出時下年輕人、各級學校學生應特別注意的飲食小細節如下。

1.口渴時盡量選擇白開水或者無糖的茶類飲品。

2.購買手搖飲時選擇微糖或無糖的茶類產品。

3.少吃油炸類食品，例如：雞排、鹹酥雞、薯條。

4.油炸食品頂多一個禮拜少量攝取一次就好。

5.每日飲食中，添加糖攝取量不宜超過總熱量的10％。

6.口味清淡、不吃太鹹、少吃醃漬品、沾醬酌量。

7.少吃勾芡類的料理，例如：麵線糊、酸辣湯。

8.選擇鮮奶類飲品取代奶精類飲品。

9.盡量選擇加工程序較少的食品或者未加工食品。

10.留意自己攝取食物的熱量使否超過每天所需攝取的總大卡。

尤其是上述第10點，應該要內化成一般人的飲食大原則，用「總熱量管制來取代斤斤計較」，含糖飲料對身體不好但好喝，油炸食物不健康但特別誘惑人，而且吃這類食物，心情往往特別愉

悅及享受；我們都是凡人，也會有享受這類美食的需求與衝動，只要秉持總熱量管制均衡的原則，偶爾的含糖飲料及油炸食物是無大礙的。

四、規律「運動」（Exercise）

飲食與運動是維持身體健康的雙元素，能夠正確飲食後，必須要搭配規律的運動，讓從飲食中攝取的營養素，透過運動去構築自己身體絕佳活動力與免疫力。人們如能培養出適合自己的運動方式，將運動擺在每日生活中重要的順位，並且持之以恆，那要維持健康的身形體態慢慢終老的目標，是比較容易達成的。

筆者積累自己從擔任校長職務起，每日帶著小朋友在放學後跑操場的運動習慣，建議規律運動的具體作法如下。

（一）每天定時運動

要活就要動，要健康更要規律運動，俗云「飯後百步走，活到九十九」，運動可以活絡筋骨，讓身心活動起來。每天運動時間不用長，但要提醒自己每天都盡可能花一點時間運動，可以利用飯後半小時的時間，到家裡附近散步，聊天，一方面可以讓肚子把剛剛吃進去的東西消化，另一方面也可以在飯後聯絡家人彼此的感情，分享最近發生什麼事情，也傾聽別人訴說他們的生活。

再者，現在大多數人都是高度的資訊3C產品的依賴群，工作時如此，下班回家亦如此；我們很常會忘記工作與生活間的界線，導致常常坐在電腦桌前辦公，久而久之忘記站起來走走，所以建議大家必須給自己訂一個目標，每天的運動跑走量一定要超過，那些為自己不運動找藉口的人，通常統一的說詞就是沒時間、明天再去，也因為有這些藉口、理由才造就了一群鮮少運動的人，但運動與我們心情息息相關，運動可以讓我們放鬆、紓解壓力、讓自己心情變好，也能夠讓自己晚上睡個好覺。

（二）融入日常生活中

即使很累還是要適量的運動，釐清勞動與運動的差別，讓運動成為自己生活中的一部分。一個運動習慣的養成至少需要21天的時間，倘若你能把運動這件事當作一個習慣，把它視為一項每日生活必要的事，就如同吃飯、刷牙、洗澡一般，這樣你就不會覺得運動對你來說是有負擔的，反而你會覺得理所當然，不去運動才會覺得身體怪怪的，似乎好像有什麼事情沒有做，當然一開始的時候都會很不適應，所以我們一開始都需要循序漸進，不要一開始就把自己弄得精疲力盡、耗盡能量，那樣只會適得其反。

3C 在建立運動習慣之初，我們可以問自己是否有比上禮拜的自己更進步了，如果答案是肯定的，那麼這個努力的方向就是正確的，如果答案是否定的，可以再想看看是哪個環節出現了問題；很多人半途而廢的原因就是忍受不了運動所帶來的不適感、肌肉痠痛……等等，但其實只要能撐過初期的撞牆期，等你感受到盡情運動後，汗水淋漓的快感，你就會發現運動就跟吃飯、刷牙、洗澡一般重要了。

（三）善用運動小工具

可以利用穿戴裝置，例如運動手環、手錶等來紀錄運動的質與量軌跡，注意運動後所帶來的正面改變，例如：身材變窈窕、爬樓梯不再氣喘如牛。善用許多智能穿戴式裝置，這些都能有效地記錄你運動時的表現、時間、距離，我們可以透過這些檢測報告來更了解自己身體運動的狀況，也能夠知道自己哪部分需要改善，每天是不是都有一點點的進步。

現在科技的發展，透過少許的代價就可以取得一個類似運動教練的效果，多運用市面上所可以得到的資源，幫助並改善自己的體態，也許可以訂一個月為目標，看看一個月內的自己是不是有微幅的改變，這樣一個月一個月逐漸累積的改變是很可觀的，能夠堅持下去健康就是你的，千萬不要在可以認真的時期選擇安逸，寧願現在努力，保持健康的身體，未來的你一定會感謝現在積極認真的你。

（四）維持多活動習慣

根據衛福部 (2021) 的建議，每個人每週應累積至少 150 分鐘中等費力身體活動，或是 75 分鐘的費力身體活動。現在工作大多都坐在辦公桌前，看著電腦長達六至七個小時以上，久而久之身體缺乏活動，因為坐了一整天的關係，回到家也不會特別花時間做額外的運動，吃完飯就躺在沙發上看著電視，時間到了去洗澡，睡覺，隔天早上又很早起床，這樣的循環對於身體是有百害而無一益的。

我們常常會替自己不運動找藉口，將理由怪罪在工作太累、上司太刁難、通勤時間太久，但曾有人說過一句話，不做就會有藉口、想做就會有理由，我們總是替自己不喜歡的事情找理由，想盡任何一切方法逃避它，但享受了一時的逃避所帶來的小確幸，我們的身體很有可能就必須面臨日積月累的傷害。

其實運動並沒有我們所想像中的那麼困難，每天花半小時運動，找一個自己有興趣，門檻並不高的運動，最理想的運動狀態是你能夠找到一項單獨一人或多人都可以進行的運動，藉由運動舒緩自己的壓力，也透過運動經驗的交流，聯絡彼此之間的感情，藉由運動在工作與生活之間找

到一個微妙的平衡，運動會刺激大腦分泌讓你快樂的成分，所以當你累得喘不過氣、生活重擔全部都讓你一個人扛的時候，找個時間去運動，也許會產生讓你意想不到的效果。

五、角色「平衡」（Balance）

現代人常在工作、自身、家庭等各種角色的扮演與經營中尋找平衡，角色扮演的衝突，常使人們無法面面俱到，最常見的情況是，大多數人往往先工作，後家人，最後才想起自己。筆者三代同堂，且在還算年輕的年紀即出任校長，好幾個子女都是在職涯的高峰職務後才出生，故最能體會一個普通的上班族要同時兼顧工作壓力、家庭經營、子女照顧、自我成長與健康的多種角色的壓力。以下即是自己這一路走來，在多種角色間求取的平衡點的具體做法。

（一）熱情誠懇又實在

現代人面對內外關係人的態度，常是做人成敗與互動氣氛好壞的最重要因素。凡事熱情、待人誠懇、說話實在的正向思維心態，容易感染給自己的工作同儕與家庭成員，並提供給所有自己扮演角色關係人一個穩定可預測的角色期待，進而帶領工作團隊及家庭成員一起面對壓力解決問題。

在這個資訊發展快速的時代，尤其是疫情警戒時期，人與人之間的溝通多了許多方式，以往人們開會是會聚在一間會議室中，彼此發表對於今日討論主題的看法；而如今多用線上會議，講求快速、方便，但在講求快速方便的過程中，我們也忽略了許多人與人之間相處的溫暖，在領導一個團隊，又或者參與其他人的團隊時，每個人都是團隊中的一份子，如何將每個人都融入團隊是一大考驗，也是最難達成的部分。

在現今的社會與職場上，稱讚這件事越來越少發生，許多人的觀念仍停留在以責罵取代讚譽的方式，總認為不罵就不會成功，但人往往在受到稱讚的時候的工作效率會遠比受到指責來的高很多，而稱讚也是有技巧的，你需要讓他知道他做了什麼被看到、被肯定，不是講一些泛泛的客套話，而是要舉出實例，揚善於公眾，也肯定他的所作所為；做人真誠最重要，適時的稱讚夥伴、稱讚下屬，熱情的與他們打招呼，關心他們的狀況，會讓整個團隊運作起來更加順利也更加舒服，同事彼此之間少些猜忌、少些懷疑，才能朝好的方向繼續努力。

（二）選擇性社交活動

現代人角色多元，下班後及假日的社交活動場合不可能完全避免，但卻可以視活動對自己或家庭的影響，來選擇全程、半程、露臉或偶爾參加的方式。如果不是很嚴謹的場合，筆者也一定

會邀請內人及讓子女輪流參加，一來讓家人瞭解擔任工作職務的社交工作內容，二來也傳達身為擔任職務的社交圈中，自己重視家庭的價值，如此自然能減少邀約，而使假日生活得以正常。

現代人主要的困難，很大一部分在於難以拿捏工作與生活間的平衡，許多人平日都得加班到很晚，假日又得辦公，而這樣以工作為重的生活方式，常常會讓人忽略了家庭，我想這或多或少也是造就家庭不睦的主要原因，過少的陪伴、過多的忽略、沒有適時的關心，等到要挽回時已經為時已晚；其實有許多社交活動都是可以選擇的，評估自己的時間、評估活動的地點，再決定自己是否真的要出席，有時候也要評估活動對你的重要性，如若參加活動只是露個臉就離開的行程，就可以多問自己一次，是否有參加的必要，又或者可以讓其他人代為參加，這些都是可以幫助自己在工作與生活間取得平衡的方法，在工作上努力盡責，在生活上盡心陪伴，我想這算是普通人的人生中的一大樂事吧。

（三）融入工作生活的運動健身

現代人角色多元，時間零碎，不容易有專屬的運動時間，因此筆者以服務在學校配合師生的作息運動就是自己最佳的運動機會，除了每天放學後陪同學生一起慢跑外，也抓緊課間活動時間，與大多數的師生一起跳繩、現扯鈴、打排球…等，能運動一分鐘就是一分鐘累積。其他例如：儘量爬樓梯、少用電梯、跟同學一起上體育課及社團時間跟學生一起練排球及籃球，課後吆喝工作同仁打桌球、跑操場等皆是個人常用的健身方法。

如若所處環境不允許，或者沒有那樣的設備以及資源，也可以考慮在住家附近的學校運動，目前不管是在都市或鄉間，大多數學校均有夜間開放的時段，家長及社區居民都可以到學校運動，不只可以聯絡感情也提供一個免費的最安全場所；也可以考慮一個禮拜選擇一兩天不要加班，提早回家，有自己的時間做自己想做的事情，畢竟不是每個人的職業都能夠有這樣的環境，但所謂山不轉路轉、路不轉人轉，即使我們沒有這樣的環境，但是可以去尋找這樣的環境，工作、運動，兩不耽誤，創造一個雙贏的局面。

伍、結語

現代人壓力大，角色多元，活動量卻不大，日常生活中可以分享談心的知己也屈指可數，而且自有的時間很零碎且隨機。因此，個人很容易因先外而內的輕重緩急選擇，而疏於照顧自己的身體，也少用心於家庭的經營，致使工作出色財富傲人，而個人的健康與家庭卻亮紅燈的例子，屢見不鮮。

筆者以自身擔任校長的同儕為例，近年來見諸報章媒體的多位國小校長在盛年中，因身體因素不得不退休或離開現職為例，校長如果過度操累，即便光芒璀璨，仍不免早凋；為教育奉獻固然令人景仰，但教育事業非能立竿見影，而在正能量的循環與傳播；校長影響力的本質不在瞬息，而在深度、廣度與傳承，及時間長河裡淘洗後所體現的信念與價值。

健康是人生的最重要指標，如果生去健康，個人所努力的成果將會變得毫無意義，而健康與生活、工作是密不可分的，需要不斷的努力經營與學習，每個人需要積極負起自己更多的健康責任，積極建立健康行為，努力實踐健康生活，才能開創健康幸福的人生。

參考文獻：

李永烈 (2005)。感動自己，感動別人─邁向專業校長之路。載於林文律 (2005) 主編，中小學校長談校務經營。臺北：心理。

李永烈 (2018)。抓大、放小、管細：樂在校長工作。載於林文律 (2018) 主編，學校經營的實踐智慧。臺北：學富文化。

林文律 (2018)。小學校園裡的繽紛世界 - 學校行政個案集。臺北：學富文化。

仲秀蓮 (2004)。臺北縣市國民小學校長正向思考、領導型式與學校效能關係之研究。國立台北師範學院教育政策與管理研究所碩士論文。

陳伊琳 (2018)。重訪德與福的關係：正向心理學的新詮釋及其對品德教育的啟示。載於當代教育研究季刊，第26卷，第4期，頁47 - 82。

吳昌期 (2018)。D208 裡的那個人—輪椅校長的生命故事。臺北：三民書局。

莊越丞 (2013)。學習「正向思考」。民 102 年 4 月 10 日取自 https：//www.klgsh.kl.edu.tw/wp-ontent/uploads/doc/klgsh100/

衛福部 (2021)。國民飲食指標 12 項原則。民 110 年 5 月 25 日取自 https：//www.hpa.gov.tw/Pages/Detail.aspx?nodeid=543&pid=8365

作者自述

余自幼生長於大甲海濱農村，對田野存著深厚的感情，喜歡小孩也疼愛小孩，與妻育有四子，三代同堂；心中對教育工作充滿嚮往，因此選擇報考師專、擔任國小教師為職涯服務的起點，面對純真無邪的笑容，要求自己在教學活動中務必充滿知、情、意。余深自期許要讓教室充滿琅琅讀書聲與歡笑歌聲，校園處處有溫馨與人性。

後來在教學歷程中深感自己的不足，因此參加高考並繼續進修教育碩、博士課程，增加工作歷練與學術薰陶機會，惟顧慮家庭雙親日漸年邁，選擇回臺中家鄉服務，及至教育局工作歷任督學課長，再轉至國小辦學，企盼在工作、家庭、學術研究中兼顧與突破。

在工作崗位上，力求精緻的產出，冀望贏得尊嚴與價值感，僥倖榮獲臺中市低碳城市傑出貢獻獎及全國師鐸獎；在教育研究上，兼任教育大學教學實習課程，長期輔導師培生親赴教學現場中，尋求教育理論的實踐智慧；在教育推廣上，帶領國教輔導團輔導員，研發素養導向自然科學領域教學模組，求新求變求品質，並以工作來結合朋友。

第二章

「義」——拓展生命的互動，從人際素養談職場溝通互動

拓展生命的互動

－從人際素養談職場溝通互動

江志正
國立臺中教育大學教育學系退休副教授

長久在教育大學中任教，陪伴一些有志為師的青年學子成長，惟之前因師資培育多元化並面臨少子化現象，師資缺額驟減且不穩定，學子職涯發展頓時受到極大挑戰。面對職涯，深知「路是人走出來的」，在一個變動中的社會，只要有本事，還是可以走出自己亮麗的未來。尤其，有一些在教育以外領域發展的學生返校與學弟妹們分享自己在職場的努力體驗，總點出「具備與人互動的本事與能力」在職場中至為重要，也是出人頭地的關鍵。因此，對此議題很關注，也據此擇定「拓展生命的互動－從人際素養談職場溝通互動」為題進行論述，期能提供學子參考省思。

人是群體的動物，無法離群索居，故每個人終其一生，都難漠視人際的存在與效應。人際素養，呼應當前十二年國教課綱之素養走向，也回應課綱九大核心素養中之「人際關係與溝通互動」

的期待，故其在當前社會與現代生活中具有殷切需求。據此，乃從一個小社會案例引入，並開展進行學理對話及解析，簡要釐清相關概念及要素內涵，以供參考並能據此學習深化，以利未來工作生活。

本文撰寫大綱包括前言、人際素養的意涵及其時代意義、人際素養的要素內涵、人際素養涵育精進的思考與實踐、職場人際溝通互動的思考與人際素養的應用、結語等五部分，在主體部分先解析人際素養的意涵與時代意義，強化對人際素養的理解及重要性的認知；接著，再析述人際素養的要素內涵，以引導思考體會並能逐步強化人際素養；再來，則闡述職場人際溝通互動的思考與人際素養的應用，分別進行職場倫理思考及提示人際互動行為準則，以供即將進入社會及步入職場的年輕人參酌與省思，希能共促職場與社會的美麗和諧新境界。

關鍵詞：人際素養、職場倫理、職場人際溝通互動

壹、前言

多年前，一位職場的小主管林先生寫信給幾所頂尖大學校長，訴說其帶領職場新鮮人的經驗，發覺年輕人上班的表現與他們本身的學歷涵養不對稱，活在高學歷的光環下，具有「過於自私」、「缺乏時間觀念」、「身段不夠柔軟」、「缺乏謙虛」、「缺乏敬業精神不夠尊重工作」等多項缺失，建議應重視並開設企業倫理與工作態度等課程研究。臺大校長有所共鳴並將信件轉師生，要大家省思並警惕參考（中時電子報，2007）。

在那之後，臺大校長也踐履省思所得，每在新生入學時，就會強調四不：不要亂停腳踏車、不要蹺課、不要作弊與抄襲、不要在教室周邊喧嘩。當然之後也曾強調正向積極之「四要」：要關心社會面對的危機、要有國際觀、要建立寬廣基礎學問、要適應快速變化的世界（聯合報，2008）。另外，也會勉勵學生要早起及關懷家人並幫做家事（聯合報，2009）。也許有人會認為這幾個不起眼的小行為，有需要在大學時一再提醒嗎？還有，大學不是在進行高深學術的探究嗎？有必要為這些小事費心嗎？…但，試想一位學問再多、能力再強的人，如果連一些基本的為人處事及應對進退之基本涵養都仍未能具備，與人交流溝通互動的能力也有待商榷，那才是值得正視

的大問題。因此，需要討論的或許不是大學該不該正視或處理這些，而是「為什麼？」及可以「如何做？」，如此才能對即將步入社會及進入職場的年輕人在拓展自我發展與展現生命意義上有所幫助。

大家都知，善與人處及利於溝通者，表達得體適切，與人互動和諧順暢，做起事來會較易獲得助力，也容易順利圓滿；反之，若人際關係溝通能力不佳，在與他人相處互動時，不但無法梳理重點及有正確的理解，且也難易地而處及同理思考，就很容易造成關係緊張或交流誤失，甚至會得罪他人而難成事。無怪乎哈佛大學前校長 Derek Bok 會認為「表達溝通能力」是二十一世紀大學八大教育目標中很重要的一項（張善楠譯，2008）。而當前國內也正推展十二年國教課綱（教育部，2014），將「人際關係與溝通互動」列為培養學子的九大核心素養之一，對於這種結合知識、能力、與態度綜合表現的素養，如何促其實現以促共好，實為當前教育的重點，也反映著現代社會的需求與價值，值得共同關注。

筆者在大學任教多年，也長久參與國教發展事務與輔導，深體當前即將步出社會之大學生對人際素養需求殷切，也深切認同當前國教素養導向的課程觀點，故將之結合思考進行論述，期能提供參考並對學子有所助益。基於此，本文擬從人際素養談起，並聚焦於大多數人黃金年華必經的職場進行論述，先解析人際素養的意涵與時代意義，強化對人際素養的理解及重要性的認知；接著再析述人際素養的要素內涵，以引導思考體會特質屬性並能逐步強化人際素養的涵育精進；再來則闡述職場人際溝通互動的思考與人際素養的應用，以供即將進入社會及步入職場的年輕人參酌與省思，希能共促職場與社會的美麗和諧新境界。

貳、人際素養的意涵及其時代意義

傳統文化重視五倫，並關注灑掃應對進退之舉止，凡此種種，皆為倫常人際互動之內涵與實踐，也代表著在東方社會中極為重視人際素養及其效益。只是，人際涉及個人特質及環境結構相互為用，如何隨著時空環境變遷，掌握其核心本質來思考其時代意義價值，並加以轉化運用，此乃符應「重視結合知識、能力、態度並能符應情境脈絡而加以發揮效用」之素養概念。故本節擬先闡述人際素養的意涵，以掌握概念大要；接續並進一步析述人際素養的時代意義與價值，以明乎其在當前社會的重要與功能。

一、人際素養的意涵

人際素養係植基於人際關係的一種統合通用能力，故其意涵和人際關係此概念及學理有著密切關聯。因此，本處將先論述人際關係的概念，接續再析述人際素養的意義。

（一）人際關係概念解析

人際關係是由人的互動關聯並產生交互關係而來，故與個體生命發展及其與外在的相互連結有著密切關連。因此，個體的探究是人際的起點，也是關鍵核心。

生命是一個很奇妙的過程，每個個體從出生到死亡看似經歷著相似的循環歷程，但卻也展現出個別差異與各自特色，不同個體的獨特性皆令人驚艷。的確，一個小個體來到這個世界，不但自我內在小世界開展激烈變化，且也不斷和外在大世界緊密互動關聯，點點滴滴互動作為皆豐富了個體生命的內涵與精彩度，也創造個別生命的意義與價值。因此，每個人來到世間，就像一個小圈圈一般，在這個大千世界中開始游移飄盪，有意無意間與其他的圈圈或碰觸、或交會、或離散，一切看似隨機自然，緣起緣滅也似宿命，但細究這構成人生悲歡離合的因緣脈絡，就如同Jobs（2005）在其演講中所提的，人生所有的事到最後都會形成有意義的連結，有時只是因時候未到，尚不知它們會以何種方式連結而已。基於此，生命互動開展的過程中，好好思考並關注，以便在人生故事的連結上成就更多美善及人生價值，是很重要且有意義的事。拓展生命的互動，是生命過程的必然，也是人生的任務與使命。

一般而言，人際關係是指二個人之間彼此相互影響、相互依賴，而且彼此維持一段較長時間的互動狀況（陳皎眉，2004）。此一簡要界定大致呈現出三個重點，一為「是一段長時間的關係」；二為「透過互動維持的狀況」；三為「二個人間彼此的關聯」，而此三者也彼此相互呼應關連，其除架構著人際關係的範疇，也蘊含著人際關係的重要內涵。

就長時間關係而言，因為是長時間，故是一段發展變動的過程，而此過程在不同個體間雖也存有些許差異，然基本上大致是循著從知曉、表面接觸、逐漸進入到相互關係，以及深入信任親密的階段狀況，在不同階段中有著不同屬性與連結，彼此間談論的話題與分享的深入程度也不一樣，相互的影響力與依賴程度也都不同，而這些狀況都會影響著互動雙方的心理需求滿足、自我思考與信心程度，對個人生活及人生發展影響甚鉅。既然是長時間，會變化且影響大，故需要時時關照與持續留心變化狀況。

以互動維持的角度來看，親情、友情、愛情這些互動密切的關係當然都是屬於此範疇之內，

而現代社會，工商服務業發達，人口都市化且集中化，人與人之間的互動往來交流甚於以往，對於人際互動的需求也日益殷切，在職場及各團體裡，伙伴間皆需長時間一起互動交流與協力運作，也是人際溝通互動的重要標的，不可忽略。而在職場中，人際互動不建立在擁有濃厚血緣基礎的關連上；也不是因生理驅力而起的異性強烈情感吸引；更不是友伴間單純而無利害關連的真摯情誼，大家來自四面八方，有著各自的成長背景經驗與價值信念，聚集後一切以組織共同任務為目標，同心齊力合作為訴求，在組織中受著使命任務、文化氛圍、科層體制及運作規範等的影響，要如何才能建立與他人的適切連結並順暢交流及和諧運作，值得關注且有努力經營的必要。

以二個人間彼此關聯來看，因為人際溝通互動是指二個人之間彼此的相互影響、依賴及互動關係，簡單來看，因兩造間都是「人」，故「人」是人際溝通互動的關鍵，而此一最大的變數其核心本質就在於人性需求價值與外顯關係的理解與運用。因此，人際是一門看入人裏（looking in）、看出人外（looking out）、看人之間關係動力（looking at relational dynamic）的學問與應用（劉曉嵐等譯，2004）。在看入人裏部分，要了解自我概念及自我在人際互動溝通中的角色，也要察覺自我知覺與情緒；在看出人外部分，要異地而處分析交流對象及語言特性，也需關注傾聽及表達尊重；在看人之間的關係動力部分，則涉及良好關係的維持與人際型態的理解與衝突處理等。而這些也被視為是探究人際關係與溝通的重要內涵，值得好好參透與學習。

綜而言之，人際關係是指二個人之間有著長時間的互動交流過程，並在這過程中不斷透過內外自省探究與運用適當技巧方法策略來因應調整，以維持相互理解及和諧運作，並求得同心共好。此在人生各階段、場域皆扮演重要角色，而在人生大半精華時間投入的職場中更是有其特殊氛圍與重要性，值得關注。

（二）人際素養的意義

人際本即是一個相當複雜多取向的概念，由此而來的人際素養因又含括知識、能力、與態度多層次內涵相結合及實踐，要界定並非易事，惟如思考前述人際關係的概念可以了解，人際涉及內省自我檢視，也少不了互動溝通，又可擴展發揮影響力，故其應是一種融合自省力、溝通力、社交力與領導力的綜合體，而此也頗符合「能面對當前生活及迎向未來挑戰」的素養概念界定取向，適合以此角度來加理解。

在十二年國教課綱九大素養中列有「人際關係與團隊合作」一項，而此素養係整合「溝通互動」與「人際關係」，並將之延伸至「與他人建立良好的互動關係」，且更進一步期待超越人與人之間的關係，培養人在群體中能合作貢獻，並發揮影響力促成團體效益的綜合能力，關注面向

廣且深，整而細，可算相當周延，也大致符合本文對人際素養的觀點。依其界定「人際關係與團隊合作」為「具備友善的人際情懷及與他人建立良好的互動關係，並發展與人溝通協調、包容異己、社會參與及服務等團隊合作的素養。」因此，本文依循此論點精神並融合人際關係概念學理（李燕、黃囇莉等譯 1995；洪英正、錢玉芬等編譯，2003；陳皎眉，2004；黃素菲編譯，2007；曾端真、曾玲珉等譯，1996；劉曉嵐等譯，2004），整合向內探求省思，向外理解展現，相互結合交互作用等內涵融入，認為人際素養大致包含真誠、同理、情商、覺察、正向、尊重、傾聽、分享等幾個相關聯且重疊之重要元素，故將人際素養界定為「具備真誠同理之人際情懷，擁有情商覺察之調適能力，展現正向尊重之心態，實踐傾聽分享之交流共鳴，能與他人建立良好互動關係，促進團體合作氛圍，擴大自我尊嚴與成功效益之綜合通用能力。」

二、人際素養的時代意義與價值

前已述及，傳統上重視人際倫常，惟因人際涉及個人特質及環境結構相互為用，故如何能隨著時空環境變遷，來思考其時代意義價值，並加以轉化運用，才能發揮適切功能。而人際素養為何在此時再度被強調與重視，有可能與當前家庭結構改變、社會環境變遷、文化氛圍重塑、經濟模式調整、政治生態衝擊、價值典範紛歧…等有關。綜合歸結舉其要者，人際素養在此時再度受到重視與需要正視並充滿期待，主要有以下三點時代意義與價值，值得提出供思考及參酌。

（一）回應社會結構變遷的需求

大家都不否認，當前社會產生激烈的變化，對人們生活有著巨大的衝擊與影響，需加以正視回應，舉其重者如在經濟型態模式與人口結構上，有著工業化及都市化的發展趨勢，家庭規模縮小，雙薪家庭漸多，連帶親職教養互動時間品質也跟著受影響；更甚者，也因而造成了生養少的狀況，從而更形成教養觀的轉變甚至過度溺愛，凡此種種皆有可能造成孩子在人際上較難奠定良好基礎，也加重了學校在此方面的負擔而難發揮教學效益。再來，社會走向開放多元民主後，傳統價值崩解，新社會體系有待建立，在一片混亂摸索中，又逢多元文化衝擊，在在挑戰社會人際互動與關係建立的理想與期待。因此，在此波社會結構變遷中，如何回應社會的需求，重新找回人的價值與尊嚴，重思人際互動的規範與倫理，樹立適切人際互動典範並培養人際素養，實為不得不為的當務之急。

（二）修調科技資訊時代的偏執

科技資訊日新月異，改變生活，帶來便利，也影響著人際的互動模式，利弊相生之下也值得省思其產生的偏執與修調。的確，生在一個科技資訊時代有其便利性，譬如秀才不出門，能知天下事；三餐不用煮，有人送上門；聊天不串門，上網就搞定…，此種便利看似美好，但也許帶來的只是更鬆散無的的偏頗幸福假象，就如同 John Naisbitt 在其「高科技・高思維」乙書中所提，要重視科技時代中追尋的意義，才能不被物所役（尹萍譯，1999）。的確，在科技的洪流中，久而久之會逐形成人際疏離及容易迷失在虛擬情境中，自我價值產生迷惘，生命意義也連帶受到貶抑與影響，凡此皆不利個人及社會的發展。基本上，資訊科技屬工具技術面向，此可帶來生活的便利和效益，惟人才是社會組成及運作的主體，在這種科技當道主宰的新時代中，如何才能役物而非役於物，此端賴找回人際互動交流並相互扶持提升，以邁向更適切和諧的境界，進而活出個人的尊嚴與價值。因此，修調科技資訊時代的偏執有賴提升人際素養來催化並導正其效用，以產生更多人際心理面的正向能量。

（三）符應未來人才典範的期待

就社會的發展及迎向美好未來的期待而言，亟需要培育有用人才並善用人才，才能促成社會的進步與提升。而對人才的需求與企盼隨著時空環境也有了典範上的不同，也許在農業時代中，具有勞力會種田的人就是人才；在資訊科技時代，或許具有高度理性與科技能力就是人才；而在一個後科技時代該如何思考呢？Daniel H. Pink 預言「知識是力量」時代將由「高感性」（High Concept）及「高體會」（High Touch）兩種感知領軍的關鍵能力取代。他認為，資訊時代即將過去，創意時代就要來臨；以往重視邏輯、專業、理性、知識的工作者會逐漸淡出職場，未來崇尚直覺、創新、感性、思考的說故事高手將慢慢站上舞台（查修傑譯，2006）。因而感性、同理、關懷、故事、意義等將更顯重要，而這種論點也符應全球化時代來臨需具有移動力的說法，因為同理及人際溝通互動等能力都是移動力中很重要的項目。所以如何覺察當前世代面對未來時代的需求，以符應未來人才典範的期待來看待，人際素養有其重要地位與價值，而此也才是當前學子迎向未來可以人生圓滿的關鍵。

參．人際素養的要素內涵

人際素養是一種融合的人際能力，含括人際互動、溝通力與技巧及其適切的應用，也是結合知識、能力與態度並能在自我面對社會情境中適切展現以促成共好的綜合能力，因此，它非一蹴可幾，然一旦具備，將能發揮催化助益效用，幫助人們將各種專業才能發揮得更好，在工作及生活上更有效率且順利，進而獲得圓滿及成功。因此，如果一個人能具備適切人際素養，應能融會綜合表現而助益人際、生活與工作，故對於人際素養值得好好培養並不斷精進。

人際素養涵化是一個習慣養成的過程，也是一個改變的過程。對此，基於前述人際素養的界定了解，此處乃結合學理提供人際素養要素內涵，以供能依循思考體會並可據此來逐步自省強化精進。

承上對人際素養的界定為「具備真誠同理之人際情懷，擁有情商覺察之調適能力，展現正向尊重之心態，實踐傾聽分享之交流共鳴，能與他人建立良好互動關係，促進團體合作氛圍，擴大自我尊嚴與成功效益之綜合通用能力。」其內涵約略有真誠、同理、情商、覺察、正向、尊重、傾聽、分享等幾個相關聯且重疊之重要元素，以下茲就其內涵略述供參。

一、真誠：一種單純意念

真誠，就是真心誠意，真心意即發自內心單純的意念，誠意為不帶任何虛假做作或偽裝，只是一種最初始的真實現象外顯。雨果說：「唯有人的心靈才是起初的，嚴格來說，相貌不過是一種面具，真正的人在人的內部。」而張德芬（2007）在「遇見未知的自己」一書中也提及「親愛的，外面沒有別人，只有自己。」因此，一個人對自我的深切剖析、坦然面對及真實顯現，此在人生路上至為重要。

《中庸》說：「唯天下至誠，為能盡其性；能盡其性，則能盡人之性；能盡人之性，則能盡物之性；能盡物之性，則可以贊天地之化育；可以贊天地之化育，則可以與天地參矣。」因此，真誠是與人關連之一切的根本，是立身待人的基石，也是處事成業的良方。故要做好及學會人際溝通或經營人生事業，得先從內視自我省思開始，以能理解自己、悅納自我並自信展現真實的自我，再據以進一步開展各面向事務。

真誠，要做到，首先要能先自我靜心，然後真切省視並坦誠面對自我，亦即是用心傾聽自己內在真實的聲音；其次，要時時省思自我內在真實想法與所說、所為之間的關係，如果三者間相互一致相符應時，那就是能符合真實性、一致性、可信任的條件，也才算是圓滿真誠；若否，則

表示尚有修調精進的空間。一般而言，外人難以知悉一個人的真實內在狀態，惟會聽其言及觀其行來評估及解讀真意，若能知行一致，則會判別誠信可靠，即符應真誠，若否，則會揚棄，故真誠最起碼要做到知行合一，言行一致。

二、同理：一種同感體會

同理即同理心，或稱做同感心，是一種將自己置於他人的位置、並能夠理解或感受他人在其框架內所經歷的事物的能力，對同理心的使用又稱「將心比心」或「感同身受」。（維基百科）基本上，人有被了解與接納的需求，依此可明，能夠理解他人並接納他人的人是可以獲得認可與信任，並從而促進彼此間之關係與連結，繼而創造有意義的共好局面。因此，同理心雖然只是一種感受，一種同感能力的感受，然其對互動雙方的心理面影響甚大，值得一起來理解與思考，以能真切貼近他人想法與情感，並做出適切呼應對待，才能站在同一陣線同心齊力。

同理心，要做到不易，惟在人與人間互動時可以做如下幾點思考與檢視，首先是要能先開放心胸，放下任何自我定見及主觀意識；接著，是要將焦點聚在他人身上，並尋求自身相同經驗屬性之感受與想法且相互連結；之後，則應用適切表達讓對方知悉並感受到自己的同感、同思與回應。在這過程中，就表象來看，就是要做到落實不帶批判、建議、勸告、提醒的情感交流，能如此互動交流的話，至少應該可較趨近同理心的展現。

三、情商：一種表現能力

情商是情緒商數，此是由情緒管理概念而來，為 Daniel Goleman 所提出（張美惠譯，1996），指的是對情緒處理的能力商數，故其和情緒關聯密切，惟又更加進階至能加以掌握理解及善處。情緒又稱情感，是對一系列主觀認知經驗的通稱，是多種感覺、思想和行為綜合產生的心理和生理狀態，原指的是人的一種激動狀態，然經與社會互動及顯現效果後大致可區分為正向及負向兩大類，也影響著人際互動的正負向循環。一般而言，情緒有喜、怒、哀、懼、愛、惡、慾等，而如進一步分化，也有一些更細膩微妙的情緒，如嫉妒、慚愧、羞恥、自豪等。而這些因為都是外顯表現，很容易讓互動的對方感受及產生心緒上的波動而影響互動，故難等閒視之。對於情緒狀態，實為人無可避免之事，因人就是情緒的動物，惟思如何理解紓解及調適才是重點，以避免負向情緒自我糾結與造成互動雙方的困擾，而此即為情商的概念。

基本上，人與外在互動主要是透過感官啟動來進行，惟重要的是訊息接收後形成的知覺作用

與情緒反應，以及造成的影響，那才是影響溝通互動品質的關鍵。因此，有必要了解知覺作用與情緒反應，並能就此做適切調處，以圓滿與外在的互動交流。而具有高的情緒智商即是具備高的情緒控制管理能力，Daniel Goleman 認為自我察覺、自我規範、自我激勵、同理心、現實檢驗能力等是其內涵（張美惠譯，1996），若在情緒表現及控制上能落實這五方面的增長，大抵就能在情緒處理上有適切表現，也能藉此展現而促良好的人際與發展。

四、覺察：一種敏銳感知

人是靈長類動物，在靈性上也是萬物之首，綜觀靈性，其反映在生活中大抵就是一種敏感覺知能力及反思並自我精進的表現。因此，敏銳感知對人而言至為重要。

生命的過程會與環境互動而學習並習得慣性，故在成長後很容易因慣性而失去感知，惟若如此，有可能就開始過著受著慣性決定的人生，因而也失去了敏銳感知，形成失去靈性及主體性；且若有不好的慣性，將導引著人們往著負向而行，至為可惜。因此，心理學家榮格曾經說過：「你沒有覺察到的事，就會變成你的命運。」故無法「自我覺察」的人，很容易在生命中重複一樣的錯誤（蔡世偉譯，2019）。覺察是一種敏銳的感知，對內對外皆然，即要保持警覺醒悟，勿將所有的事視為理所當然，時時保持意識及注意，感知周遭一切事物並做省思及回應最適切之交互。

基本上，人際就是一連串的互動行為，而互動過程中要持續尋求更好行為的展現，此也無可避免得有所覺察，因為行為改變的過程也始於覺察，透過此，慣性作為的可能危害才得以調整避免，人生也才可能會愈來愈好。ＥＱ一書中即將自我覺察列為重要的內涵，也惟有透過此，才能擁有好ＥＱ及做好人際。因此，切記，在人際互動時，應時時刻刻保持意識及自我醒悟，關注與人互動交流行為的點滴與帶來的回應，並反省思考及進行修調，此不但能培養更敏銳的感知能力，也能藉此促人際愈來愈好。

五、正向：一種特質傾向

正向是一種心理傾向，也是一種特質表徵，算是一種由正念而來延伸的綜合體。爾來正向心理學備受關注與期待，乃是回應這個正念，期待能夠幫助個體釐清內外並保持理性，展現正向特質，找到內外平衡進而實現美好人生價值。因此，正向心理旨在探究快樂生活、美好生活、有意義的人生等議題，以企求真正參與享受生命並讓生命有好的歸屬，而如能朝此前進，比較會展現活力、希望、耐心、開放…等正向特質，如具備此種正向特質傾向，當然也較讓人樂於接近及與

之互動，人際自然也會較好而帶動生命有好的發展與歸屬。

人際互動大抵上是「人同此心，心同此理。」，故有「己所不欲，勿施於人。」的主張。因此，就人際互動角度來看，一個很簡單思考就是，您喜歡何種特質的人？那麼如果您具備這種特質，應該也會受歡迎而有著好的人緣與人際互動。國外研究發現人們具備的特質依受人們喜歡狀況可分為三大類，一為受歡迎特質（如誠實、溫暖、善良、體貼、開朗…），二為不受歡迎特質（如敵意、自私、虛偽、殘忍、說謊…）；三為中性特質（如大膽、謹慎、天真、好動、追求完美…）（陳皎眉，2004）。而以上三群特質在國內進行大學生的回應調查狀況也相仿（筆者在大學課堂上進行的小調查），由此可知其具有跨文化及地域的共通參考價值。基本上，若能具備第一種特質，值得慶幸並宜保有；若具備第二種特質應思考加以修調，以免不受歡迎；若具備第三種特質，在不傷人的情形下自我堅持會形成自我風格，亦屬可行好事。故正向較具體的作法即是可以藉此檢視省思自我正念與正向特質的狀況，並促使自我修調成為一位更正向且具備正向特質的個體。

六、尊重：一種生活修養

尊重是民主社會中珍視且重視的一項價值，也是當前人與人間互動應謹守的本質與展現的修維。在民主社會中很自然地用投票來展現並實踐民主價值，然此種作法太過形式化，也容易誤導大眾對尊重意涵的觀點而形成誤失，因而常造成人際間互相對立、挑釁、攻訐…等現象，背離了民主的真正精神，也違悖了尊重的真諦本意，至為可惜。基本上，尊重是一種生活方式，一種實質踏實的真實生活，在這種生活情境中，大家互相包容，互相關懷，互相體諒，互動看重，也會更積極對彼此良善滿意或重要品質傳達出珍視、欣賞與欽羨，讓彼此相互間都具有高度自尊，也都充滿正面的感覺，進而創造更良善的互動氛圍與感染力，促成相互共識及凝聚，以達成更高的人際互動品質。

既然尊重是看重別人並傳達珍視、欣賞或欽佩感，因而要先對人的尊嚴價值及基本人權有一定的了解外，也要對互動對象能多加關心及理解，並要思考在互動過程中如何傳達出對其表現理解、肯定、欣賞及欽羨，讓對方能感受到並提升自我尊嚴感，且樂於持續相處互動，形成更凝聚的人際關係，如此才算是能傳達尊重而促共好。

七、傾聽：一種謙遜態度

傾聽在溝通中算是一項重要的技巧，大多數的人際關係書中都會陳述其作法，各種說法大同

小異，惟簡單來看，一言以蔽之，傾聽的藝術就是「放下自己」而做「相對」判斷的一種溝通藝術。因此，它是一種謙遜的態度，也是一種把他人放在自己之前的溝通方式與作為。因為，溝通互動，不是在說服別人，而是在求得相互理解及獲致共同性，故如何讓雙方樂意且自在持續交流很重要，而傾聽就有如開瓶器一般，可以發揮很好的助力！因此，有人就這麼認為，人際間溝通，要學會「說」，得先學會「聽」，就是這個道理。

傾聽在人際互動上很重要，它能鼓勵他人傾吐他們的狀況和問題，且用這種方法可以協助他們找出解決問題的方法，故是一項很有影響力的技巧。九年一貫課程中因重視能力強調傾聽的重要，即希望能注意看、專心聽、用力想、認真記、切實做。因而也認為傾聽就是五到，分別為眼到：用眼神看對方，觀察表情、肢體、語言；耳到：用耳朵仔細聽取訊息及了解意涵；口到：用口語來做適切反應以鼓勵繼續，如「嗯！」「啊！我了解」「然後呢？」「所以呢？」；手到（身到）：即用肢體語言來加以反應；心到：專心、關心、用心、耐心。總體而言，傾聽就是各種感官與理性都投入訊息交換過程的歷程活動，它不只是用「耳朵」來聽，也要用「心」來聽。因此，人們的身體、感官、語言傳達器、思考及情緒等都會融入反應，即用身體語言來傳達對溝通對象的注意；用心去了解溝通對象傳遞出來的訊息；用自我覺知省思來敏於察覺內在訊息；用訊息傳達的相關能力來傳遞出反應。故，在使用它時需要相當的耐心與全神貫注，對前述幾個面向把握並確實做好。

八、分享：一種共好作為

人際間的關係會變化，關鍵都在於溝通，好的溝通能促進理解、創造良善氛圍，進而拉近彼此關係，故如何做好溝通至為重要。溝通技巧表現範圍頗大，從客觀事實的具體表達說明，到主觀情感的交流與激勵鼓舞，都含括在內，其間包括表達的能力與意願，也是一種同體的思考與作為，更是一種正向的期待與展現，凡此種種大抵都可以「分享」一詞來加以含括，因為分享，必定有所表達，且是一種樂在其中的表達，更是一種期待共好而正向的樂意表達。尤其，現今是一個知識爆炸的知識經濟時代，要讓知識價值化更是得透過社交及透過分享（尤克強，2001），分享不只是單純的訊息交流而已，其包含著有揭露傾吐尋求理解支持的期待，還有更積極且正向共好及共創價值的功能，是深具正向感染力的溝通方式，可促成相融共好。

要具備及實踐分享，首先當然得有基本的表達能力與技巧，並且能練習精熟，如此才能適切將內在的思想與價值外顯化而進行順暢的交流；其次，要有意願與快樂喜悅心，有著樂與人互動

的心理傾向，表現出熱情期待的正向感染力；接續再於互動過程中應用來展現對分享內容的理解參透，對互動的熱愛參與，對對方反應的珍視與回饋，以在良性的互動交流中一起創造共好。

肆、人際素養涵育精進的思考與實踐

人際素養有其時代意義與價值，對此一能面對當前生活及迎向未來挑戰的素質，若能具備，當利於自我人生開展與未來生涯，但因其兼具及融合知識、能力與態度，且需有著與時俱進的調適及提升功能，要涵育培養也非短期可成及易事；此外，它也並非全有或全無的概念，故在人生歷程中如何經由涵育讓其在「無」到「有」的光譜中趨近全有飽滿的狀態，是可以思考及努力的。本處僅就人際素養屬性先進行解析，進而闡述其涵育精進的思考與實踐之努力方向供參。

一、人際素養屬性解析

人際本即是一個相當複雜且具多元取向的概念，其包含個體心理及環境社會的學理，融合諸多能力技巧的展現，是一種可促進人們相互理解交融，又能發揮影響及感染力的綜合體，由此而來的人際素養概念即指能將知識、技能、態度融合內化，進而能隨時展現活用並裨益當前生活及未來發展。簡單來看，人際素養具有以下幾點屬性特質。

（一）兼具及融合知識、能力與態度

十二年國教課綱對素養的界定是「一個人為適應現在生活及面對未來挑戰，所應具備的知識、能力與態度。」而之所以如此，即體會民國五十七年實施九年國教時重「知識教授」及九十一年推動九年一貫課程時重「能力培養」的教育觀皆無法符應當前及未來社會的需求，故乃引發素養導向的課程觀，且確認惟有兼具知識、能力與態度三者並整合於實務情境中發揮功效才稱之為素養，因而人際素養即應整合人際知識、人際能力、人際態度並將之於實務情境中活用以裨益生活及利於未來人生，才能謂之。若僅具其一或其二，雖也有益個人，但尚難符應素養規範。

（二）能面對當前生活及迎向未來挑戰

社會進展快速，社會結構丕變，社會生活充滿挑戰，故如何因應調適及善處，儼然已成為現今人們共同面對的大課題，也是持續學習的意旨所在。因此，當前所要精進學習的事物不但重在

能解決問題及適應生活，更要能確保未來變化的因應及善處，因而人際素養的重要屬性即不只著眼於具備對當前人際個殊事務的處理解決能力，更重視於全面適應人際生活及能順利迎向未來人際挑戰之考量，故人際素養的一個重要特質即是需能解決當前生活面對的問題，且又能其有彈性應變性來迎向未來不可知的挑戰的。

（三）是一種跨領域應用的綜合知能

素養，其英文用法有不同取向，主要為 literacy 和 competence，前者係指具有基本讀寫算知能而與文盲有所區別，以目前社會進展角度來看，當更強調功能性取向而重應用，故讀寫算的學習也需重視在生活實務上的應用與表現；後者係指不屬於任何一個學科或領域的通用能力，即其學科領域屬性較不明顯，但能整合並在各種不同學科及領域間扮演催化的重要角色，能在不同領域中應用及發揮更大效益。人際素養所指即為後者，它是可在各領域應用及跨領域整合的綜合知能，是國際社會普遍認同的新世紀公民應具知能。因此，人際素養能幫助個人在專業上發揮得更好，可以催化成效並擴大成功（如具有人際素養的教師、醫師、律師或技師，其在執行其職務時會更圓融且獲致好的成效及受人肯定歡迎）。

（四）與實務情境有著密切關聯

素養旨在適應生活及迎向未來挑戰，故其一切以生活實踐及應用為依歸。換句話說，它來自實務，也需再回到實務應用及活用才算完整。因此，人際素養即具有強烈實務取向，要涵育習得，需在實務中粹練實務智慧，而後再將之於人際互動實務中應用得宜，如此才算圓滿。換句話說，人際素養脫離不開人際互動實務，其本身與人際互動實務是二合一且相互融合相生的概念。

（五）是一種真正內化的習慣

素養若以較具體可掌握的角度來看，即是一種習慣，一種內化的習慣，伴隨生活自然發生，且藉此助益生活及未來發展。「與成功有約」一書中對習慣有個界定，即將知識、能力與態度各自比為一個圓，而此三個圓兩兩各自相互交疊，中間並有三者重疊交集處，而此交集處即為習慣，因此，人際素養以較具體可掌握的角度來看，即是一種正向習慣的內化養成，而正向助益生活。故養成人際互動的好習慣即是人際素養的涵育與精進。

二、人際素養涵育精進的努力方向

基於前述屬性特質的瞭解，人際素養涵育精進可由以下幾個方向來加以努力促成。

（一）人際學理的參透

人際素養並非一蹴可幾，得從基礎逐步奠基而來，因此，如何在學理上先行瞭解及參透算是基本功，也是必要的。人際灑掃應對進退等基本禮儀大抵在家中或成長過程都有師長耳提面命並要求遵循，大致能加以執行，但很多人只做未思，只知其然也未知其所以然，因而也未全然瞭解參透其背後原理，故極易在長大後因無人叮嚀提點或遇複雜社會衝突而告瓦解，甚為可惜。因此，對人際相關學理研修並深入探索理解是重要的。目前很多大學將人際關係與溝通列為基本修讀課程，此即是在做學理奠基，有了此基礎，才能逐步培養能力及涵育素養。以前述人際內涵要素來看，例如「同理」，得好好瞭解參透何謂同理？為何要同理？要如何才能實踐同理？並據此來逐步發揮。

（二）人際技能的精熟

知是行之始，行是知之終，知行合一向來都是教育努力的方向，也才能符應學習的效用。因此，有了人際知識的理解後，如何在實務上將相關技能一一展現並不斷練習，以求精熟，有利於未來在實務場合中適切展現，也能在突發及挑戰狀況中能有所創新作為因應。因此，任何要活用實用的技巧能力加以演練並使之精熟是很重要的。以前述人際內涵要素來看，例如「傾聽」，其有執行的步驟或技巧，對此宜先微觀解析並逐一練習，以致精熟並組合運用，然後才在實務中展現及修調精進，如此會愈來愈好。

（三）人際形象的認同

習慣培養並內化能有效整合知識、技能及態度，故培養好的或正向的人際習慣應是努力的方向，而習慣培養及提升是一個改變的過程，就改變而言，「原子習慣」（蔡世偉譯，2019）一書中提及，最有效的方法就是改變「身分認同」。因為改變的發生有三個層次，如洋蔥的三層皮：表層為結果，中層為過程，內層為身分認同。而如難以啟動改變並維持至成為習慣，長遠來看，主要是被自我形象阻攔。因此，以前述人際素養來看，要能想像及認同「我是一位很『真誠』的人」、「我是一位很會『傾聽』的人」，由此帶動知識、技能與態度的融合與堅持，直到自然自動化為止，即能得心應手自然展現。

三、人際素養涵育與精進的實踐應用

基於前述的努力，若能有策略或步驟可資依循，在人際素養涵育及精進的執行上將會更有可能性，以下茲舉兩種實踐應用策略供參。

（一）人際實踐的精進

一項能力、技巧或習慣的養成與精進不是容易的事，要能達至形成內化且自動決定反應，基本上有以下幾個重要的步驟且要很紮實的走過才有可能（茲以教學技巧精進計畫的作法為例），幾個步驟簡要呈現如下：

1. **知道**：即要先閱讀相關書籍、文章或線上資訊，以便對相關能力與技巧的知識面能先做基本的了解與認識，才可能繼續培養實務知能。

2. **探究**：即是在前述基礎上能繼續向有經驗的他人請教相關能力與技巧的運用，或觀察有傑出、優秀表現的他人在實務上如何運用此能力與技巧，以提供自己反思及進一步理解學理實際運作表現的實務秘訣。

3. **試驗**：即可先自己嘗試練習該能力或技巧，自行演練，原則上可用錄影方式紀錄再自我檢視，以瞭解在該能力或技巧的運用表現狀況並尋求改善。或在實務中嘗試運用，即在與人互動中運用該能力或技巧，並在之後省思及修調。

4. **建立**：將前述試驗結果進行調整，且不斷使用新的能力或技巧於實務活動中，而將這項能力或技巧內化成為自我的一部分，在未來能自動適切展現。

就前述步驟，在執行上，可先檢視依人際素養內涵本質省思自我相關狀況，列出自我已具備的各種優勢表現及劣勢待加強部分（一項一項條列出來）。之後找出優勢表現的部分來自我肯定並繼續強化；找出劣勢待加強部分來加以精進（先從聚焦一個做起），即從所列劣勢待加強項目中選擇並決定一個自我有意願及有決心改善的能力或技巧，並以此為焦點進行自我精進計畫。以此一劣勢待加強項目為基礎進行自我精進改善規劃，並簡要清楚敘明會如何做？還有何時做？規劃後最好能找到合作夥伴來共同相伴執行，以能發揮陪伴及督促之效，促成依相關時程執行並省思檢討修正，直至習得技巧為止。

（二）人際省思的堅持

人際互動與溝通，每個人每天都在進行且隨時存在身邊，因此，如能對此細加省思並進行與學理的對話，應該能強化對學理的認知了解，也有利自我相關技能的修調與未來的應用。

省思札記，可客觀陳述外，也能主觀闡述心得感想並評析，很自由自在，是個不錯的好策略。惟在執行時宜思考的重點乃在於應能聚焦於一定的範疇（如一次以一件或一次性的人際互動為焦點，或以一項人際互動溝通議題為對象）進行，如此才較能精要深入進行人際相關焦點議題的省思對話，並配合與學理論述的討論，及歸結自我評述及心得想法，如此深刻作為應能較有收穫，

也能逐漸釐清及內化，成為素養。幾種省思札記的思考取向提列如下供參。

1.軼事紀錄

即自由自在地對設定的人際議題相關內涵事件進行記述及論述，包括整個事情的經過狀況等相關紀錄與心得感想抒發。

2.以深刻難忘的角度切入

即以一件印象深刻難忘的人際經驗來加以敘述及省思。進行時先客觀描述難忘及印象深刻事件的整體發生經過及狀況，再析述為何這件事會讓自己很難忘或印象深刻，原因為何？接續論述此難忘或印象深刻的事對自己有何啟發及未來人生影響。

3.以成功（滿意）或失敗（不滿意）的觀點來看

(1)一件成功或滿意的經驗

即以一件成功或滿意的人際經驗來加以敘述及省思。進行時先客觀描述其整體發生經過及狀況；再析述為何自己會認為這件事是成功的或滿意的？接續論述會造成這種成功或滿意的因素為何？最後論述自己要如何才能讓這種成功及滿意的經驗能持續下去。

(2)一件失敗或不滿意的經驗

即以一件失敗或不滿意的人際經驗來加以敘述及省思。進行時先客觀描述其整體發生經過及狀況；再析述為何自己會認為這件事是失敗的或不滿意的？接續論述會造成這種失敗或不滿意的因素為何？最後論述自己要如何做才能避免這種失敗及不滿意的經驗能夠減少及不發生。

伍、職場人際溝通互動的思考與人際素養的應用

具有較為全有或飽滿厚實的人際素養，加入職場在人際實務上應較能得心應手且適切，惟因並非人人可以如此且人際溝通互動是一種在社會情境脈絡下的行為交流，其適切性與否除關乎兩造間的想法與信念外，也深受社會價值期許所影響，故如何帶著自我已具備的人際素養條件在職場中展現適切正當的作為，有必要探究思考。

適切正當作為即是正當的行為，而此也是早年全國共同校訓「禮、義、廉、恥」中的「義」（正正當當的行為）。談到義，自然會想到歷史上的人物「關公」，他義薄雲天，以義傳世，帶

給世人良善典範與啟發，也為美好社會樹立標竿和運作模式，尤其是在自我角色的扮演與人我互動份際的堅守，最值得稱道。當前社會雖複雜多元，然若人與人之間相處互動皆能展現出正當行為，當能順暢和諧，也會更為美好。只是，何謂正當？誰說了算？如何共同來架構與運作？而人際素養如何在職場中思考及展現，凡此種種，皆值省思。有關此，前述人際學理知能已提供基礎，具備人際素養的人在一般情境中大抵應可適切發揮，而在特定情境中因更有其特有的適切與正當性思考，此即為一種倫理思考，也得從此一角度切入，以相互為用並發揮綜效。故以下茲先進行職場的倫理思考，接續再陳述人際素養在職場中的應用與實踐準則。

一、職場的特質屬性及其倫理思考

倫理是關於個體或社會尋求可欲及適切的價值和道德，而倫理理論則提供一個系統規則或原則引導我們在特定情境中做有關於「對或錯」、「好或壞」的決定，它也提供一個「什麼才是道德人行為」的了解基礎（Northouse,2004）。故簡單來看，倫理是決定人類行為的依循，即思考著什麼該做？什麼不該做？怎麼做才對？怎麼做不對？這些問題的判斷會影響個人的行為和別人的權益，是群體互動中重要的事務。而只要是人所組成的團體或組織，就免不了要有此思考（如家庭倫理、職場倫理、校園倫理…等），以能展現符應情境屬性的適切行為與決定，並能運作更和諧順暢。人際溝通互動是一種在社會情境脈絡下的行為交流，要在職場上應用，要理解職場中的行為準則，宜先依倫理學理來思考職場倫理的脈絡，再進一步來架構實踐行為準則。

職場中的人際互動溝通其實就是一種倫理思考。倫理思考主要涉及互動個體的特質與行為，故可以個體的特質及行為來進行思考，主要有以下兩個面向的三個切入點：行為面向（結果、責任）；特質面向（德行）（Northouse,2004）。此三個切入點，一個是以行為的「結果」來看，若能符合最大多數人利益的即為合乎倫理，也是對的，而此係以功利主義（符合最大多數人利益）為思考，稱為功利論（即展現的作為要合乎最大的利益）。一個是以行為的「責任」來看，而這也是關注動機取向，即不管結果如何，在意念上本就有其應然的思考，即要合乎良心及自我責任才是對的，而此係以純粹理性為思考，名為義務論（展現的行為要恪遵及善盡自已的義務）。一個是以行為人的「德行」來看，即重視應具備的良好美德及特質，則其所作所為應可合乎規範倫理，也應是對的，此即為美德論（即培養並展現出相符應之美德），故應培養個體具備適切美德，就能合乎倫理。

基於前述，在職場中，雖然各種組織在規模、型態、任務、運作方式各異，但大抵皆有其各

自目標使命、結構規範、運作機制與文化氛圍，個體身處其中雖仍是具自我主體性的個體，然也要跳脫「只要我喜歡有什麼不可以」的任性，要能依循倫理角度思考，能自我修維具備美德，也要恪遵自我良知與承擔美善義務責任，且凡事要以組織最大利益角度思考來出發，如此才能稱為適切。

綜合來看，職場倫理是一種職場的相互關係釐清，決定著職場中如何看待對與錯，還有好與壞，算是職場中無形的規範與準則，藉此團體運作才能有秩序及發揮效能。在職場中，每個人如果都能做好自我工作、實踐自己角色，在組織中恰如其分的演出，為自己及組織謀得最大利益與發展，那應該就算符合職場倫理。對此，在職場中實踐，主要可從「自我角色扮演」及「工作階層溝通」兩部分來加以思考相關作為與準則。

二、職場中人際素養的應用與行為準則

以下茲就在職場中因應其屬性氛圍需關注的主要取向，就「自我角色扮演」及「工作階層溝通」兩部分來加以陳述相關作為與準則供參。

（一）職場上自我角色扮演的應用與實踐

不同職場組織特性或許不同，然若以前述角度來看，個體在組織內協同群體一起運作，追求組織最大發展與願景實現，即便每個人背景經驗或價值不同，然若基於前述思考，展現適切特質美德、恪盡組織角色義務及以組織最大利益思考來加以表現作為。在自我角色扮演上，有以下幾點應是源自人際溝通學理及倫理思考可共通依循的參考準則。

1.適切的服裝儀容是第一步

外表是決定第一印象的重要因素，對個人而言如此，對組織來說也是，而此皆會形成外人觀感與意象，影響對個人的好感度與組織的發展，因此服儀在職場中至為重要。基本上，在職場中，衣著要得體適切，這是職場上的基本原則。簡單來說，即是不能奇裝異服，要清爽且整潔，以舒服並實用為考量，並要符合場域氛圍的需求，而如能再配合上適切的表情及笑容應更有加分作用與效果，此對在組織中擔負與外在人員會有交流互動者更為重要。而如組織有特殊需求者（如統一之制服或工作區之工作服等），則宜從其規定並力求遵循，以便展現團隊凝聚及在工作實踐上發揮更佳效益。

2.主動的問候招呼也是必要

打招呼是人際關係的第一步，主動且適切的打招呼有利人際互動與關係建立，利於協力工作的進行，因此，在職場內同事相互碰面時能主動親切問候打招呼是很必要的。基本上，要能主動問候並且一視同仁，問候時要展現開朗心情並以和悅雙眼注視對方，以傳達關心並散發正向感染力，促成組織正向氛圍，而此若能搭配一些更加熱情活力的表情動作也會讓人感覺舒服。且對此也要持續不斷進行並至形成良好習慣為止。如果可能，如能記住對方的姓名及職稱，互動時給予尊稱，也是一種禮貌表現；而在對長輩或主管時若能再加上職稱當然更能讓人感覺愉悅舒服而留下好印象，且藉此也能聯絡建立情感並創造良善正向組織氣氛，對凝聚團隊力量及發揮協力作用能大大加分。

3.規範的了解與遵循是根本

規範是組織義務的表徵，各職場組織為使組織能順暢運作或有效率，大多會有屬於自我的規範，此有些會明載於紙本書面化，有些則係行之有年的潛規則或文化，凡此種種皆係組織內伙伴們應自行了解並遵循的，且也是參與組織與融入的根本，做好此，才能共同立足並求得發展。有關此各職場狀況雖不一，然有一些是有共同取向的，以下茲就此略舉消極及積極規範如下供參：

在消極方面，如不遲到、不要太計較、不隨意翻閱他人東西、借物要歸還原處、維護個人及公共區域整潔、不公器私用、不談論公司機密及道人長短、上班不聊天或處理私人事務、不做危險舉動或危害組織名譽的事…等；在積極方面，如多學多問、有禮貌、表現主動服務精神及熱忱、重視團隊及有榮譽感、保持自然親切的笑容、時時注意儀態與服務用語…等。凡此種種也需多關注及理解遵循。

4.用心的投入工作才是上策

每個人在組織中擔任的職務或扮演的角色皆不同，然組織之所以有此職務或角色之設置，代表它有一定存在的意義與價值，也應該有可以發揮的功能與效益，故個人在組織中，不管擔任何種職務，用心投入工作才是上策，也才符應職場倫理。因此，在職場中要看重自己的工作，要對自己負責的事務實事求事，儘力積極做好，且要能時時省思並精益求精，如此不但個人在能力上有所提升，也能為組織做出貢獻，尋求個人及組織的最大發展與利益，從而也會回映到自我受到重視肯定的價值感與可能的升遷機會。因此，在職場中看重自我工作並用心投入是很重要很重要很重要的，因為真的很重要，所以要說三次。

5.工作的推展表達要能同理

職場及組織中的工作為求發揮綜效，是非常需要相互協調及團隊合作，以發揮更大的能量效

益，因此如何跳脫各行其事而取得友伴支持與信任，在工作推展與溝通協調時展現同理是很重要的。同理心就是能夠跳脫自己的本位，以他人的立場、他人的觀點、他人的角度，來觀察、體驗、分析事物或感受。職場中一起共事，或許承擔工作與職務角色不同，然在工作互動溝通上宜敞開心胸，異位而處，同感共鳴，如此會更容易相融交流，也較能成事。因此，在工作推展或交流時也許可以在表達前能先獲知並了解對方狀況，且在互動時也要貼近他人所述及做情感反映，並適時回應，最後也是最重要的則是要真正關心對方的利益與福祉，如此才能獲致對方的認同與喜愛，更容易合作成事。

6.良好的態度可以博得好感

職場中大多是需要勞心勞力又勞情的工作，而在當前服務業盛行且重團隊發揮競爭力的時代，人們對於付出情緒勞務的需求更為殷切，即期待大家都能有好的態度與正向感染，創造更佳氛圍來助益團隊發展。而就此，語氣態度等情感因素至為重要，甚至會比語言本身更能散發影響。在職場中，互動溝通時，態度最容易在肢體及語氣中顯現，故重視正向肢體傳達及良好語氣是必要的，且要把握卡內基人際法則之首要原則「不批評、不責備、不抱怨」（黑幼龍，2014），以免模糊焦點或造成不悅。另，說話速度也要適中且聲調柔和，並減少口頭禪等口語的干擾因素。相互協助幫忙或有所求時，也要多說請、謝謝、對不起、很感謝您。還有，互動時，也要以認真傾聽來展現興趣與積極的回應，以求更好的互動與創造良性氣圍。再來，如能抱持學習心態多請益，也能展現謙虛特質並助益組織學習氛圍，一起向上提升，也是值得鼓勵實踐的。誠於內，形於外，並讓對方有好的感受即是好的態度，此在職場中互動很重要。

（二）職場上工作階層溝通的應用與實踐

職場中因組織層級結構雖然會有位階差異，然人格是平等的，只是各自扮演不同角色，在相互尊重的前提下共塑協作文化，一起促成組織任務的達成。而基於組織任務分工大都有職務階層存在，也有先來後到及資深資淺之分，更有年齡的差異，面對這些階層現象，雖不一定要刻意去彰顯，然也宜關注並尊重這屬於職場特有的倫理，故在溝通互動上，有關「對上」（主要為對上司主管，然也包括長者、前輩、資深同仁等）或「對下」（主要為對部屬員工，然也包括年輕同事、晚輩、資淺同仁等）溝通，茲舉以下符應倫理的原則供參。

1.向上溝通的要訣

(1) **尊重為先**：基本上在上位者大多年紀較長或較具能力，要不然也服務較久或經驗較豐，或對組織貢獻較大，且其亦代表著他所屬的職位，故在溝通互動上一定要真心表達尊重。此在消極

上，至少避免直接頂撞而挑戰其尊嚴；也避免在其面前誇讚前上司而損其顏面；更要耐得住性子傾聽以免挫其心理…等；在積極面方面，則可尊稱頭銜以示尊重；也可注意細節事項而稍加讚美來強化其信心並促能敞開心胸，以利交流或接納；或將功勞等歸功主管或與他們分享，以示好意並強化聯結…。凡此如能留意，應能在對上溝通時開啟善意方便之門，利於後續交流。

(2) **認真重要**：與上級或主管互動時，要明白他們係代表組織重要角色，負有組織成敗較重之職責，故其心理難免掛念著組織業績或整體發展，期待的是員工都能認真並兢兢業業投入，故互動時，如能關注並展現自我表現認真的一面，會讓主管留下好印象，且有利信任及訊息的傳達與接收。因此，在與主管溝通互動時，或許在事前應該要有所準備；在互動時或許可以更敏感地察顏觀色評估再適切回應，並能一切以公事為念；或能專心傾聽及做筆記等，以示向學積極之心及讓人感受用心並受到尊重；或對交代事項能積極回應或即時處理…等。

(3) **展現專業**：組織中每個人能夠對自我負責工作展現專業應是組織最大的福份。因此，如能在與上級或長官互動時展現專業，將會更令人放心且信任，也能促進彼此關係並促成深入交流。因此，平時做好自我工作是基本，且不斷追求精進會更好；而與上級或長官溝通交流時要有所準備，對自身負責業務嫻熟並展現幹練，以讓人留下深刻印象，尤其，對於組織應興應革事項也應關心並深入探究及擬妥建設性作法建議，再適時提出建言，並輔以溫和肯定語氣表達，以展現認真及專業，定能取得信任與促交流及共好。

2.向下溝通的要訣

(1) **關懷為要**：上位者具有較多的資源與能量，也具有較大的權限，因此如能對在經驗能力皆較薄弱之部屬傳達關懷之情，能表現寬容與關愛，定能贏得屬下的感謝與敬重，從而建立部屬更佳的組織認同與凝聚，利於組織發展。因此，上位者與屬下溝通時，語氣要和緩，要多說關心的話，不能完全只聚焦在工作面向的要求，一味追求績效而不近人情，也應該要多關注其適應狀況與困難點，或對其生活面傳達關心與協助的意願，此種重視心理溫暖感覺的關懷互動會獲致不錯的效果，不但可能會贏得民心，且也會為組織發展帶來更多機會與可能性。

(2) **明快果決**：上位者通常較屬做決策者，或許不需做太多事務性工作，然下位者需處理的雜事較多，較需耗費時間與精力來處理，故有其時間壓力，因此上位者在與下位者互動時應能同理且從此一角度思考，對要傳達的事務能先思慮清楚後並做邏輯系統架構，表達儘量具體清楚簡單明瞭，並能以抓住重點的方式與下屬溝通，如此除了讓員工較易理解及付諸執行外，也能讓員工感受到主管的認真與邏輯思考力，而贏得敬重與信服，對未來組織的運作與發展奠下良好基石。

(3) **展現大度**：在一個資訊透明且開放的民主社會中，組織上位者的權力與尊嚴不建立在永不出錯，而是建立在能夠通情達理及雍容氣度上，故有關組織的事務，上位者如能分清公私，在公事處理上依公辦理外，而私下也應能和部屬相處互動聯絡，並且運用多元方式交流，如此會讓人更感受到平易近人且具開放性而心生敬意。另外，對於部屬建設性意見也宜開放心胸細聽並深切省思檢視，不但要及時適切回應狀況，且而在適當時機或有需要時，也能通情達理或勇於認錯及採納意見，凡此作為皆能更有利相互溝通及助益組織發展。

陸、結語

人是群體的動物，無法離群索居，故每個人終其一生，都難漠視人際的存在與效應。尤其，當前社會人口都市化集中化，群居生活更為緊密，而休閒服務經濟型態興起，也促成人際互動更加頻繁，故如何具備人際素養與能力並能在現實生活情境中應用實踐，已是身處當前世代的個人在生活、學習及工作等面向都必須面對的考驗。對於人際，雖然是很自然會發生的事，然其在運作執行上並不是一件簡單的事，因為人際雖然有共通的法則可參及依循，然在面對不同對象時；或在不同時空背景中；或在不同情境氛圍下，其適切性與效用性皆得重新思考及調處。因此，如何好好參透理解人際學理並培養人際溝通互動能力是個基本，之後得再加上與人互動時能保持敏銳覺知並不斷精進修調的習性，才能在人際互動上有好的效益及圓滿。本文謹聚焦於職場，重在從人際關係之互動學理中解析人際素養及其要素內涵，繼而引導思考倫理與人際行為的關聯，以形成共塑認同的行為準則，來促成個人與組織的順暢運作與和諧。惟此只是個原則性的省思舖陳供參，真正的核心意旨還是寄還透過此，可以引發自省及化為實踐，人人能持續紮實精進人際素養，並時時在實務中覺察省思修調，以助期自我的人生發展；這是為人的功課與使命，透過此，

可立足，可發展，可拓展生命的互動，更進而能展現生命的意義與價值。

參考文獻

尤克強（2001）。知識管理與創新。台北：天下文化。

中時電子報 (2007.5.17)。mail 台大校長，勞工嚴批高學歷新鮮人。（王超群報導）。

尹萍譯（1999）。高科技・高思維。台北：時報文化。原作：John Naisbitt (High Tech • High Touch- Technology and ours search for meaning.)。

李燕、李浦群譯；黃囇莉校閱（1995）。人際溝通。台北：揚智。原著 Sarah Trenholm & Arthur Jensen (Interpersonal Communication.)。教育部（2014）。十二年國民基本教育課程綱要總綱。台北：教育部。

洪英正、錢玉芬等編譯（2003）。人際溝通。台北：學富。原著：Joseph A. Devito（Essentials of Human Communication.）。陳皎眉（2004）。人際關係與人際溝通。台北：雙葉。

查修傑譯（2006）。未來在等待的人才。台北：大塊文化。原著：Daniel H. Pink（A Whole New Mind.）。

黃素菲（1992）。組織中人際關係訓練：自我、人際、工作。台北：遠流。

黃素菲編譯（2007）。人際溝通。台北：洪葉。原著：Ronald B. Adler & Neil Towne (Looking out, looking in.)。

張美惠譯（1996）。EQ Emotional Intelligence- 決定一生幸福與成就的永恆力量。台北：時報出版社。原作：Daniel Goleman（EQ Emotional Intelligence.）。

張善楠譯（2008）。大學教了沒：哈佛校長提出的8門課。台北：天下文化。原著：Derek Bok（Our Underachiving Colleges：A Candid Look at How Much Students Learn and Why They Should Be Learning More?）張德芬（2007）。遇見未知的自己。台北：方智。

黑幼龍（2014）。贏在影響力：卡內基人際關係九大法則。台北：天下文化。

曾端真、曾玲珉譯（1995）。人際關係與溝通。台北：揚智。原著：Rudolph F. Verderber & Kathleen S. Verderber (Inter-Act：Using Interpersonal Communication Skills.)。聯合報（2008.9.13）。不

作弊今年不再講了！李嗣涔勉新生「培養器識」。（陳智華報導）。

蔡世偉譯（2019）。原子習慣 - 細微改變帶來巨大成就的實證法則。台北：方智。原著：James Clear （Atomic Habits- An Easy & Proven Way to Build Good Habits & Break Bad Ones.）聯合報（2009.9.14）。台大校長勉早起，台下新生睡翻。（湯雅雯報導）。

劉曉嵐、陳雅萍、杜永泰、楊佳芬、盧依欣、劉素微、陳彥君、江盈瑤、許皓宜、何冠瑩等譯；黃素菲校閱（2004）。人際溝通。台北：洪葉。原著：Ronald B. Adler & Neil Towne (Looking out, looking in.)。

Jobs, S. (2005). 賈伯斯對史丹佛大學畢業生演說 Steve Jobs' Stanford Commencement Address 2005.(2021.6.25 取自 https：//mropengate.blogspot.com/2015/05/steve-jobs-stanford-commencement-speech.html）。Northouse, P. G. (2004). Leadership ： Theory and Practice. Thousand Oaks, CA ： Sage Publications Inc.

作者自述

生於臺中市，五歲時移居南投埔里，故幼時的成長環境為綠水映青山之山城樂土，四週山巒綿延起伏，溪流蜿蜒穿越涓流，涵養熱愛嚮往自然的習性，也陶冶自在恬適的個性，即便日後任教，也傾心自然主義的教育思想。而自我人生也一直秉「天不言而四時行，地不語而萬物生。」的順時應勢觀自然順心而行。

國中畢業後就讀省立臺中師專並選修美勞組，度過充實而精彩的五年。之後旅北任教並繼續求學，一路以半工半讀完成了大學、碩士、博士學位，其間亦通過教育行政高考及督學、課長甄選，也從小學教師轉換至行政單位，擔任過督學、學務管理課長等職務，並於八十二年返回母校教育系任教，任職間亦兼任過校長秘書、採購組組長、註冊組組長、附設實驗小學校長、主任秘書、教育學系系主任等職，一直樂在教學服務中。

回思過往，年少北上服務，白天任教，晚上夜大，常在疲憊中孤獨挑燈夜讀，乃寫了「天才是孤獨，成功非偶然。」為座右銘自勉，從中漸體靜習樂趣，也參悟「孤而不寂，獨卻不寞」的心態。那段時日也因機緣參與夜大、北市教甄、高考、研究所等考試，然皆再試才上榜，體會「生活希望中，成功自然現。」的人生道理，自然對人生正向樂觀且懷抱希望感。之後轉換行政工作並返

中回母校任教，開展「樂在工作，享受生命。」的一段人生旅程。那時已成家育兒，且教學、行政、研究、服務皆需兼顧，常忙得不可開交，然總正向看待並熱愛所做且全力以赴，尤其喜歡與青年學子在課堂互動，積極用心投入下也曾獲教學優良教師榮譽，享受投入工作及樂在其中的生命喜悅。多年前，緣於父母年事漸高，自我身體也頻出狀況，且又有年少興趣的呼喚，人生於是轉個彎，在「健康重要，追尋自我」的引導下開展下半場人生。申退後，除持續教學享受與學子互動外，也參與多項偏鄉教育專案，並關注自我身體、陪伴父母及發展興趣，平實、踏實且有意義。

近幾年，熱愛將人生旅途中有所感之見聞風光，透過彩筆展現，歌頌自然；也會透過反思，將自然動心的價值觀點透過畫作展現分享。曾在彰化生活美學館、南投文化中心、全球藝術中心、佛光山福山寺、臺中教育大學等場館舉辦個展，也參與美展入選獲獎數次，受全國百號油畫大展邀請任參展藝術家，且忝列臺中市當代藝術家及參與展出。現為拾勤畫會會長，也參與南投投緣畫會、山之城畫會、臺中市油畫家協會等藝術團體，讓自己的人生在自然順意中充實愉悅且添加色彩。

第三章

「禮」——建立現代新禮儀，談幸福家庭的經營

建立現代新禮儀

—談幸福家庭的經營

魏麗敏
國立台中教育大學與應用心理系教授

本文先闡述中國儒家禮的道統規範，引經據典說明我國為禮儀之邦文明古國之緣由，乃至家國天下的義理、禮的意義與武聖關公崇禮的典範之關係；其次論述幸福家庭的意義與內涵，闡述幸福家庭的五要素包括身體健康、心靈安適、家人關係良好、經濟環境充足與家人有共同願景等，發展至現代家庭的現況如國內外親子溝通的障礙與理論，包括 Olson 等人與 Satir 等的家庭結構分析，並提出幸福家庭經營的方法如發揚父慈子孝、兄友弟恭之人倫關係、涵養謙恭有禮、待人處事之道、增進夫妻溝通與親子教養之道、培養修身齊家、愛人愛己之胸懷、運用說話的藝術以身作則，心動亦行動與堅持十Q精神開創幸福人生與維持身心靈三修良好信仰等；而幸福家庭十Q精神則包括 IQ(Intelligence Quotient)、PQ (Physiological Quotient)、EQ(Emotional Quotient)、SQ(Smiling

Quotient)、CQ(Creativity Quotient)、MQ(Moral Quotient)、GQ (Goodness Quotient)、LQ(Learning Quotient)、AQ（Adversity Quotient）與RQ（Resilience Quotient）等十項；此外，並提供維持身心靈三修良好信仰乃聖凡兼顧，福慧雙修，行功了愿之菩薩道精神，期許學員聖凡雙修在聖業與凡業的作法。最後並設計「迎向陽光向日葵幸福家庭成長營」方案，內容包括我的世界、生命的彩繪、揮別陰霾迎向陽光與愛要勇敢說出來等四個子方案，運用現代新禮儀來談幸福家庭的經營，讓學員感受到家的溫暖與重要性，並能與家人溫馨相處、團結合作克服困難，滿懷感恩之心，以禮相待，最後奉獻家庭服務社會報效國家，達到修身齊家治國平天下的理想。

關鍵字：現代新禮儀　幸福家庭　十Q精神

壹、前言

「禮」是按照道德理性要求制定的典章制度、行為規範的總稱。最早是中國儒家使用的一個概念，指上下有別，尊卑有序等。禮教思想誕生於西周時期，其本質上是森嚴的等級制度和對性別、倫理、生活方式等的禮儀控制，伴隨著宗法制，統治影響著中華文明三千年之久。而中華民族即是歷史悠久的文明古國，幾千年來創造了燦爛的文化，形成了高尚的道德準則和完整的禮儀規範，因此我國被世人稱為「文明古國，禮儀之邦」。至聖先師孔子在《孔子家語》中稱：「敦禮教，遠罪疾，則民壽矣！」意思是說：敦厚的禮教，可以使人遠離罪惡和疾苦，使民眾生活的長久，可知禮的重要性。

貳、禮的緣起與意義

一、緣起

禮教思想最早誕生於西周時期，我國第一部編年體史書是《春秋》，春秋即歷史，《春秋》記載從魯隱公元年到魯哀公十四年（公元前481年）間二百四十二年之歷史，後人稱之為「春秋時代」，其中《孟子・滕文公下》記載：「世衰道微，邪說暴行有作，臣弒其君者有之，子弒其父者有之。孔子懼，作《春秋》」，意即春秋時代至聖先師孔子憂心當年世風日下，人心不古，因此著春秋經，漢朝被尊為五經之一，後世「春秋」是古代記事史書的通稱，孔子提出上古聖王治理民眾的方針，以及後世聖賢教育民眾的方法，「禮」，即指源於氏族社會具有宗教意義的習慣和禮儀；此外，《論語・顏淵》篇中，齊景公問政於孔子，孔子更進一步提出「君君、臣臣、父父、子子」的禮儀概念，亦即君王要有君王的禮儀，臣子要有臣子的禮儀，父親要有父親的禮儀，兒子要有兒子的禮儀，換句話說，就是要把本職工作做好。家庭也是如此，父母要有父母的樣子，給孩子做好榜樣；兒女要有兒女的樣子，要盡到子女的責任。而禮與道德互為表里，是道德理性的具象，主要在建構理性的人倫秩序，秩序的需要無處不在，故禮亦如此。由此可知孔子對禮的重視，決不止於外在的倫理制度，而更重視制度背後所應達到的倫理典範，形成一種共同的內在文化性質，禮是文化在人行為上的表現樣態，這種表現樣態是一種倫理力量的使然，亦是行使倫理必然性的結果。

俗話說：「家國天下」，家事雖小，卻是「國」和「天下」的基本構成元素，無家不成國。因此在《論語．學而篇》中，孔子即言：「禮之用，和為貴。先王之道，斯為美；小大由之。」即禮的作用，以做事恰當為尺度，人人行為舉止分寸有度，社會就能和諧有序；如果人人不約束自己的行為規範，家庭無法實現和睦，社會也會失禮失範，而社會要求個體做到的行為規範是倫理，存在內心個人遵守的做人準則是道德。可知家庭中父母用道德禮義的教化和引導孩子，可培養孩子道德操行與品德的自覺性，使其向上向善；遵奉倫理道德引領孩子正確價值觀念、行為方式及待人接物之禮儀，將培養出有教養、有風度的舉止和高雅氣質的孩子，不但受人尊敬，也能建立和諧溫馨的家庭。俗話說：「家和萬事興」，也是每個家庭的信條，如此一來，從家庭到社會，大家都各安其分、盡心盡職，做好分內之事，整個社會就安定有序，個人也能夠健全發展，從修身齊家到治國平天下，代代相傳以至現代有禮家庭的涵養，成為崇尚禮義的好國民。

二、禮的意義與武聖關公崇禮的典範

「禮」是按照道德理性要求制定的典章制度，也是應有行為規範的總稱。禮與道德相輔相成，是道德理性的義理，也能建構理性的人倫秩序。原新利（2017）指出禮的本質是規範，規範需要程序作為輔助，程序的存在也是對一種既定社會秩序的肯定與再現，亦即通過操作具體的禮儀規範，制定各種角色的人在社會關係中的權利和義務，從而達到禮樂興、刑罰免、路不拾遺、百姓安樂，讓外部行為與內在道德修養統一的完美境地。故孔子在《論語 為政篇》有言：「道之以政，齊之以刑，民免而無恥；道之以德，齊之以禮，有恥且格。」

意思是說「用政令來威嚇，用刑法來整治，老百姓只是想法避免犯罪受到處罰，但內心並沒有自覺的廉恥之心；用道德來引導，用禮教來整治，老百姓就會有自覺的廉恥之心，並且心悅誠服」，此即為儒家政治與法家政治的區別；儒家政治主張德治，以道德和禮教約束民眾；法家政治主張法治，以政令、刑法驅遣民眾；德治著重在教化人的內心，法治則重在約束人的外在行為。有法無禮，則發展成嚴刑峻法，將動輒得咎，天下大亂；禮法相輔相成，則可教化人民奉守民主政治，成為外圓內方，有為有守之現代好國民。

禮記有言：「禮尚往來，往而不來，非禮也；來而不往亦非禮也。人有禮則安，無禮則危，故禮不可不學。夫禮者，自卑而尊人。雖負販者必尊也，而況富貴乎？富貴而知好禮，則不驕不淫。貧賤而好禮，則志不懾。」禮尚往來比喻別人以禮相待，也要以禮回報，也就是形容別人如何對待你，你亦應如何對待別人，人與人之間就講究施與受間的互相往來，受到別人的恩惠，也要回報別人的恩惠；如果受到恩惠卻不報答，就不合乎禮；如果受人報答卻沒有給人恩惠，也於禮不合。人與人的關係，因為禮的作用而能保持和諧，如果沒有禮，就會發生危機，「投桃報李」亦是禮的一種表現。

《詩經．大雅》有言：「投我以桃，報之以李。」即用以比喻彼此間的贈答，比喻朋友之間友情深重，禮尚往來，其中此「投桃報李」典故則來自武聖關公。羅貫中《三國演義》中敘述諸葛亮「智算華容，關雲長投桃報李，義釋曹操於華容道」，內容描述忠義雙全關雲長在東漢末年，天下大亂，亂臣賊子紛紛蜂起中，他熟讀春秋，得知大禮大義，行事為人梗直忠勇，除武功高強外，亦置生死於度外，與劉備及張飛共謀結義，誓扶漢室，忠於兄弟結義之情，不為名利所動；建安五年，曹操攻破劉備，劉備投奔袁紹，關羽戰敗被生擒。曹操敬仰其忠貞，三日小宴，五日大宴，上馬遞金，下馬遞銀，並贈以金帛美女，關公不為所動。後關公得知劉備在河北，即辭曹操，曹操見其不忘故主，明來明去，財色不動其心，爵祿不移其志，尊其真大夫也。赤壁之戰後，

曹操倉皇從華容道敗逃。諸葛亮派關羽在道上埋伏，曹操人困馬乏，損兵折將，不能再戰。關羽念在過去曹操厚待自己的情份上，不顧立下要活捉曹操的軍令狀，放過了他，此即投桃報李，義釋曹操於華容道，感激他人知遇之恩，而成為千古受歌頌佳話的由來。《三國志．蜀書．關張馬黃趙傳第六》中即言：曹操讚其「事君不忘其本，天下義士也。」，由上可知關公的有情有義作出恰當的行為，憑藉著他的謀略與將才，不是沒有飛黃騰達的機會，如在曹操的營中，在被東吳俘獲之時，只要他俯首稱臣就可化危為安，但是他去安就危，扶弱抑強，以致最後獻出自己的生命而殉節，將禮與義在適當的時候發揮重要作用，也代表其忠義凜然，對人禮義道德修養的堅持，成為仁義禮智信的最佳典範，《南齊書．曹虎傳》即稱讚他「退闕關羽殉節之忠」，所以人們讚揚他忠義凜然，尊為武聖，與「文聖」孔子齊名，亦被奉為（關）聖帝、（關）帝君、（關）聖帝君關帝爺等而流傳至今成為護法神，其大禮大義精神值得後世效法。

參、幸福家庭的意義與內涵

一、幸福家庭的意義

《論語》子曰：「不學禮，無以立」，家庭中父母用道德與禮儀來教化和引導孩子，可培養孩子道德操行與品德的自覺，使其養成良好品格；在遵奉倫理道德引領孩子正確價值觀念、行為方式及待人接物之教育下，會蘊育出有教養、有風度的舉止和高雅氣質的孩子，而受人尊敬，也能建立和諧溫馨家庭。個人從修身齊家到治國平天下，這就是現代有禮幸福家庭的模式(見圖一)。

培根指出：幸福的家庭，父母靠慈愛當家，孩子也是出於對父母的愛而順從大人；蘭尼則認為：一個美滿的家庭，有如沙漠中的甘泉，湧出寧謐和安慰，使人洗心滌慮，怡情悅性；木村久一亦在「早期教育和天才」

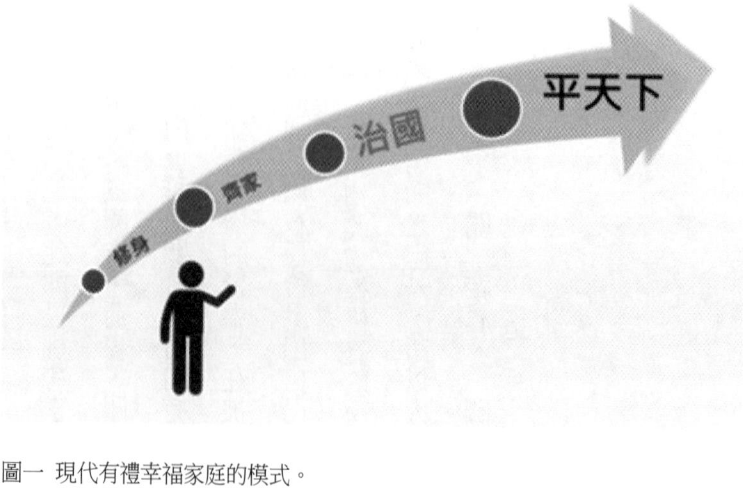

圖一 現代有禮幸福家庭的模式。

一書中指出：家庭應該是愛，歡樂和笑的殿堂，而這個幸福的家庭，就是結合關愛與禮儀的友善社會。雖然如今時代不同，對古人追求的禮儀不需要完全生搬硬套，然而按照「禮」的內涵，恭敬而恰如其分地發揚，對中華傳統文化而言便是一種可貴的傳承，幸福家庭新倫理也是根據在變遷的社會、社會價值或當代常規準則影響社會行為的期望逐漸演變成新的禮節規則，也反映了這個社會現在的樣態。

Alanko 等人（2011）認為親子關係為父母與子女互動的過程，父母和子女在此關係中是相互影響的。Brook、Lee、Finch 與 Brown(2012）則指出，幸福的家庭關係為父母與子女間相互溫馨的情感交流，是以禮相待的家人互動之呈現。禮與道德的實踐，旨在構建理性的人倫秩序，發展五倫規則。禮的本質是規範，規範需要程序作為載體，程序的存在也是對一種既定社會秩序的肯定和再現。孔子在《論語》中提到：「不學禮，無以立」，即重視規範下所蘊含的情感和德行。其中「仁」是禮的內在精神，倫理就是禮的外部表現。所以幸福家庭實質上就是通過家人互動具體的禮儀規範，形成各種角色的人在家庭關係中的權利和義務，從而達到禮的實踐，並形成外部行為與內在道德修養統一的完美境地。中華民族自古以來就是禮儀之邦，講文明、重禮儀，是我們的優良傳統、也是家人相處、待人接物的基本品質。時代不同，管教的方式也要有所改變，要讓孩子覺得父母親很明理。同時，「愛你在心口要開」，時常讚美小孩，讓小孩能感受父母親的愛，這就是一種新的教育方式，令我們做父母省思的地方，其中也有許多成長的行動，還有改正孩子行為、建立親密關係的技巧，增進家人間的關係，則包含父母、手足、親戚的關係，王如芬（2005）即認為良好家庭關係之內涵包含正向的的情感關係，如信任、依賴、敬佩等，包含著尊幼的關係與父母管教態度等，在家人間傳遞資訊、交流思想、溝通情感，方能在相互了解與和諧中達到家和萬事興的理想。

二、幸福家庭的要素

筆者認為幸福家庭有下列五大要素，茲說明如下（見圖二）：

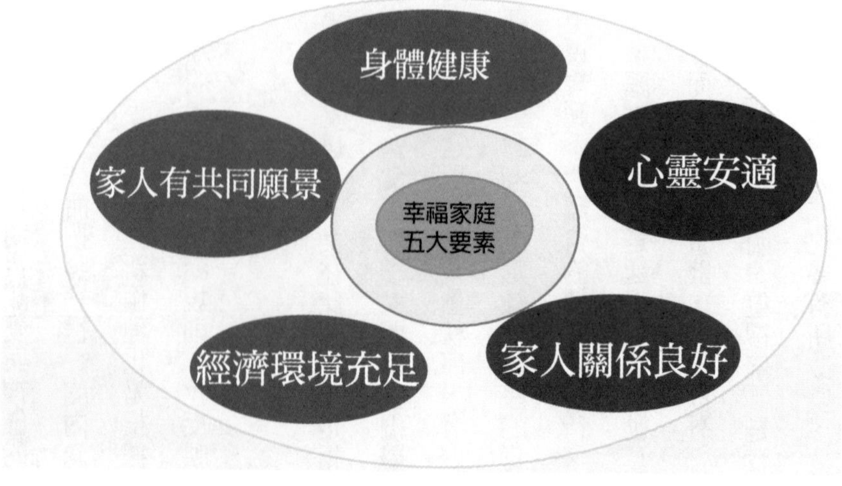

圖二 幸福家庭五要素

(一) 身體健康：健康就是財富，有健康的身體才能創造幸福的家庭，近期台灣疫情不斷升溫，從今年五月開始，本土單日確診案例一路從破百、突破二字頭，到超過數百大關乃至數千上萬大關，至今列為三級警訊。各地疫情肆虐消息一波波襲來，不只讓民眾人心惶惶，更引發焦慮、憂鬱等負面情緒。然而，想要打贏人類與病毒之間的長期抗戰，身體安泰是基本盤，守護心理健康更是能否贏得持久戰的關鍵之一。衛福部 (2021) 防疫新生活要領如下：(1) 落實勤洗手、呼吸道衛生與咳嗽禮節等良好個人衛生習慣；(2) 保持社交距離或戴口罩～外出活動時，維持室內 1.5 公尺、室外 2 公尺以上的社交距離，若無法維持應佩戴口罩；(3) 至餐廳或攤販用餐時，可挑選有適當用餐距離、隔板，提供套餐的店家享受美食，同時外出用餐盡量少交談，自備餐具環保又衛生 (4) 配合業者執行實聯制、體溫監測等防疫作業；(5) 生病不適者盡量在家休息。(6) 維持規律運動，增強抵抗力。唯有在疫情中恪遵防疫措施，方能保持身體健康，對抗病毒的侵襲，保障自身及家人的安全。

(二) 心靈安適：人生最重要的價值是心靈的幸福，幸福的人懂得怎樣控制自己的思想，珍惜上天賜予的點點滴滴；人生的幸福感，往往取決於內心的安靜。有良好的信仰與身心靈的安適，平安喜樂、服務奉獻，自然安心快活。幸福不需要太花俏，平凡中帶點快樂也好。人生在心淡中求滿足，在盡責中求心安，在奉獻中求快樂，在忠誠中求幸福。

（三）家人關係良好：家庭是一個無需設防，可盡情放鬆的地方，家人間的信任與相互溝通是維繫家庭幸福的一個關鍵要素。有什麼話不要憋在肚子裡，多與家人交流，也讓家人多瞭解自己，這樣才可避免許多無謂的誤會和矛盾，而有良好溝通效果。

（四）經濟環境充足：《管子・牧民》有言：「倉廩實而知禮節，衣食足而知榮辱」，意思是百姓家裡的糧倉充足，才能顧及到禮儀，豐衣足食，才重視榮譽和恥辱，可知經濟對民生的重要性。俗話說：「錢不是萬能，但沒有錢是萬萬不能」，「貧賤夫妻百事哀，巧婦難為無米之炊」，一個再和樂的家庭，缺少家庭經濟的來源，鎮日為錢所苦，定難以安居樂業。因此家庭成員間應該做好財務規劃、開源節流，並能及早儲蓄及投資，以便因應如疫情帶來的經濟蕭條，方不致造成捉襟見肘之窘境。

（五）家人有共同願景：家庭中最大的幸福，在於互愛互信與相互體諒，大家有共同的願景，手牽手心連心，一步步朝向美好未來共同邁進，俗話說：辛苦一陣子，幸福一輩子；美國第 28 任總統威爾遜（Woodrow Wilson）說：

"We grow great by dreams. All big men are dreamers."（我們因夢想而偉大，所有偉人都是夢想家。也就是說家人有共同夢想，還想要堅持下去的能量，可以讓成員間更緊密團結，朝向理想邁進。此外，Wilson 更期許大家「不只要做夢想家，還要做夢想實踐者 (dream maker)，大家心動就要一起行動，共創幸福美好的未來。

由上可知，幸福家庭需要家庭成員一起合作，共同規畫努力，並且再接再厲，一起朝向目標邁進，方能獲得美好收穫。

肆、現代家庭的現況與幸福家庭經營的方法

一、現代家庭的現況

兒童暨家庭扶助基金會進行 1,800 位家長親職壓力調查發現，有近 46%的家長親職壓力達 60 分以上，甚至有近 5% 的家長面臨極度親職壓力 (80 分以上)，整體平均分數高達 61.55 分，可知大部份的家長都有親職分面的壓力，需要更多外部專業資源的協助與支持。天下雜誌 (2019) 調查更

發現，有85%孩子覺得不被父母了解；在親子溝通方面，父母最想跟孩子聊「在校交友情況(78%)「與「課業學習表現(74%)「，而孩子最想跟父母聊「興趣偏好(71%)」與「未來生涯規劃(61%)」，如此極大差距造成親子溝通的障礙；其中父母說自己不了解子女的原因是「信子女會自己打理就不大過問」、「感覺子女在敷衍」、「敏感議題子女抗拒」等；而子女認為父母不了解子女的原因包括「敏感議題不想回答父母」、「父母不過問」與「父母也不熟悉無法幫助」等，造成親子溝通之困境。

此外，Olson、McCubbin、Barnes、Larsen、Muxen和Wilson（1983）將家人溝通模式分為問題式溝通與開放式溝通兩種，問題式溝通即家人之間不能坦誠分享內心世界，而有所保留、隱瞞與限制，且常批評或冷漠的態度來溝通，造成彼此的衝突與猜忌；開放式溝通即指家人之間能採用正向之溝通技巧，例如，傾聽同理、溫暖支持等自由自在地交流生活及情緒等的訊息，研究結果發現開放式溝通較多的親子關係比問題式溝通親子關係更佳。

Satir(1972)進一步將親子溝通型態分為討好型、指責型、超理智型、打岔型與一致型等五種內涵，分述如下：

（一）討好型（placating）：這類型的父母常自我貶抑、自我忽略、乞憐、讓步，總是同意、感到抱歉、且不斷試圖取悅孩子，尤其是有求必應，總覺得自己沒有孩子就沒有價值，無論孩子想要甚麼都可以，寧願犧牲自己，但往往造成溝而不通，孩子予取予求，恃寵而驕，造成親子間更大的緊張與不安。

（二）指責型（blaming）：這類型的父母常常忽略孩子的需求，而且總是用支配、批評、攻擊的方式指責孩子的錯誤，藉以逃避空虛的感受和自覺不可愛的自己，並要孩子為自己所承受的一切負責。

（三）超理智型（super-reasonable）：這類型的父母常採取如同電腦般的冷酷立場要孩子隨時保持小大人模樣，隨時保持理性，也與他人保持距離，以使自己覺得安全與迴避衝突、恐懼與擔心的心理。

（四）打岔型（irrelevant）：這類型的父母多半表現出看起來和任何事都無關的樣子，說話不切題也沒意義、常忽略自己、他人和情境，常做的事是使自己和他人分心。

（五）一致型（congruent）：此類型的父母常是真誠真實的自我表達者，同時也能關注對方，在適當的情境脈絡中，傳達直接的訊息，並且為此負責，能顧及自己、他人和情境。Satir 認為一致型是最直接真誠的溝通方式，這種溝通型態最有助於孩子自我價值感的提昇，也是我們每一個人都能學習的。

二、幸福家庭經營的方法

由上可知，親子溝通是父母與孩子間傳遞訊息、彼此將訊息賦予意義與詮釋，並且從個人內在與外在做出回應的過程。幸福家庭需要家庭成員一起合作，共同規畫努力，相互坦誠溝通與分享，並且再接再厲，尊重彼此需求與感受，一起朝向目標邁進，方能獲得美好收穫。筆者提供幸福家庭經營的方法如下：

（一）發揚父慈子孝、兄友弟恭之人倫關係：「孟子．滕文公」有言：「父子有親，君臣有義，夫婦有別，長幼有序，朋友有信。」意即為父用慈愛關懷，用智慧教導，寬容體諒孩子；為子則體貼孝順，關愛父母，贍養天年，以盡孝道，如此父母教化子弟要仁慈，子侍奉父母要孝順，父母懂得如何用慈愛、用智慧來教導他的下一代，而孩子也要知道常常關懷體貼父母的需要，來盡他的孝道。其次君仁臣忠，身為主管，當為屬下著想，胸襟寬大，仁厚關懷。身為部屬，也應忠於職守，認真負責，並發揮忠毅勤樸精神，並能知恩知報，報效國家。

長幼有序是指兄友弟恭，手足規勸之道。兄友弟恭，即哥哥要時刻想著弟弟，對弟弟關懷備至；而弟弟從小到大有哥哥的照顧，這份恩情不能忘懷，要非常敬重哥哥。手足規勸之道，即當兄弟有過失的時候，兄弟之間要懂得合作與包容，自然兄弟同心，其利斷金，就能夠讓父子與兄弟這兩倫發展得非常和諧圓滿。

（二）涵養謙恭有禮、待人處事之道：「朋友有信」，即與朋友之交應言而有信，若有過錯，勸而改之，若有善事助而成之，不論貧富，一視同仁，以道德來往，自然朋友有信也。《論語》有言：「君子泰而不驕，小人驕而不泰。」君子有傲骨，但沒有傲氣，有著堅強內心的同時，能謙恭有禮，待人和善；小人有傲氣，但無傲骨，只會驕矜自敗。謙

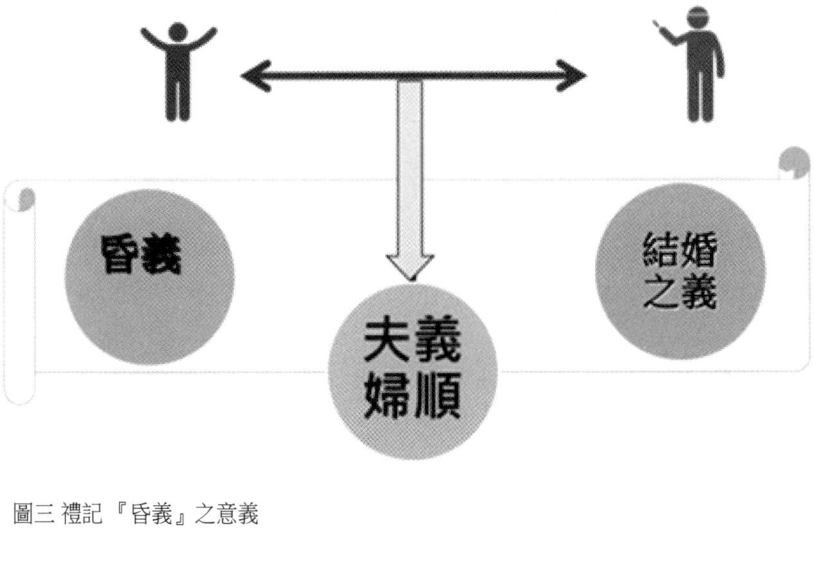

圖三 禮記『昏義』之意義

恭有禮是一種達觀的處世姿態，虛懷若谷，說話得體，對人謙遜，做事恰當，是為人處世的一種至高境界。待人處事層次高的人，心中有著充實的精神世界，能獲得別人的敬佩體現在待人接物的文明舉止，體現在為人處事的信任和尊重。家庭成員涵養相互尊重，並擴大到與朋友及他人的處事態度，就是禮的極致表現。

（三）增進夫妻溝通與親子教養之道：《禮記》中『昏義』（結婚之義）即強調「夫義婦順」；關漢卿有言：「一夜夫妻百夜恩，便可便息怒停嗔」，意思就是珍惜夫妻情緣，床頭吵來床尾和。《孟子》亦言「夫婦有別」，意指有別在家庭的責任。「夫」就是「扶持」、「婦」就是「負責」的意思，夫義婦順，丈夫有責扶持家庭，孝順父母，疼愛妻子，心繫社會，丈夫在扶持自己的妻子，扶持她教育好孩子下，更能孝順父母扶持上一代；妻子有德相夫教子，賢惠勤勞，有責任要扶持家庭的發展，即子女的照護，這是夫妻本分，即夫待妻盡其責任，妻事夫君盡溫和，夫愛護賢妻，妻敬愛夫君，夫唱婦隨，家有大小事情夫妻商議而行，自然能增進夫妻溝通與親子教養之道，如此夫妻同心，才能共創美好家庭生活。說明如圖三所示。

此外，湯瑪斯.高登(Thomas Gordon)提出「父母效能訓練」(Parents Effective Training，簡稱P.E.T)方法，即父母不需運用威脅的方式，就可將孩子教育成有責任感、自制且能與他人合作的人，他

們能運用技巧來影響孩子，使孩子發自內心體諒父母而行為舉止合宜（引自邱書璇等人，2001）。其主要內涵包括：

1. **主動傾聽**：P.E.T. 建議父母使用默默傾聽法讓孩子把話題從事實敘述，進入到說明原因，最後自己下個結論。因為父母的接納，讓孩子充分表達，協助孩子能獨立思考並獲得成長。

2. **發出明確的信息**：鼓勵父母採用敞開心胸的談話方式，讓孩子有效吐露心聲，例如：「哦！原來是這樣」、嗯哼、「很有意思喔」或清楚表達接納孩子的想法，如「你願意說說看嗎？」、「我們來談談這件事好嗎？」，孩子會感到被尊重及被接受而勇敢表達心聲。

3. **面對衝突適當處理**：親子間遇到衝突時，雙方應認清衝突、溝通尋找可能的解決辦法、討論何種辦法最合適、尋求解決的途徑與追蹤評估實行後的效果等，雙方坦誠佈公，可減少誤解與衝突，而做適當問題的處遇。

4. **隨時反省改善**：P.E.T. 提供一些有效能父母的原理原則，更重要的是提出重新界定親子互動的一些革新觀念以及作法，然而在應用時仍須隨時反省並作彈性應變與改善，才能達到親子溝通的目標。

總之，增進夫妻溝通與親子教養之道無他，須用關愛與尊重相互坦誠溝通，讓孩子在情感上依附，而非在行為上依賴，讓孩子學會做選擇與負責任，此種適時與適度的放手，讓孩子自己去做，去嘗試，去判斷與選擇的方式，才是有效能的父母應有的態度。

（四）培養修身齊家、愛人愛己之胸懷：《大學》有言：「修身齊家治國平天下」，也就是指君子重在「修身」，道德修養是進入善與禮最為重要的標準，是個人獨善其身的人格修煉，進而以自己的修養關注愛己之情懷，擴展至愛人之心，推己及人，此即為仁者之胸懷，以這樣的胸懷來處世待人，逐漸就身修而後家齊，家齊而後國治，人這一生的價值，就從修身正己去化人，能達到很好的價值與知書達禮的境界。

（五）運用說話的藝術以身作則，心動亦行動

新時代優質父母應具備的好條件，包括豐富的知識、專業的教養技術與良好的人格特質，父母以身作則的品德教育，是孩子健全人格塑造的基礎，傳統「棒下出孝子、嚴父出孝子，慈母多敗兒」等的嚴格管教方法已經過時，現代優質父母更應修身養性、涵養良好品德、成為孩子效法的榜樣。此外，父母亦應訂立生活規約，協助孩子過規矩而健康的生活，同時引導他正確的說話和思考，教導孩子多說關懷的話、鼓勵的話、感恩的話、道歉的話與祝福的話等，讓孩子獲得了

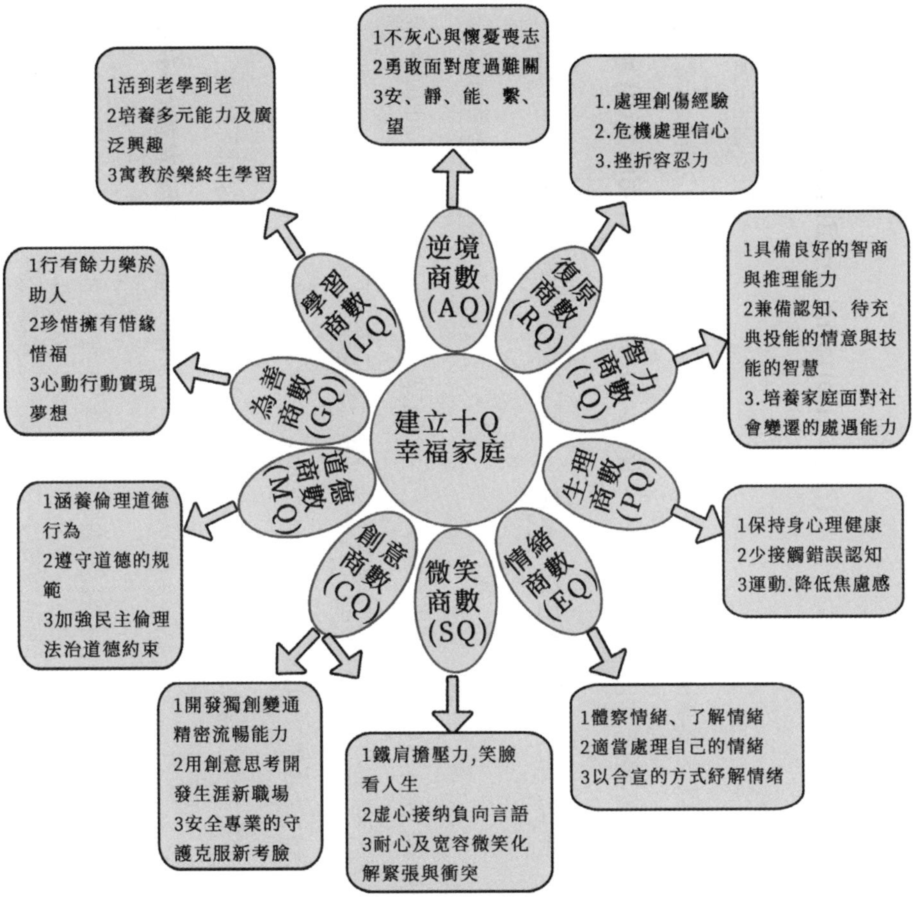
建立十Q
幸福家庭
逆境商數(AQ)
1不灰心與懷憂喪志
2勇敢面對度過難關
3安、靜、能、繫、望
復原商數(RQ)
1.處理創傷經驗
2.危機處理信心
3.挫折容忍力
智力商數(IQ)
1具備良好的智商與推理能力
2兼備認知、待充典投能的情意與技能的智慧
3.培養家庭面對社會變遷的處遇能力
生理商數(PQ)
1保持身心理健康
2少接觸錯誤認知
3運動.降低焦慮感
情緒商數(EQ)
1體察情緒、了解情緒
2適當處理自己的情緒
3以合宜的方式紓解情绪
微笑商數(SQ)
1鐵肩擔壓力,笑臉看人生
2虚心接納負向言語
3耐心及宽容微笑化解緊張與衝突
創意商數(CQ)
1開發獨創變通精密流暢能力
2用創意思考開發生涯新職場
3安全專業的守護克服新考驗
道德商數(MQ)
1涵養倫理道德行為
2遵守道德的規範
3加強民主倫理法治道德約束
善為商數(GQ)
1行有餘力樂於助人
2珍惜擁有惜緣惜福
3心動行動實現夢想
學習商數(LQ)
1活到老學到老
2培養多元能力及廣泛興趣
3寓教於樂終生學習

圖四 幸福家庭十Q精神

尊重和支持，在潛移默化中養成良好的品德，待人接物禮尚往來，獲得他人的欣賞接納，就可以成為進退有節、待人有禮的好公民，有良好的社會適應與平安健康的人生。

（六）堅持十Q精神開創幸福人生

筆者提出幸福家庭經營者應具備下列十Q精神：即智力商數 IQ(Intelligence Quotient) 、生理商數 PQ (Physiological Quotient) 、 情緒商數 EQ(Emotional Quotient)、 微笑商數 SQ(Smiling Quotient)、創意商數 CQ(Creativity Quotient)、道德商數 MQ(Moral Quotient)、為善商數 GQ (Goodness Quotient)、學習商數 LQ(Learning Quotient) 、逆境商數 AQ（ Adversity Quotient） 與復原商數 RQ（Resilience Quotient）十項。說明如圖四所示。

此十Q即指幸福家庭成員應具備的的處世與待人接物的態度，如下所述：

1. **智力商數 (Intelligence Quotient，IQ)**：家人必須具備良好的智商與推理能力、認知能力的訓練與開展，能兼備認知、情意與技能的智慧，才能具有睿智精進問題解決能力，增進家庭面對社會變遷的處遇能力。

2. **生理商數 (Physiological Quotient，PQ)**： 「保持心靈健康」：焦慮、不安是難免的，

但過度緊張焦慮更損害健康，身體還沒染病，先被焦慮嚇死了好多健康細胞。焦慮、緊張等負面情緒傷害免疫力是有科學根據的，這段期間內，請努力保持心靈健康，開朗、正向、樂觀、平靜是防疫最佳良藥，少接觸不正確資訊，減少對防疫的錯誤認知及降低焦慮感，防疫效力跟少出門同樣管用。

3. **情緒商數 (Emotional Quotient，EQ)**：家人應時常做好情緒管理，包括：

(1) 體察情緒、了解情緒。也就是時時提醒自己注意：「我現在的情緒是什麼？」，學著體察自己的情緒，是情緒管理的第一步。

(2) 適當處理自己的情緒。需要用心的體會、揣摩在家人衝突情境與溝通互動中須適當處理情緒。

(3) 以合宜的方式紓解情緒，例如正向面對挫折、彼此加油打氣、聽音樂、散步或給自己一個釐清想法的機會，也讓自己更有能量去面對家人間的謀合與溫馨溝通過程。

4. **微笑商數 (Smiling Quotient，SQ)**：「微笑是全世界最美好的語言」，當家人遇到挫折或溝通不良時，以微笑與從容的態度進行交流與互動，對於對方不同看法能虛心接納與了解，對負向言語態度能有耐心及寬容，對挑戰能微笑以對，用心努力克服困難，可化解緊張與衝突。

5. **創意商數 (Creativity Quotient，CQ)**：鼓勵家人創新發想未來家庭願景，運用獨創力、變通力、精密力及流暢力等創意思考開發新的契機，克服疫情經濟蕭條陰霾，並運用正向思考、腦力激盪等方法發揮創意創造生涯新職場，並透過安全、專業的守護，為自己的身心健康打好基礎，一起平靜、樂觀、勇敢地克服新冠肺炎給我們的考驗。

6. **道德商數 MQ(Moral Quotient)**：儘管科技的發展日新月異，仍應針對他人、社會、人類、後代和生態環境具有的關懷與責任感，家人間涵養倫理道德的行為和道德的規範可以尊重每個人對與所有人所擁有的最廣泛平等的基本自由權利，民主需要倫理法治的道德約束方能開花結果，讓家庭及社會都能維持安定和平，以保障各人的利益與權利，而達致「為天地立心、為生民立命、為往聖繼絕學、為萬世開太平。」的理想世界。

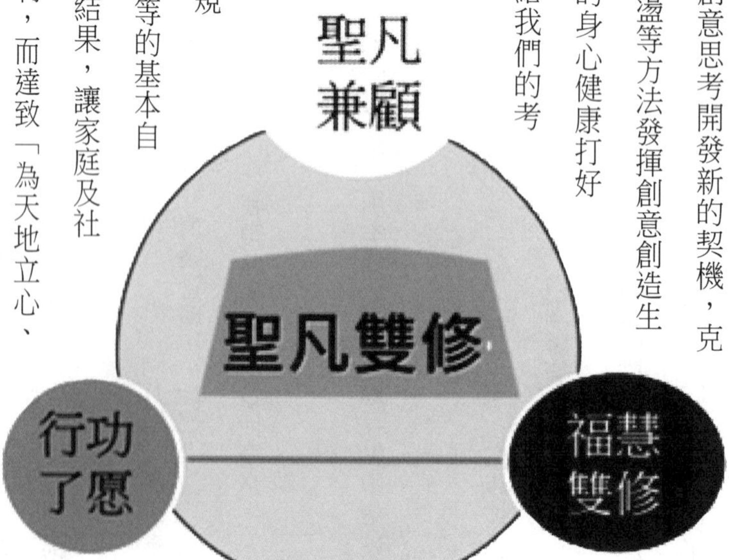

圖五 聖凡雙修義理

7. **為善商數(Goodness Quotient，GQ)**：「行有餘力，多幫助別人」

我覺得新冠肺炎的最大啟示，是沒有什麼是理所當然，我們能健康平安地活著，都很幸福，因此趁這機會多多 reach out，用自身力量去幫助別人，無論是辦線上活動為大家排遣寂寞、開辦線上課程分享知識、多寫文章分享經驗、把不出門省下來的錢小額捐款等等，都很有力量。

8. **學習商數(Learning Quotient，LQ)**：「活到老學到老」，應鼓勵家人多參加各項學習活動，培養多元能力及廣泛興趣，寓教於樂，達到終生學習的目標，方能因應瞬間變遷迅速的社會。

9. **逆境商數（Adversity Quotient，AQ）**：即個人的挫折忍受力。目前台灣家庭正面臨疫情爆發的危機，值此最困難艱苦的時期，千萬不要灰心與懷憂喪志，應把它當作一個磨練的歷程，勇敢面對度過難關，衛生福利部心理及口腔健康司公布防疫心理健康原則「安、靜、能、繫、望」五字訣，「安」意指維持勤洗手、戴口罩、保持社交距離等安全措施；「靜」則指維持心理平靜，在掌握疫情資訊的前提下，可將收看疫情新聞的時間控制在30分鐘內，避免因接收過量疫情新聞產生焦慮感；「能」意為提升效能感，讓自己即便在疫情下，甚至處在隔離的環境中，仍可以達成閱讀、運動等任務，賦予自己掌握生活節奏的「自我控制感」；「繫」指的是與外界、親友保持聯繫，即便無法出門，仍能透過電話、社群軟體，保持人與人之間的關心；最後「望」則是懷抱希望，相信臺灣一定能在眾人齊心合作下，挺過疫情困局的。

10. **復原商數（Resilience Quotient，RQ）**：當家庭遭遇壓力或困難時，勇於跟家人與衝突者溝通，即使遇到失敗挫折，也能容許自己有成長的空間，去嘗試負責與處理創傷經驗，勇敢站起來，同時可增進自己危機處理的信心與挫折容忍力。

以上若能堅持十Q精神，努力實踐，必能揮走人生陰霾，開創幸福人生。

（七）維持身心靈三修良好信仰：聖嚴法師說：「心不隨境，是禪定的工夫；心不離境，是智慧的作用」。每一個人都有一畝心靈的花園，進入玄門山心靈花園，即是聖凡

菩薩道精神
化娑婆世界為蓮花邦
化人間為淨土
落實使命與理想

圖五 聖凡雙修作法

雙修成就皈證圓融國度的重要修法，教尊 (2012) 也明示：聖凡雙修即「聖凡兼顧，福慧雙修，行功了愿」，我們應落實菩薩道精神，化娑婆世界為蓮花邦、化人間為淨土的使命與理想』。

教尊 (2012) 開示聖凡雙修的實踐可分為聖業與凡業兩項，聖業即指學聖學佛的事業，是永生的慧命，如觀音菩薩釋迦佛成道幾十年了，很多人拜之，再過百年還是也很多人再拜之，此為永恆的慧命；凡業則指工作事業、家庭等一輩子的時間精神都花在這方面，但是人生無常，百年以後所有的成果都生不帶來死不帶去一切歸零，所以我們要用聖凡的心行，與靈性的心相印，體驗生命的感動；能品嚐天地之間的靈氣，與時時刻刻的法喜，進入身心靈三修的圓融國度。將禪修的方法運用在日常生活中，清楚、放鬆、專注地活在當下，在疫情壓力與社會變遷中能維持身心靈三修良好信仰中找到平安與喜樂，驅除焦慮與哀傷。

伍、迎向陽光向日葵家庭成長營」團體活動計畫方案

為協助親子了解幸福家庭的真諦，提供現代家庭成員有禮的相處與互動策略，筆者參考諮商治療理論與技術，設計「迎向陽光向日葵家庭成長營」團體活動計畫方案，內容包括我的世界、生命的彩繪、揮別陰霾迎向陽光與愛要勇敢說出來等四個子方案，擬運用現代新禮儀來談幸福家庭的經營，讓家人感受到家的溫暖與重要性，並能與家人溫馨相處、團結合作克服困難，滿懷感恩之心，以禮相待，奉獻家庭與社會。說明如下：

「迎向陽光向日葵家庭成長營」團體活動計畫方案

一、團體名稱：迎向陽光向日葵家庭成長營

二、團體目標：

1. 能覺察疫情期自己當下的情緒。
2. 能與家庭成員分享自己的心情。
3. 能找到當自己心情不佳時，家人可以做的紓壓方法。
4. 當處於負面情緒時，家人能互助合作尋找轉換資源。

三、領導者：魏麗敏

四、團體對象：聖凡雙修研習營學員

五、單元設計大綱：

活動名稱	學習目標	活動內容
1. 我的世界	1. 藉由建立團規的活動，建立每位學員及家人的關係。 2. 透過我的世界學習單的活動，說出自己與家人的特質與理想。	1. 自我介紹 2. 訂定團規 3. 我的世界 4. 分享與回饋
2. 家庭生命的彩繪	1. 思考與家人互動中生命的彩繪歷程。 2. 藉由與成員交流、分享，能找到適合自己在與家人不同情緒中的應對方法。 3. 當處於負面情緒時，能使用正確的方式如延年健康操等抒發情緒。	1. 心情聯想 2. 舒緩不開心的方法 3. Fun 鬆心情與溫馨處遇. 3. 分享與回饋
3. 揮別陰霾迎向陽光	1. 回憶疫情中與家人相處的衝擊 2. 當與家人間有不愉快或處於負面情緒時，能使用正確的方式抒發情緒。 2. 經由問題處理實務演練，與家人共同解決困難，迎向陽光。	1. 分享疫情中的衝擊 2. 揮別陰霾迎向陽光問題處遇演練 3. 分享與回饋
4. 愛要勇敢說出來	1. 運用 Satir 家族治療模式，能寫出當與家人相處時，成使用的溝通方式。 2. 能勇敢說出或表達對家人的感恩及愛。 3. 能對於自己與學員的成長與改變給予鼓勵與祝福。	1. 我們的互動模式 2. 愛要勇敢說出來 3. 分享與回饋

第一次團體

第一單元 我的世界自我與家庭探索統整課程設計

<table>
<tr><td>活動名稱</td><td>我的世界</td><td colspan="2">輔導對象</td><td>聖凡雙修學術論壇學員</td></tr>
<tr><td>設 計 者</td><td>魏麗敏</td><td colspan="2">人數</td><td>50人</td></tr>
<tr><td>時 間</td><td>50分鐘</td><td colspan="2">場 地</td><td>研習教室</td></tr>
<tr><td>學習目標</td><td colspan="4">1. 藉由我的世界學習單討論或活動來肯定自己。
2. 能藉由建立團規的活動，建立每位學員及領導者的關係。
3. 透過我的世界分享的活動，能具備及說出自己及對家人的想法和特質。</td></tr>
<tr><td>準備教材</td><td colspan="4">海報、投影片、電腦、單槍投影機、學習單、分享單</td></tr>
<tr><td>單元名稱</td><td>活動內容</td><td>教學方式</td><td>教學時間</td><td>預期效果</td></tr>
</table>

主題分享	**一、暖身與準備活動** (一)領導者指導學員將座位排程圓形，讓學員入座。 (二)領導者介紹學員本次主題「迎向陽光向日葵家庭成長營」，並說明團體的名稱、目的、及內容。	海報、投影片、學習單	5’	1.增進學員間的信任感。
相見歡	**二、發展活動** (一)破冰-相見歡 互相介紹認識彼此遊戲 1.遊戲名稱：姓名遊戲 2.大家先圍成一個大圈，一一介紹自己名字。	電腦、音樂	10’	
我的世界	(二)自我探索-我的世界 1.領導者介紹每個人的世界都是辛苦努力而來，請學員用寫或畫畫的表示每個人生命中的世界。 2.請學員互相討論分享生命的世界。	學習單	20’	2.能完成學習單，並分享生命歷程。 3.能夠共同分享此活動，並彼此合作信任。
分享回饋	藉由自己、父母與朋友的看法，規劃自己的人生及理想。			4.能從活動中學習彼此信任，並能

分享回饋 家庭作業	**三、結束活動(綜合活動)** 1.分享回饋：領導者引導成員分享剛剛在活動中的體驗和感覺，由參與活動學員自由發表對團體活動的心得。 2.領導者在請學員想一想，在剛剛的活動中自己或對方有什麼體會或印象深刻之事，並互相勉勵。 (在結束前，請你想想今天有哪一位夥伴講的很好或讓你印象深刻呢？請你勇敢說出來喔。) (三)填寫分享單並和學員討論心得。 (四)收回學員的分享單。 教師預告下回的活動--我的未來不是夢，請學員回家蒐集自己家庭家人的特質內容。	分享單	10' 5'	發現自己及其他成員的優點。 5.能填寫分享單並且繳回。
【本節課結束】				

迎向陽光向日葵教學活動守則

親愛的好夥伴：

歡迎你加入迎向陽光向日葵團體，請遵守下面的規定

1. 準時參加每次聚會。
2. 尊重其他成員，能專心聽別人發言，並且不嘲笑別人。
3. 保守他人在活動中所吐露的秘密。
4. 願意配合各項要求，完成領導者交代的任務。
5. 有事不能參加時我會提前告知請假。

我們認為還要注意的是：

6. (　　　　　　　　　　　　　　　　　　　　　　　　　　　　　)
7. (　　　　　　　　　　　　　　　　　　　　　　　　　　　　　)
8. (　　　　　　　　　　　　　　　　　　　　　　　　　　　　　)
9. (　　　　　　　　　　　　　　　　　　　　　　　　　　　　　)
10. (　　　　　　　　　　　　　　　　　　　　　　　　　　　　　)

我的世界

姓名：＿＿＿＿＿＿＿

一、**創意聯想**：請用寫的或畫的的方式寫出你所聯想到的自己與家人與朋友的世界。

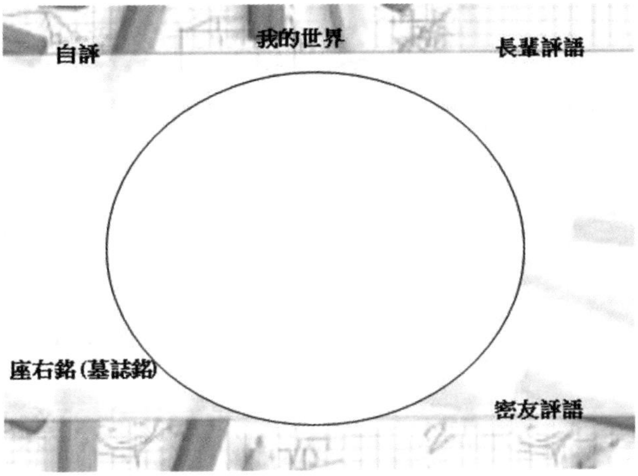

1. 我能在這次團體中，對別人表達我的看法。

   □是　□還可以　□沒感覺　□不是

2. 我喜歡這次的團體活動。

   □是　□還可以　□沒感覺　□不是

3. 我覺得我越來越了解自己。

   □是　□還可以　□沒感覺　□不是

4. 在這次團體中，大家都能彼此信任且坦誠面對。

   □是　□還可以　□沒感覺　□不是

5. 我喜歡帶領者帶領的方式。

   □是　□還可以　□沒感覺　□不是

我還想要說………

第二次團體

第二單元 家庭生命的彩繪統整課程設計

<table>
<tr><td>活動名稱</td><td colspan="2">家庭生命的彩繪</td><td>輔導對象</td><td colspan="2">聖凡雙修學術論壇學員</td></tr>
<tr><td>設 計 者</td><td colspan="2">魏麗敏</td><td>學生人數</td><td colspan="2">50人</td></tr>
<tr><td>時 間</td><td colspan="2">50分鐘</td><td>場　　地</td><td colspan="2">研習教室</td></tr>
<tr><td>學習目標</td><td colspan="5">1. 藉由相關影片、討論或活動來肯定自己。
2. 藉由 Super 生涯彩虹階段來肯定自己，規劃自己與家人的責任及使命。
3. 檢視生涯階段的表現是否一致，藉此更深入思考自己家人的互動的特質與變化。
4. 經由團體諮商與他人互動型式認識生命成長與家人互動的歷程。</td></tr>
<tr><td>準備教材</td><td colspan="5">海報、投影片、電腦、單槍投影機、學習單、分享單</td></tr>
<tr><td>單元名稱</td><td>活動內容</td><td colspan="2">教學方式</td><td>教學時間</td><td>預期效果</td></tr>
</table>

主題分享	**一、暖身與準備活動** (一)教師指導學員入座。 (二)教師介紹本次主題「生命與家庭軌跡彩繪」，並說明此次團體的目的、及內容。	海報、投影片、學習單	6’	1.增進學員間的信任感。
生命彩繪	(三) 延年健康操活動。	電腦、音樂	10’	
	二、發展活動 生命彩繪 1.領導者介紹生命的精彩需要自我努力與執著奮鬥來彩繪，請成學員畫條線或圖表示生命中的歷程。	學習單	20’	2.能完成學習單，並自我開放分享生命歷程。
生涯彩虹 .	2.請學員用 248 討論法分享生命的故事。 藉由 Super 生涯彩虹階段來認識自己，規劃自己的人生及體驗。			
分享回饋				3.能夠共同分享此活動，並彼此合作信任。

分享回饋	**三、結束活動** **(綜合活動)** 1.分享回饋：領導者引導學員分享剛剛在活動中的體驗和感覺，由參與活動學員自由發表對團體活動的心得。 2.領導者在請學員想一想，在剛剛的活動中自己與家人間有什麼體會或印象深刻之事，並互相勉勵。 (三)填寫分享單並和學員討論心得。 (四)領導者收回學員的分享單。	分享單	10’ 4’	4.能從活動中學習彼此信任，並能發現自己及其他成學員的優點。 5.能填寫分享單並且繳回。
家庭作業	領導者預告下回的活動-- 突破陰霾迎向陽光，請學員回家訪問家人目前的困境與因應法			
【本節課結束】				

家庭生命的彩繪統整課程設計

生命的軌跡彩繪　學習單

姓名＿＿＿＿＿＿

各位親愛的朋友：

生命需要時間等候；需要空間成長；需要青春陪伴；

生命的精彩需要努力與執著奮鬥來彩繪

請畫條線或圖表示你與家人生命中的歷程，並分享生命與家人溫馨互動的故事。

我的生涯彩虹

下圖是 Super 的彩虹理論圖，每個陰影代表每一個角色投入的程度，陰影越多代表投入的程度越多，請你於紙中畫下不同時期(目前狀態、理想未來與過去求學階段時期)你為你的角色所付出的內容。

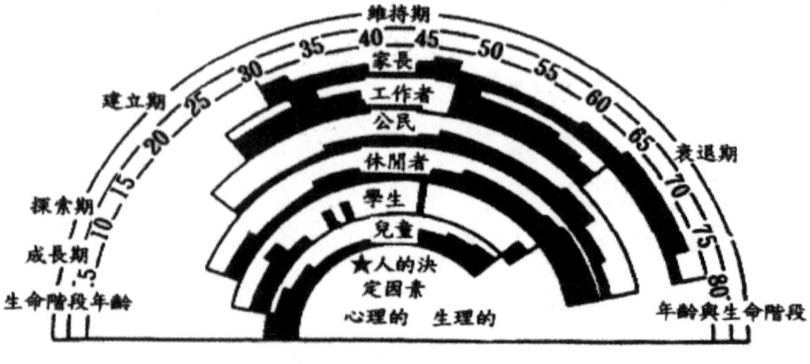

1.
2.
3.
4.
5.

團體回饋單

1. 我能在這次團體中，對別人表達我的看法。

   □是　　□還可以　　□沒感覺　　□不是

2. 我喜歡這次的團體活動。

   □是　　□還可以　　□沒感覺　　□不是

3. 我覺得我越來越了解自己。

   □是　　□還可以　　□沒感覺　　□不是

4. 在這次團體中，大家都能彼此信任且坦誠面對。

   □是　　□還可以　　□沒感覺　　□不是

5. 我喜歡帶領者帶領的方式。

   □是　　□還可以　　□沒感覺　　□不是

我還想要說………

第三單元 揮別陰霾迎向陽光統整課程設計

<table>
<tr><td>活動名稱</td><td colspan="2">揮別陰霾迎向陽光</td><td>輔導對象</td><td>聖凡雙修學員</td></tr>
<tr><td>設 計 者</td><td colspan="2">魏麗敏</td><td>學員人數</td><td>50人</td></tr>
<tr><td>時 間</td><td colspan="2">50分鐘</td><td>場 地</td><td>研習教室</td></tr>
<tr><td>學習目標</td><td colspan="4">1. 藉由討論或活動來了解疫情對個人及家庭造成的衝擊與影響。
2. 藉由揮別陰霾迎向陽光來認識困境，共同討論想出好的解決方法。
3. 檢視揮別陰霾迎向陽光的策略是否恰當，藉此更深入思考自己未來的方向。
4. 能寫出當處於負面情緒時，正確的抒發情緒方式及能求助的資源。
5. 能對於自己的困境因應與努力給予鼓勵。</td></tr>
<tr><td>準備教材</td><td colspan="4">海報、投影片、電腦、單槍投影機、學習單、分享單</td></tr>
<tr><td>單元名稱</td><td>活動內容</td><td>教學方式</td><td>教學時間</td><td>預期效果</td></tr>
</table>

生命列車	**一、暖身與準備活動** (一)教師指導學員入座。 (二)播放本次主題「生命列車」ppt，並說明生命的意義、與家人的回憶，引導大家分享。	海報、投影片、學習單	5’	1.增進成員間的歸屬感與瞭解。
揮別陰霾迎向陽光	(三)教師介紹本次主題揮別陰霾迎向陽光，並說明團體的意涵、目的、及內容。	電腦、音樂	10’	2.能完成學習單，並自我開放分享心情。
經驗分享與實務演練	**二、發展活動** 揮別陰霾迎向陽光- 1.領導者講解揮別陰霾迎向陽光的情境，邀請學員於紙中標記下不同的困境角色所佔之比重。 如 (1)有哪些人、事、物讓你的心情像陰天？那你是怎麼去舒緩情緒呢？ (2) 有哪些人、事、物讓你覺得心情像晴天？那	學習單	20’	3.能夠共同分享此活動，並能彼此接納。 4.能從活動中瞭解自己成長經驗，並能自我開放。
分享回饋		分享單		

	有什麼方式可以更開心呢？ (3)有哪些念頭、感覺、想法讓你覺得心煩想不出解決方法		10’	
	2.請學員經驗分享與實務演練：領導者帶領成員一一討論，並協助學員串聯過去、現在與未來分組，並協助學員覺察陰霾背後的處遇的方法。		5’	
分享回饋	**三、結束活動(綜合活動)** 1.分享回饋：領導者引導學員分享剛剛在活動中的體驗和感覺，由參與活動成員自由發表對團體活動的心得。 2.領導者在請學員想一想，在剛剛的活動中自己或對方有什麼體會或印象深刻之事，並互相勉勵。			
	(三)填寫分享單並和學員討論心得。 (四)領導者收回學員的分享單。			5.能填寫分享單並且繳回。

	教師預告下回的活動—期勉與祝福，請同學回憶自己家庭中的貴人並寫些感恩的話。			
【本節課結束】				

揮別陰霾迎向陽光壓力管理學習單

親愛的學員：

請參考下列揮別陰霾迎向陽光壓力管理的方法，並討論演練當你面對挫折的因應之道！

我生活中遇到的 ________ 類型

壓力困擾是____。

當時我處理的方式是______________________________________。

當我遇到壓力挫折時，我採用改變、接受、放開與管理模式

CALM 壓力處理事件：________________________

改變(Change)：______________________________

接受(Accept)：______________________________

放開(Leave)：________________________________

管理(Management) ：______________________________

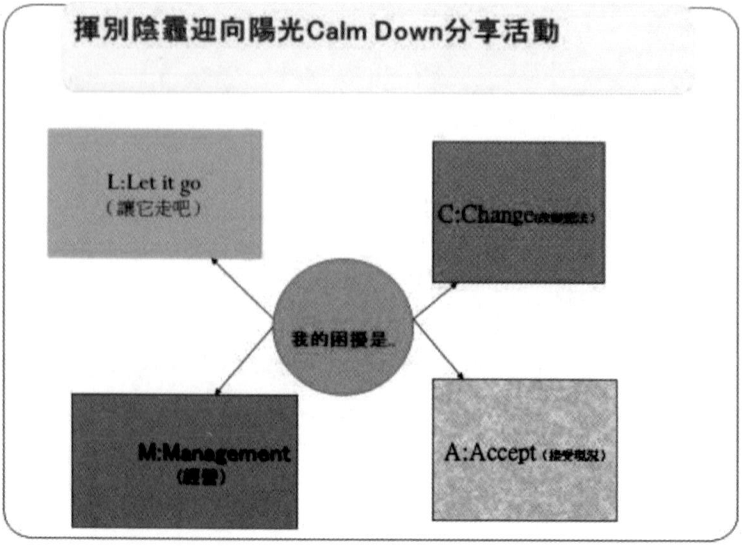

團體回饋單

1. 我能在這次團體中，對別人表達我的看法。

   □是　　□還可以　　□沒感覺　　□不是

2. 我喜歡這次的團體活動。

   □是　　□還可以　　□沒感覺　　□不是

3. 我覺得我越來越了解自己。

   □是　　□還可以　　□沒感覺　　□不是

4. 在這次團體中，大家都能彼此信任且坦誠面對。

   □是　　□還可以　　□沒感覺　　□不是

5. 我喜歡帶領者帶領的方式。

   □是　　□還可以　　□沒感覺　　□不是

我還想要說………

第四次團體

第四單元 愛要勇敢說出來統整課程設計

活動名稱	**愛要勇敢說出來**	輔導對象	聖凡雙修學術論壇學員
設 計 者	魏麗敏	學生人數	50 人
時 間	50 分鐘	場 地	研習教室
學習目標	1.藉由相關影片、討論或活動來分享自己與家人互動的經驗。 2.藉由說話的藝術來訓練自己，勇敢實踐自己與家人的溫馨互動。 3.能經由團體諮商與他人互動型式提供感恩與祝福活動。		
準備教材	海報、投影片、電腦、單槍投影機、學習單、分享單		

單元名稱	活動內容	教學方式	教學時間	預期效果
主題分享	**一、暖身與準備活動** (一)領導者指導學員入座。 (二)領導者介紹本次主題「愛要勇敢說出來」，並說明此次團體的目的、及內容。	海報、投影片、學習單	6’	1.增進學員間的信任感。
有你真好	(三)領導者運用 Satir 家族治療模式，說出當與家人相處時，成使用的溝通方式。	電腦、音樂	10’	2.能完成學習單，並自我分享生命經驗。
	(四)說話的藝術演練活動。 (五)發乎情止乎禮的祝福與道別。	學習單	20’	3.能夠共同分享此活動，並彼此合作信任。
分享回饋	**二、發展活動** 有你真好			

分享回饋	1.領導者帶領學員閉眼回憶生命中與家人互動美好的歲月或事蹟，請學員分享感恩的故事。 2.請學員用卡片表達對家人與學員感恩的話語與祝福。 藉由希望樹來認識自己與家人的美好與需求，規劃自己與家庭的人生及理想，努力奉獻。 **三、結束活動(綜合活動)** 1.分享回饋：領導者引導學員分享剛剛在活動中的體驗和感覺，由參與活動學員自由發表對團體活動的心得。 2.領導者在請學員想一想，在剛剛的活動中自己與家人間有什麼體會或印象深刻之事，並互相勉勵。 (三)填寫分享單並和學員討論心得。 (四)領導者收回學員的分享單，並感謝學員的參與。	分享單	10' 4'	4.能從活動中學習彼此信任，並能發現自己及其他成學員的優點。 5.能填寫分享單並且繳回。
【本節課結束】				

愛要勇敢說出來學習單

姓名：＿＿＿＿＿＿

各位學員：

請你於紙中寫下你與家人、好友的優點分享你的感恩與祝福，祝你平安喜樂喔！

團體回饋單

1. 我能在這次團體中，對別人表達我的看法。

☐是　☐還可以　☐沒感覺　☐不是

2. 我喜歡這次的團體活動。

☐是　☐還可以　☐沒感覺　☐不是

3. 我覺得我越來越了解自己。

☐是　☐還可以　☐沒感覺　☐不是

4. 在這次團體中，大家都能彼此信任且坦誠面對。

☐是　☐還可以　☐沒感覺　☐不是

5. 我喜歡帶領者帶領的方式。

☐是　☐還可以　☐沒感覺　☐不是

我還想要說………

親愛的學員您好：

非常謝謝同學參與我們「迎向陽光家庭成長營」活動，在這四次的活動中我們度過了非常快樂的時光。在這邊我們想了解學員們參與這四次活動有什麼樣的心情與想法，請學員依照非常不同意（1 分）到非常同意（5 分）勾選回饋單，並在最後寫下你的心得及建議給我們吧！

	1	2	3	4	5
1. 我覺得這次的活動讓我更了解經營家庭的重要性。					
2.我覺得這次的活動讓我更了解自己與家人的情緒。					
3.當今天我感到焦慮不安時，我能找到適當的方法紓壓。					
4.我知道在我與家人衝突時，可以求助的資源及因應方式。					
5.如果我有困難或負面想法時，我願意找資源協助。					
6.我覺得活動設計很有意義，讓我很投入其中。					
7.我在過程中，能夠自由且舒適的發表。					
8.我認為活動內容很豐富，我學到了很多東西。					
9.我喜歡活動過程中的氛圍。					
10.下次若還有類似的活動，我願意再來參加。					

非常不同意　　非常同意

陸、結語

幸福的婚姻靠雙方的培養與表達，家庭成員間需要容忍、尊重、誠實和為雙方的利益著想，並積極運用禮的規範與實踐操作中，制定各種權利和義務，達到外部行為與內在道德修養統一的完美境地。近幾年台灣的離婚率節節高升，婚外情的問題更是層出不窮，原因包括社會結構的變遷與家庭價值觀的改變，也讓許多人的婚姻狀況亮起紅燈。因此，如何維繫、經營良好的家庭與婚姻關係，已成為一項非常重要的課題。現代人對家庭價值的體認正逐漸淡薄中，以前的夫妻即使感情不睦，仍會顧慮到親子等家庭結構而不會輕易離婚，現代人卻可以在親子與夫妻之間，有分別的選擇，也導致婚姻關係愈來愈脆弱，因此禮的倡導與堅持是維繫婚姻關係的重要法寶，期盼成員用智慧化解夫妻間的困難，用慈悲的態度愛護、關心家人，包容、寬恕對方的缺點，肯定並且學習對方的長處，這樣才能使幸福的家庭關係長長久久、平安喜樂直到永遠。

參考文獻

王冠珉 (2019)：85% 孩子覺得不被父母了解怎麼辦?.從餐桌說愛開始改變。https：//www.laurel.com.tw/kol/getlist/51

邱書璇，林秀慧，謝依蓉，林敏宜，車薇 (2001)：親職教育。台北：啟英。

原新利 (2017)：論語中禮的精神內涵和規範意義。載自 https：//kknews.cc/zh- tw/culture/b2jl6ro.html?__cf_chl_managed_tk__=pmd_NgfgPqWL9UnbX8_AqkuzUxPWTUYYaCT5YiivTn9nCYI-1634373020-0-gqNtZGzNAyWjcnBszQel

教尊 (2012)。如何聖凡並進。載自

http：//www.wiseound.idv.tw/2012/02/blog-post_9141.html

https：//kknews.cc/culture/b2jl6ro.html

張筱苓（2005）。從親子溝通的本質談親職教育介入。網路社會學通訊期刊，51。

載自 https：//mail.nhu.edu.tw/~society/e- j/51/51-54.htm

衛福部 (2021)：衛福部疾病制管署：防疫新生活要領。

載自 https：//www.tyw.moj.gov.tw/6031/6063/872955/post

關公生平事蹟 http：//www.tkkca.org/main3-4.htm

魏麗敏與黃德祥 (2001)：國中與高中學生家庭環境、學習投入狀況與自我調節學習及成就之研究。中華輔導學報，10，63－118。

http：//www.book853.com/show.aspx?id=169&cid=57&page=42

https：//kknews.cc/culture/b2jl6ro.html

https：//kknews.cc/culture/b2jl6ro.html

https：//kknews.cc/culture/ogz6a5q.html

https：//kknews.cc/zh-tw/culture/b2jl6ro.html?__cf_chl_managed_tk__=pmd_NgfgPqWL9UnbX8_AqkuzUxPWTUYYaCT5YiivTn9nCYI-1634373020-0-gqNtZGzNAyWjcnBszQel

作者自述

吾自幼家庭小康，家父是公務員、兄姊皆從事教職，自幼亦崇拜國小教師，中學畢業同時考上女中與師專，當年師專考上榜首受到家人及師長鼓勵，就把握這個機會，投入教育領域，目前已經在教育界服務四十三年了。

一九七八年臺中師專畢業後，投入國小教書的生涯，從教師、資優班導師到輔導室負責人，期間考上臺灣師大教育心理與輔導學系就讀，獲得碩士學位後，返回母校臺中師範學院擔任助教、講師、副教授、教授，又於 1994 年到英國雪菲爾大學博士研究，並考上諮商心理師證照、拿到臺灣師大心理輔導博士學位，歷任中教大學生輔導中心主任、教育心理輔導研究所所長、學務長、人文學院院長與師資培育暨就業輔導處處長，覺得人生最有意義的是作育英才，看到學子們成就教育志業，成為優秀老師，真是一大樂事，人生無憾也。

印象中最難忘的事是一九九九年九二一地震時，我們帶領師生進行災區重建與彩繪教室，面對灰茫茫破碎的校舍，帶領小朋友們進行繪畫藝術治療，有位小朋友畫了一個五顏六色的心，我問他代表什麼?他說代表他很難過，心好亂都碎了，但仍希望世界可以像這顆心重建繽紛美麗平安的色彩，內心在哀傷中也重見滿滿的生命力量。

回顧過往，心中有無限的感恩，當年為求學曾經每天從臺中到臺北讀夜間部，半夜兩點回到臺中，第二天還是認真擔任教師奉獻桑梓，也曾在半工半讀賺取微薄薪資中成家立業，酸甜苦辣奮鬥人生至今都化為感恩與祝福。目前外子與女兒皆從事教育，兒子服務醫界，媳婦在法律部門工作，還有個可愛的孫女，感謝許多的師長、家人、好友、學生等，造就我生命的美好，祈願我們繼續運用生命的能量綻放，順應五倫的宇宙守則，做出最好的奉獻，讓感恩與喜樂提升我們的能量，產生新的視野與無窮的希望，戰勝疫情，迎向陽光，成就人生的理想。

第四章

「智」——後疫情時代的事業經營發展趨勢及執行力

淨皈天地圓融初

後疫情時代的事業經營發展趨勢及執行力

劉仲成
國立公共資訊圖書館館長

事業經營發展有四個核心要素，創新、領導、溝通與資源。然一〇九年初始，疫情蔓延帶給全球前所未有的影響，事業經營也須面對疫情的衝擊，調整作法、掌握契機、超前佈署、及早因應，以成為一個彈性的有機體。

事實上，工作、生活、家庭與學習，都是廣義事業的概念，雖疫情當前，但皆面臨數位時代A、B、C的三大趨勢：AI、Big data、C-cloud，強調「速度決定一切」。因此在經營過程中，零接觸等新生活型態，成為不得不面對的時代趨勢，須展現高度的智慧與藝術，以正向思考來面對，才能創造幸福的事業。因此，「幸福學」是後疫情時代下事業經營的必修課程及關鍵思維。

後疫情時代，現代事業須建構一種彈性應變、誠信文化、自主學習、注重工作順序的組織文化，以提升競爭力。然而，組織要能從競爭激烈的環境中脫穎而出，更重要的是強而有力的「執行力」，

善用權威性、誘因性、能力性、系統性、象徵性、學習性等工具，掌握讓組織保持彈性的OKR管理方法，並注入事業永續發展的元素「創新」，都是讓事業從A躍昇為A+的重要關鍵。

危機，是一種轉機，更是一種創新的契機。在此理念下，事業經營必須秉持「做最壞的打算，做最好的準備，不恃敵之不來，恃吾有以待之」的態度，建構彈性、創新、有機的組織文化，才是事業成功因應時代挑戰、保持永續經營之道。

關鍵詞：事業經營、執行力、創新、幸福學、零接觸

壹、前言──後疫情時代來臨

人自出生始，即面對家庭、生活、工作與學習，這當中有許多的快樂與苦楚，我們必須為成功找方法，也要勇於面對失敗的痛苦，並持續不斷地轉換成我們的正能量。諸如此類的總總，廣義來說都是一種「事業經營」的概念，都是我們必須面對的課題。一般而言，「事業經營」發展有四個核心要素，分別是「創新、領導、溝通與資源」，決定一個企業經營的成與敗。然而，一

〇九年初以來，嚴重特殊傳染性肺炎（COVID-19）疫情急速蔓延全球，帶給全球各界前所未有的影響。為抑制疫情擴散，各國相繼採行各項隔離與封鎖措施，造成人流、物流、金流等流動性困難，進而對全球生產、消費、貿易、金融、就業，以及家庭、生活等層面產生巨大衝擊與深遠影響。

因此，事業經營除了在既有的「創新、領導、溝通與資源」四面向外，我們也必須面對疫情的衝擊，如何調整作法、掌握契機、超前佈署、及早因應，讓組織成為一個彈性的有機體，是目前事業經營非常重要的課題。

貳、後疫情時代下事業發展的衝擊

現今正邁入廿一世紀第三個十年，聯合國於二〇一五年即針對全球共同面臨的挑戰，提出了十七項永續發展目標（Sustainable Development Goals，SDGs），做為二〇三〇年前世界各國努力的方向。值此之際，疫情爆發，全球面臨前所未有的新變局，尤其實體事業受到的衝擊最大，各行各業皆朝向數位轉型發展，以求生存，同時因應5G時代的來臨，更加速了智慧科技全面融入各個

領域及生活當中；疫情封城，開啟世界逆全球化的進程；美中貿易戰的經濟影響，加速供應鏈及生產基地重新布局；政治、經濟、科技三領域，全面進行典範轉移。

處於新變局關鍵時刻的近幾年，為因應這些突發的改變，世界各國皆相繼提出相關策略，行政院也於一〇九年提出「嚴重特殊傳染性肺炎防治及紓困振興特別條例」，以同時關照「防疫、紓困、振興」三大面向。一一〇年五月中旬起，國內疫情加劇，中央流行疫情指揮中心陸續發布第二級及第三級警戒，教育部也宣布學校停課，學校及相關場所因應政策或自行停業等，國內各行各業面臨非常大的衝擊，致有營運困難之情形。

為緊急辦理紓困作業，一一〇年立法院三讀通過其修正草案，並3次追加預算案至八千四百億，行政院提出「紓困4.0」三大原則：「加快對個人紓困協助」、「加強對產業支持措施」、「加碼對產業紓困貸款」，並數位分流，簡化申請，提升效率，以達成「護勞工與弱勢」、「助產業」、「增效率」三大目標，提供最直接、最快速的幫助，協助其度過疫情非常時期。

以教育部為例，為協助國內各教育、運動及相關事業渡過因疫情影響造成的營運困難，強化各項紓困措施，教育部同步修訂「教育部對受嚴重特殊傳染性肺炎影響發生營運困難產業事業紓困振興辦法」，秉持行政院「紓困4.0」三大原則，盤點所有受影響之教育相關事業，公告教育相關事業的紓困申請須知，提出八大補助項目：孩童家庭防疫補貼；私立幼兒園（含準公共）；補助學校自設廚房及團膳業者食材損失；大專校院受影響學生；社區大學及社大講師；留遊學服務業；運動事業從業人員；受中央政府命令停業之補習班、課照中心、運動事業。

由上可知，疫情衝擊影響的層面深遠而廣泛，擴及所有學習、生活與工作等廣義事業的各個範疇，以下分別探討之。

一、學習面—遠距、自主、彈性三大轉型

因應國內疫情嚴峻，一一〇年五月十五日雙北地區（臺北市、新北市）疫情警戒提升至第三級，加嚴、加大限制措施，以防範發生大規模社區傳播；隨著疫情持續升溫，五月十九日全國疫情警戒皆升至三級，禁止室內五人聚會，全國各級學校及公私立幼兒園停止到校上課。為協助各級學校於停止到校上課期間仍持續課程的學習、停課不停學，教育部提供多項配套措施，以協助教師運用線上學習平臺、教學資源與工具，採同步、非同步或混成線上教學，讓學生學習不間斷。這些新教學模式的發展，在疫情結束後，也將會對未來的教育體系有重大的影響。自疫情發生至今，學習層面的發展，有以下幾種模式正在轉型。

(一) **轉型一、由實體教學至線上教學**：為因應疫情停止到校上課期間，學校教學模式轉變為實體與數位同步混成的遠距學習。然而教育部同時也留意到長時間盯著螢幕會影響孩童視力，因此發函給各級學校，建議學校實施線上教學時間，以占每節課二分之一為原則（約廿至廿五分鐘），縮短3C載具使用時間，讓孩子更容易專注，以同時兼顧學生學習效果及身心發展。

(二) **轉型二、由課堂學習至自主學習**：十二年國教新課綱的「自主學習」為教育新變革，是學生探索自己和發展未來的重要關鍵。疫情停止到校上課，正好讓家長與學校引導孩子自主學習，以達到「停課不停學」的目的，具有主動積極的學習觀點。當孩子具備高學習動機時，即使停課在家，也會主動學習，並做好自我時間的管理，當主動學習的態度成為日常，「自主學習」即成為影響一輩子的習慣。

(三) **轉型三、由紙筆學習至彈性多元**：疫情期間，教師得視學生年齡階段，以同步、非同步預錄影片、線上學習資源、公視徵用頻道、通訊軟體進行課程作業指導等多元方式教學。期末考也不再限定採紙本測驗，可由繳交作品來取代，各級學校的畢業典禮更發展出許多彈性因應的辦理模式。這些學習模式的轉型，就算疫情結束，也將會在未來佔某種程度的影響，而成為一個重要的發展趨勢。

二、生活面─防疫新生活運動、宅經濟模式

人一生所要面對的生活、工作、家庭與學習等四個面向，若皆能恰如其分，就是一份好的事業，但在疫情衝擊之下，事業經營會因此而產生新的模式和作法，亦即以下所要介紹的「防疫新生活運動」及「宅經濟模式」。

(一)**防疫新生活運動**：「新生活運動」是民國廿三至三十八年間政府曾推出的一種公民教育運動，以「禮、義、廉、恥」為基準，提倡紀律、品德、秩序、整潔等，目的在規範國民道德、提升國民素質，並帶動整體社會風氣。在疫情時代下亦然，為維持國內疫情的穩定控制，使民眾生活及事業皆能在一定的安全條件下，逐步恢復正常運作，衛福部鼓勵民眾力行「防疫新生活運動」，落實防疫之餘，也同時放鬆享受生活，以兼顧防疫與民眾的生活品質。防疫工作是一個須持續不斷面對的課題與挑戰，我們要坦然接受、放寬心情、勇往直前，找到適合自己的防疫新生活，以下綜整一些作法，供大家參考。

1. **防疫從自身做起**：防疫人人有責，保護自己也保護家人。

2. **提升自身免疫力**：營養均衡，維持健康好身心；每日運動，強健體魄紓緩壓力；每日閱讀，增加內在能量；作息規律，養成良好習慣。

3. **少移動、少接觸、少互訪**：在生活上保持零接觸；在工作上保持社交距離；在習慣上勤洗手、戴口罩、量體溫、生病不上班；在市場採買上自主分流、一次購足。

(二) 宅經濟模式

現在的庶民經濟朝向「宅經濟」模式發展，即以在家為原則所發展出來的生活模式。「宅經濟」的核心是數位化，而突如其來的疫情，為宅經濟的發展按下了快速鍵，因為疫情防控的需要，人們無法出門，大量的生活需求轉向網路線上，迫使相關企業對數位化業務進行升級，也促使一些傳統企業開始向線上轉型。台灣受到疫情的影響，消費者開始改變生活習慣，疫情大幅地加速了台灣電子支付的使用率，從實體到數位的商務平台持續增加，也為台灣服務業帶來很大的影響。

1. **行動支付，「疫」網打盡**：國發會與經濟部自一〇六年起就一直積極加速普及行動支付，打造零接觸的新經濟模式，但成果一直未如預期。拜疫情所賜，行動支付興起，普及率大增，而且行動支付的使用不再是年輕人的專利，年紀較長者對行動支付的使用率也大有提升。以全聯為例，全聯是台灣第一家跨入自有行動支付的超市，主力客群多為廿至六十歲的年長女性，要讓這些婆婆媽媽改用連年輕人都不太使用的行動支付結帳，難度很高。但因逢疫情期間對零接觸的需求，且全聯第一線員工不少也是「大媽級」，大媽教婆婆媽更能同理需求，再祭出「限時限量」的殺手級優惠，通常就能把婆媽族「疫」網打盡，翻轉全聯成為行動支付推廣成效最佳的超市。

2. **外送平台，「疫」軍突起**：隨著台灣本土疫情進入三級警戒，外送訂單也平均成長三成，為美食外送平台帶來一波成長，不但吸引了新的使用者，也增加了重度使用者的比例，外送平台趁機開拓各式新服務。Foodpanda、Foodit、Uber Eats 等外送平台是這二年在台灣引進的，也拜疫情所賜「疫」軍突起，面對這不得不面對的趨勢與挑戰，即使需額外支付運費，大家也都能欣然接受。

三、工作面—建構零接觸模式的新組織文化

疫情嚴重衝擊各個產業，許多商家不敵疫情而倒閉歇業，也有業者展現創意，努力在疫情中

走出生存之路。疫情發生對每個人的工作影響深遠，但不論衝擊如何嚴峻，我們都可以發現，疫情正在改變全球事業經營的方式，一種良善的組織文化正在形成，零接觸成為工作上一個很重要的趨勢與課題，各行各業都在聚焦思考，如何以「零接觸」模式來重獲生機。

(一) **辦公環境大升級**：疫情發生後，各處辦公室、公寓、醫院和學校等公共空間的設備都將大幅改裝，以因應日後再發生類似的病毒大爆發狀況。例如：機場會設置更多面部辨識、紅外線熱像儀等零接觸檢測裝置；辦公室「維護空氣品質」成優先考量，將更著重空氣過濾器等系統。

(二) **啟動零接觸遠距辦公模式**：在這波疫情下，企業不得不祭出零接觸的遠距工作政策，如：居家辦公、異地辦公、遠距視訊、彈性工時等，讓許多人首次體會在家工作，我們會發現，需要面對面會議的狀況比想像中還要少很多。未來組織都應思考，如何運用科技有效率地工作，即便疫情過後，這仍會是一個重要的轉變，因為推動零接觸的遠端辦公、數位轉型，正是反映與重塑組織文化的好契機。

(三) **成為彈性的有機體**：這波疫情來得又急又快，很多的變化都只發生在短短幾天內，在在考驗組織領導者隨機應變的能力。因此，未來企業應讓團隊變得更有彈性，從靜態的結構轉變為動態的團隊形式，學會靈活因應隨時可能劇變的大環境。

(四) **建立互信文化**：防疫迫使企業遠端辦公，卻也因此讓我們看見更多成長的可能性，員工可藉此學習更加專注與自律，學習獨立思考、獨立作業；主管必須提供足夠的信任與有效的支持，尊重每位員工的工作方式、空間自主權，彼此建立良好的互信文化。

(五) **重新思考工作優先順序**：隨著疫情危機持續發展，許多人日常工作節奏徹底改變，不再有大量的會議通知或淹沒在電子郵件海裡，是重新檢視自己工作順序及時程表的好時機。思考自己每天工作中「最重要的目標」是什麼？在待辦清單中哪一件才是第一順位？哪些其實可以緩辦？以便專注在最重要的事項，更有效率地完成工作。

這波疫情迫使企業重新思考，如何醞釀好的組織文化，並透過良善的組織文化成就數位轉型，朝向一種彈性應變、互信文化、自主學習、注重工作順序的組織文化發展，重新解構再建構，以達企業經營永續發展的目標。即使未來疫情結束後，這些良善的組織文化，將會內化為組織一個很重要的核心價值。

參、後疫情時代下事業發展的趨勢

疫情當前，全球產業陷入前所未有的災難，各國皆祭出各種因應措施，企業更須審慎面對疫情的衝擊彈性應變，並調整發展出自己的經營模式。變，成了疫情蔓延時的不變通則，這也應驗了我常說的一句話，「時代在變，環境在變，但目前唯一不變的，就是變；唯一能預測的，就是不可預測」。因此，變與彈性，成為後疫情時代下的發展趨勢，以下綜整受疫情影響下的全球趨勢。

一、趨勢一、人才A、B、C

現在是一個數位科技的時代，也可以說是十倍速的時代，因此整體而言，就我的觀察，目前社會發展有三大趨勢，分別由A、B、C三個領域來代表。A（AI），即人工智慧，指電腦或機器模仿人類的思維能力，並結合其他功能，以執行人類可執行的工作，透過人工智慧可簡化程序、增加資訊的精確度，為我們的生活帶來便利性；B（Big data），即大數據，透過系統化的分析技術，進行大量的數據統計與分析，從各種資訊中找出線索，轉化為未來的洞見與趨勢；C（C-cloud），即教育雲，透過安全的雲端服務空間，讓資料庫更強大。基於超前部署的概念，各行各業必須積極培育具備A、B、C的高階人才，亦即各行各業都必須要融入這些專業領域的人才。

二、趨勢二、人類活動「去全球化」

疫情的發生，加速臺商的生產基地及供應鏈移出中國，迫使人才全球重新布局，以分散風險。然病毒不僅影響了人流、資金及供應鏈，更讓全球化的日常被迫中止，各種跨國移動的活動都面臨停擺，全球觀光業首當其衝，臺灣亦無法倖免。然危機就是轉機，臺灣剛好藉機將目標轉戰國內景點，建立地方特色品牌，導入學校資源，深化國內觀光服務的內涵。待疫情過後，還是須進行各項國際交流的活動，向全球取經學習，並持續建立自己的品牌，才能壯大自己、提升競爭力。

（林讓均，二〇二〇）

三、趨勢三、組織更強調應變及速度

在E化的時代，速度決定一切，從這次的疫情，也讓人看到臺灣在行政效率、醫療和防疫機制的迅速反應。舉例來說，為因應防疫措施，行政院科技政委唐鳳僅花了3天就開發完成QR Code，以即時銜接「全國簡訊實聯制」政策的推行。臺灣的防疫形象除了為安全觀光加分之外，

也展現了堅強的公衛實力。病毒會進化，整個公衛體系、事業治理，甚至日常的生活模式，都必須要隨之進化升級。

四、趨勢四、組織重新建立有彈性的互信文化

疫情影響組織、產業鏈、到員工個人，事業於日常營運上，迅速尋求相應機制來因應，諸如辦公環境升級、在家工作新策略、團隊有機彈性化、企業重新建立互信文化、員工重新思考優先順序、供應鏈重新洗牌等。（Janis，二〇二〇）

五、趨勢五、零接觸是事業發展的新模式

疫情改變了生活型態，也改變了消費模式，行動支付、電子商務等無須接觸的「零接觸」模式，於近年特別夯行；生活所需無須出門，透過網路平台即可在家謀生的「宅經濟」模式方興未艾；「自主學習」更成為每個人不得不自我提升的重點。

六、趨勢六、6C 環境，以 TEAM 因應

有感於疫情對於工作、家庭及生活的改變幅度都很大，面對長期抗疫行動，要不斷地學習不斷地適應，現在的社會乃至於國內外，幾乎處於競爭（Competition）、變化（Change）、挑戰（Challenge）、整合（Combination）、複雜（Complexity），甚至混亂（Chaos）的環境當中，也就是身處6C的環境，大家對於每一個C都要認真思考。以競爭為例，在這波疫情當中，衝擊餐飲業、服務業、旅遊等產業，為迎接這樣的挑戰，許多餐飲業者會跟外送平台合作，尋求轉型建立創新的利基，並展現社會存在的價值與意義。因此，一個組織要如何在疫情中永續經營，讓社會認同組織存在的價值，要靠全體成員的努力，更要懂得團隊的協同與合作，以迎接一切挑戰，在此以團隊的英文單字「TEAM」彰顯其重要性，做為分享。

(1) **T**arget，目標：建立明確的目標及方向。

(2) **E**ducation，教育訓練：持續進行教育訓練，培養自身專業及跨專業的能力，以汲取新知並自我提升。

(3) **A**ction，行動力：願意不斷學習、思考、自我突破，具備好的執行能力，努力實踐組織的願景。

(4) Moral，士氣：激勵同仁士氣，給予關心與溫暖，使之感同身受，並將溫暖回饋到組織。

因此，「變與彈性」為後疫情時代下的主要趨勢，速度決定一切，以行政院「紓困 4.0 方案」為例來說，防疫視同作戰，行政院為避免群聚，一改以往由中央撥付至地方，再由地方逐一撥付至個人的方式，簡化流程，由中央直接匯入符合紓困對象的帳戶，透過民眾生活便利的方式來領取防疫津貼；另擴增紓困對象，包括弱勢農民、衝擊產業、家庭防疫等，各部會迅速規劃 AI 相關線上申請作業流程，簡化審查流程，以降低臨櫃申請的人流。而針對可能臨櫃的民眾，政院也請公股行庫以及各部會輔導各民間金融單位，除做好臨櫃受理服務外，也要加強人流管制等防疫措施。一切皆強調 AI、速度、零接觸，以有效且即時解決民眾疫情下的燃眉之急。

肆、將幸福學當成事業必修課－正向思考．發現幸福

隨著後疫情時代的來臨，事業依舊受到極大的衝擊，但無論如何，這是一個長期的抗戰，我們每個人心裡的韌性要夠強，身、心、靈都要同步提升，否則就沒辦法迎接工作之外因疫情而不

得不面對的各種挑戰，才能在疫情及工作、家庭、生活之間找到一個平衡點，做足長期抗疫的準備。因此，我們必須將「幸福學」當成事業經營的一門必修課，透過幸福學，能讓我們充滿豐沛的正能量，並帶來更正向的思維，才能提升事業的幸福感，進而開展疫情下事業經營的幸福人生。

一、貫穿工作、生活、家庭與學習的幸福學

事實上，「事業」自狹義的營利角度來說，一般指的是企業、組織或公司的經營治理等；廣義來說，能善盡本分、成就他人的工作，就是一項好的「事業」。舉例來說，家庭是每個人心中最溫暖的避風港，一個家管除了將三餐、家裡都照料好，還能融入創新，每天三餐變化口味，又能開源節流，讓家庭幸福圓滿，就是一項另類的幸福與成就，也是成功的事業。

從上所述，工作、生活、家庭與學習，其實都是一種事業的概念，在其經營過程中，都必須展現出高度的智慧與藝術，這些哲理彼此之間是相通的，更重要的是，我們必須以正向的心來面對，才能在事業當中帶來更多的幸福。

哈佛大學有一門很熱門的課程叫做「幸福學」，是由哈佛組織行為學博士塔爾・班夏哈教授（Tal Ben-Shahar）所開設的，被列為哈佛史上最受歡迎的課程，每學期選修人數達一千肆百多人，超過

學生總數的四分之一，他的課程內容還被上傳成為哈佛網路公開課程，全球瘋狂下載。班夏哈強調，「選擇」的力量能改變人生，生活中每一天的選擇，每一個小改變，都可以讓自己離幸福近一點，而「幸福」是可以「學習」的。成就和金錢，都無法保證帶來幸福，幸福是來自於和我們關心以及關心我們的人相處，來自於主動行事，來自於感恩。

二、把幸福變成一種習慣

幸福，是可以學來的。過去我在一些場合，也常鼓勵教育界的夥伴，「要心存感恩，懂得正向思考。大家可以利用每天睡前的片刻，回想五件值得感恩的事，只要能夠持續下去，相信經過一段時間之後，就會發現，你的心境將會有正向轉變，你與快樂的距離將越來越近。」透過這樣的「睡前儀式」，每日回憶讓你倍感幸福美好的事情，讓自己經常沉浸在快樂的氛圍中，進而將這些小確幸，變成一種習慣，你將會開始得到更多的能量，你的人生就會開始不一樣了。

比如說，睡前回想今天剛好全家可以一起在家看HBO電影，享受家庭的天倫之樂；或是睡前和小孩一同讀一本好書，擁書而眠。這樣的小確幸每日不必太多，重點是要能持續一段時間，堅持下去，把小確幸當成像刷牙、洗臉、吃飯那樣的習慣，幸福感自然就會融入生活當中。同時，我們也要學會放下心中的負擔，欣賞自己日常生活中的每一次成功和擁有，我們就會發現，其實自己早就擁有了幸福。

另一個方式是建立自己的「幸福存摺」。來自芝加哥的心理治療師 Erin Leyba 認為：「幸福之所以難以保留，是因為人們總是享受幸福的當下，卻忘了把快樂的來源紀錄下來。」因此她主張幸福感跟身體肌肉一樣必須「刻意鍛鍊」，來維持強度與續航力，而日記是很好的訓練方法（生活報橘，二〇一九）。養成每天寫日記的習慣，將當天快樂美好的時刻記錄下來，日積月累成個人專屬的「幸福存摺」，在未來某一天需要的時候，隨時可提取幸福記憶。

三、幸福取決於有意識的思維方式

最近我常講演有關「正向思考・發現幸福」的主題，所以我覺得，從幸福的觀點而言，每個人都應該尊重自己及他人對價值的選擇，人生的每一刻都有選擇，「選你所愛，愛你所選」，我們做的所有選擇，開創了我們的人生，當你注意到每刻選擇的可能性，你就得到了動能，人生充滿了正能量。

事業上的幸福人生，包含了工作、生活與家庭的圓滿，是大家畢生都在追求的，然沒有努力

就不會有收穫，因為幸福不會憑白從天上掉下來的。所以，我從自己的生活及工作經驗中，歸納了十項有意識地獲得幸福的思維方式，相信從這些思維學起，你的人生一定會越來越美麗，你更可以面對疫情時代下所造成的苦悶和不便，以及所有生活的改變。（劉仲成，二〇二〇）

（一）懂得感恩，惜福。
（二）不斷學習，才能不斷成長。
（三）活在當下，做你想做的事。
（四）樂觀進取，永不放棄。
（五）照顧自己，簡單生活。
（六）忠於原味，回到初心。
（七）學會面對失敗。
（八）適時深思熟慮。
（九）適時表達正常情感與休息及運動。
（十）只有自己幸福，才能帶給別人幸福。

防疫視同作戰，面對長期的抗戰，幸福是一項非常重要的課題。哈佛大學幸福學的課程告訴大家，「未來選擇有意義、有興趣、而且能夠充分發揮天賦才能的工作，就能夠享受工作帶來的成就感，成為快樂的工作者」，希望大家在這段期間，更用幸福的心看待工作、生活、家庭與學習，展現最大的成就感與愉悅感，讓生活更有意義、豐碩與樂趣。防疫期間生活步調較為沉悶且停擺，但也因為如此，更能夠讓我們去思考什麼是真正的幸福。掌握「感恩惜福、正向思考、廣結善緣、同理關懷」的幸福元素，把能量帶給他人、工作、家庭、生活甚至學習，讓大家能夠有更大的能量。

疫後提升事業經營的幸福感，是組織經營成功最重要的關鍵。有幸福感的企業，是將員工視為最寶貴的資產，重視環境的氛圍，同時擁有企業的社會責任和道德良知，建立公平制度引導企業發展，創造更多利基結合各層廠商或結盟企業，重視整體的發展。因此，「幸福學」是後疫情時代下企業經營的必修課程，也是事業永續經營的關鍵思維。

伍、事業從A到A+的奧秘：執行力

「彈性有機體，提升競爭力」，一個好的事業體，必須是一個具高度彈性應變的有機體，像

生物一樣適應環境的變化，以自我演化來克服環境「天擇」的挑戰，才能永續生存。企業的自我演化就是組織變革，組織變革越具彈性、愈靈活，事業成長愈快。

美國麻省理工學院曾經進行「企業彈性與績效表現」研究，調查六四九家企業，比較「商品創新」、「企業成長」、「績效提升」等構面。研究發現，彈性愈高且固定性愈低的企業，績效成長愈亮眼。這項實證研究印證了組織變革對企業獲利（生存）與成長（永續生存）的重要性，同時也提出了「彈性是企業成功變革之鑰」的結論。（蔡翼擎，二〇〇九）

因此，在全球變化迅速的年代下，現代事業發展的關鍵除了掌握「創新、領導、溝通與資源」四大面向外，應調整組織成為彈性的有機體，在組織明確的願景和策略下引領前進。組織保持彈性，才會有執行力，才能提升競爭力。

一、領導力，每個人都須具備的專業能力

每個人都是領導人，只是領導的對象不一樣。領導的意義，來自於一個群體中成員間的彼此相遇，人與人之間的互動與溝通，發生在每天的工作、生活與家庭當中，所以每個人都必須具備領導力。在一個組織裡，金字塔高層有領導者與各級主管間的領導，中低層也有員工與客戶間的

領導，這些領導關係都非常重要，惟先有領導力，才能談執行力，領導力也就是每個人都必須具備的專業能力。

面對這波疫情的衝擊，又同時處於瞬息萬變的數位時代下，企業領導人究竟需具備什麼樣的能力呢？張忠謀二〇二一年在台大的演講中提到，未來的領導人才必須具備五項特質，包括「正面的價值觀、終身學習及獨立思考、溝通能力、豐富的國際觀、涉獵專業以外的領域」，強調領導人必須是全才，除了自身專業能力外，還需有目標、有紀律、有計劃地跨領域學習。（天下雜誌，二〇二一）

特力集團執行長童至祥於二〇一八年亞太區年會提出現代領導人必備的五大專業能力，對職場人士來說，「品格力、耐挫力、溝通力、領導力、學習力」是競爭力所在；對企業來說，「包容性」是成功經營關鍵，這也需要領導人以智慧加以判斷。（張彥文，二〇一九）

《經理人月刊》於二〇一九年中提出現代高階領導人的五大特質：正面能量的領導力、充滿好奇的創造力、務實細心的計畫力、高度自律的執行力、相信科學的決斷力。無論哪一種的企業文化，為因應企業的永續經營，領導力、創造力、計畫力、執行力、決斷力等五大能力，絕對是必備能力。（郭憲誌，二〇一九）

黃昆輝教授教育基金會於二〇二一發布「國家未來人才培育」民調中顯示，逾九十五%民眾認為未來人才需具備「雙語能力、創新能力、數位能力，以及公民素養」等四項能力，九十%主張政府應投入更多資源培育「資安人力」。（自由時報，二〇二一年三月廿二日）

國發會更於二〇二一年三月發布《二〇三〇年整體人力需求推估》報告，預測台灣未來十年各行業人力需求變化。趨勢一、「教育科技」為未來趨勢，提供教學更多面貌，運用科技技術，融入教與學的教育科技和數位學習將是未來重要的趨勢；趨勢二、「心理諮商」夯，學習更貼近個人，科技的進步也讓教育越趨個人化，當教育回歸於個人，個人如何認識自己、與自己相處就變得更加重要。其中，現在早已是熱門科系的心理諮商也將成為未來重要趨勢，從感情、人際、情緒、生涯發展等不同角度，協助個人、團體的心理成長與自我認識。（遠見三十五，二〇二一年八月四日）

綜上，在職場上工作的現代人，從回流教育及終身學習的角度來看，在生命全程中，感於自身的不足，為因應不同階段的工作需求，都會從事各項學習，以精進專業，包含正規、非正規及非正式的學習。透過這樣的自我學習，有系統、有計畫、有目標地持續成長、檢討、精進、創新，打好人際關係，提升自我在不同場域裡的專業能力，以因應社會各種需求及挑戰。綜上所述，我認為疫情時代下，每個人都必須具備以下五項專業領導力。

(一)再學習的能力：學，然後知不足，因生活或工作所需，發現有所不足，願意去面對挑戰，而自發學習所須的技能，以持續精進。

(二)做事情的關鍵能力：事有輕重緩急、優先順序，凡事必須掌握其重點，尋找事情的關鍵點。

(三)學會共同生活及溝通的能力：在日常人際關係的互動中，能與人合諧相處，做有效的溝通，包含觀察、分享和討論的能力。

(四)分發揮潛能的能力：每個人都有各自的專長及能力，要能激發潛能、適才適所、善用專業、尊重專業。

(五)學習改變的能力：面對未來，需要的是自我成長的心態，知道要改變，也願意去改變，自我調整、持續學習、不斷改變的能力。

二、組織力，組織創新學習的藝術

組織必須要成為彈性的有機體，才能因應時代的變遷，提升競爭力，思考不可太過僵化，必

須運用組織學習的理論，以藝術或哲學的領導方式來轉化，這種轉化涉及如何做（How to do）的問題，也就是所謂的「執行力」。因此，以下特別提出組織學習的二大理論，即組織創新學習的藝術。

在新興管理學領域中，有二項非常重要的理論，就是「第五項修練」和「第五級領導」，在企業經營實務中已成為經典，後來被引到教育系統，應用在學校教育行政及領導上，對教師教學及學校行政上有很多的啟發。在「第五項修練」理論提出後，隨之又有「第五級領導」的探討，先後引起廣大的迴響，這二項理論雖然係屬於不同的理念，但從「第五項修練」到「第五級領導」分別在學校領導的應用上，我覺得卻有很多共通性的精隨，這不只是一種哲學，更是一種藝術，可給予實務工作者或事業經營的夥伴們很大的啟發。

「第五項修練」源於學習型組織之父彼得．聖吉（Peter M. Senge）的著作《第五項修煉：學習型組織的藝術和實務》。聖吉認為透過自我超越、改善心智模式、建立共同願景、團隊學習、系統思考等五項修練，就可以成為「學習型組織」，這是一種能在變動的環境中，永續擴展員工的創新能力，並在工作中創造價值或意義的組織。（彼得．聖吉，二〇一九）

「第五級領導」的概念源自於吉姆．柯林斯（Jim Collins）的著作《從A到A＋：企業從優秀到卓越的奧秘》。當一個組織需要轉型或變革時，第五級領導人可以發揮其領導能力，帶領同仁因應組織變革轉型成功，因為在關鍵的時刻，需要的是一位具有謙沖為懷、強烈企圖心、意志力，以及專業能力的領導者，才能突破困境，將危機化為轉機。（吉姆．柯林斯，二〇〇二）

從「第五項修練」到「第五級領導」有許多應用案例，二項理論雖分屬不同的理念，但卻有很多共通性的精隨，這不只是一種哲學，更是一種藝術。因此，我借鏡這樣的過程，針對這二項理論的共同性精義，整理出幾個事業經營上的共通啟發，提供各位在事業經營或實務工作上做參考。（劉仲成，二〇二〇）

從「第五項修練」到「第五級領導」有許多應用案例，二項理論雖分屬不同的理念，但卻有很多共通性的精隨，這不只是一種哲學，更是一種藝術。因此，我借鏡這樣的過程，針對這二項理論的共同性精義，整理出幾個事業經營上的共通啟發，提供各位在事業經營或實務工作上做參考。（劉仲成，二〇二〇）

(一)尊重專業：專業是一種需要經過特殊專門訓練之後，才能從事的職業，他們的工作通常是為其他人提供特殊的技術服務或顧問。要能稱得上是專業，也要具備專業精神、專業道德與專業能力。因此，在職場上必須了解成員的專業能力，並尊重其專業，有效活用個人專

長以增強組織的工作效果，善用每個人與眾不同的長處。

(二) 激勵士氣：人，是組織最寶貴的資產。要使組織有活力、有生機，同時要使組織的每個人都有主動性、積極性、創造性並高效工作，激勵就是一切。有效的激勵，員工才會對組織有承諾感、歸屬感及向心力。因此，為充分發揮員工的潛能，有效的激勵機制的建立與運作，是一個組織成長與進步的關鍵。

(三) 設定目標：領導者有二件很重要的事，有明確的願景及給清晰的方向，才能讓成員有所依循，知道自己的工作分寸在哪。因此，領導者必須設定明確的短中長程目標，引導成員，促使成員全心投入，在工作上自動自發、自我要求、不斷精進。

(四) 建立績效責任的組織文化：領導者要擘劃美好的教育理念與圖像，採由下而上的草根方式，透過團隊學習及系統思考，共同建構未來的願景。同時透過組織專業發展，改變同仁的舊思維，積極建立友善的組織文化，進而成為績效責任的組織文化。

(五) 做對的事：做對的事（Do the right thing），比把事情做對（Do the thing right）更重要，因為「把事情做對」這句話，是建立在先「做對的事」上。換言之，我們應該說：「做對的事，並且把它做好」。而不對的事，做再多都沒有用，如認真去做，比敷衍了事對組織的傷害更大。因此，領導的作為是「做對的事」，係以謙沖而堅定的態度，堅守教育的專業與信念，只要對的事情，一定要擇善固執，持之以恆，好好發揮自己的專業，但也不要表現出專業上的傲慢。

三、執行力，沒有執行力，哪有競爭力

執行力是什麼？鴻海集團董事長郭台銘為此下了一個定義，「執行力就是速度、準度、精度、深度、廣度的全面貫徹」。執行力能讓組織察覺到內外部環境的新威脅，以及對營運構成危害的潛在風險，因此面對當前多變的時代氛圍，企業迫切需要執行力，執行力是幫助組織邁向成功的紀律和方法。然而，儘管執行力是如此地重要，卻通常是組織最常忽略的一個環節。（包熙迪、夏藍，二〇一二）

《執行力：沒有執行力，哪有競爭力》一書作者 Bosside & Charan 提出執行力的三大重要基石：領導人的七大重要行為（了解你的企業與團隊、實事求是、設定目標與優先順序、貫徹後續追蹤、論功行賞、傳授經驗以提升員工能力、擁有情緒韌性）、建立文化變革的架構讓公司動起來、絕

不授權他人的領導工作－知人善任；並提出執行的三大核心流程：人員流程、策略流程、營運流程。（包熙迪、夏藍，二〇一二）

《4＋2：企業的成功方程式》一書作者結合數十位學術界和管理顧問界人士共同完成一項研究，花費五年時間，研究分析壹百陸拾家企業在十年間的資料後提出，欲提升企業的執行力，需具體落實四項主要管理實務和二項次要管理實務，主要管理實務包括策略、執行、企業文化、組織架構，缺一不可；二項次要管理實務是人才、領導、創新、合併與合作，四項任選其二項。（諾瑞亞、羅柏森、喬依斯，二〇〇三）

組織策略是要創造差異化（make a difference），執行力則是要付諸實踐（make it happen），大部份的成功皆來自貫徹完美策略，兩者缺一不可。因此，除明確的願景和執行策略之外，一個組織要能從競爭激烈的環境中脫穎而出，更重要的是強而有力的「執行力」，好的執行力能縮短策略與現實間的鴻溝，讓願景得以達成。因此，本文進一步提出6大執行策略，即權威性、誘因性、能力性、系統性、象徵性、學習性等6大工具。

(一) **權威性工具**：即強制策略，係指政府憑藉著合法權威，運用法律或法規命令來強制個人或機關遵行法規、採取行動，或要求某特定行為。

（二）**誘因性工具**：即提供誘因策略，係指運用經費補助個人或機關，以鼓勵其參與政府所推行的政策或誘導行為符合政策的要求。

（三）**能力性工具**：即建立能力策略，係指經由提供訓練、教育或資源給個人或機關，以提升其政策執行能力及培養人民自我管理的知識、技巧和能力，以落實政策理念。

（四）**系統性工具**：即系統改變策略，係指政府將公權力轉移到個人或私人機關，以改變現有的制度和權力的分配。

（五）**象徵性工具**：即建立共識策略，係指藉由傳達政策所訴諸的價值理念，來改變個人或機關的認知，強化個人或機關的順從。

（六）**學習性工具**：即學習策略，係指政府對執行人員及利害關係人，建立知識分享文化，或提供標的團體參與觀察問題解決的過程，以提升對政策問題的體認及改變其原先觀念，從而有利於政策之執行。

由上可知，「沒有執行力，哪有競爭力」，組織競爭力來自於執行力的貫徹，執行力是一種紀律，是一種策略的根本，是企業領導人首要的工作，執行力必須成為組織文化的核心成分。

四、內控力，讓組織保持彈性的管理方法

一般企業或組織為了衡量績效，大多透過年初設定 KPI 值，並希望年底所有 KPI 都能達標，但由於 KPI 的評量項目，可能長年不變，而且通常只看結果，不論過程，員工為了達標，常常會重量不重質。因此許多公司便開始尋找更有效的管理工具，來幫助他們提升整個公司和員工的價值，這套工具就是目前最夯的 OKR，目前英特爾、Google、Adobe 等大型企業、許多新創產業，或產業技術變化的公司，皆運用 OKR 的方式進行管理。

OKR 是由目標（Objectives）和關鍵結果（Key Results）構成。「目標」就是所要達成的成果、使命或願景，「關鍵結果」就是為了要達成目標，應該要做的事情，通常一個目標會設定三至五個關鍵結果。當公司上層設定一組 OKR 後，公司內與這組 OKR 相關的單位或員工，則各自設定自己的 OKR，來達到與上層所設定的 OKR 相符的成果，所以整個公司的 OKR 是層層相關的，像樹狀圖一樣開枝散葉，有助於確保公司和員工隨時聚焦處理整個組織中，最重要的議題、使命或目標。它強調「目標」對公司或組織的重要性，正確的目標就想在暴風雨中的燈塔一樣，讓船隻可靠岸躲避風雨。在實際運用上有以下幾個特色：（約翰．杜爾，二〇一九）

（一）可以公開討論及隨時修改：一個公司從高層到團隊及個人，每個人都有一個屬於自己要完成的 OKR，在 google 公司裡所有人都可以互相瀏覽，討論並修改彼此的 OKR，當我們將自己的 OKR 公開時，也代表著我們將會為它負責，而且這些 OKR 是可以隨時修的，以因應變動的外在環境。

（二）OKR 的週期較短：為了配合快速變化的市場，設定適切的目標，OKR 的週期通常較短，例如用一個月、一季的短線 OKR，來支援年度 OKR 目標和長遠的策略，OKR 的週期長度沒有絕對值，能夠與組織文化和企業性質契合，就是最好的 OKR 週期，最重要的是，在週期中持續進行追蹤，才能真正落實 OKR，否則淪為沒人看的一種公告。

（三）提供員工自我實現的一個動機：因為 OKR 鼓勵員工善用自己的優勢，去設定自我目標及關鍵結果，更能培養出積極主動的員工，當人擁有自主權的時候，就有動力來完成目標。

（四）重質的管理方法：在運用 OKR 管理時，公司的高層、主管及員工，都會花許多時間溝通討論要完成的 OKR，藉此確認此 OKR 是真正有益於公司的目標或使命，並且當一個 OKR 週期完成後，會針對關鍵結果進行客觀評分、主觀評分以及反省，客觀評分指的是各項關

鍵結果完成的比例，主觀評分則是個人在執行這些關鍵結果時的感受，而最後的反省則是透過本次經驗，未來可以怎麼修正做到更好。

因此，OKR 是一個讓公司可持續調整及改進的管理方法，比 KPI 更重視員工的工作動機、定時檢核與及時修正、更重視過程。OKR 能讓公司或組織裡所有的人，專注在預定完成的共同目標上，並能在執行過程當中隨時追蹤、調整，因此能彈性適應外在變化，或在進度落後時，能夠及時改變執行策略，迎頭趕上。

五、社會力，事業永續發展的利基

企業社會責任（Corporate Social Responsibility，簡稱 CSR），就是企業要「取之社會、用之社會」，企業不能只做為獲利的工具，還要對社會、環境的永續發展有所貢獻。CSR 其實不是新概念，在中國傳統中有「儒商」、西方有「企業慈善家」，可見在這個名詞出現前，企業回饋社會的作法就已經存在了（顏和正，2019）。近年來，事業經營非常重視 CSR，而「誠信」（Integrity），是落實 CSR 最基本的態度，才能獲得消費者的認可。因此，「誠信」是事業最珍貴的核心價值。

（一）從 SDGs 到 CSR

聯合國在二〇一五年針對人類面臨共同的挑戰，提出了十七項永續發展目標（Sustainable Development Goals，SDGs），作為二〇三〇年前世界各國努力推動永續發展的指導方針。這十七項SDGs包括消除貧窮、消除飢餓、性別平等、乾淨水資源、氣候變遷、永續消費與生產模式等，下面又分成一百陸拾玖項追蹤指標，涵蓋了經濟成長、社會進步與環境保護等三大面向。

1. 消除貧窮（No Poverty）
2. 消除飢餓（Zero Hunger）
3. 健康與福祉（Good Health and Well-Being）
4. 優質教育（Quality Education）
5. 性別平等（Gender Equality）
6. 淨水及衛生（Clean Water and Sanitation）
7. 可負擔的潔淨能源（Affordable and Clean Energy）
8. 合適的工作及經濟成長（Decent Work and Economic Growth）
9. 工業化、創新及基礎建設（Industry, Innovation and Infrastructure）
10. 減少不平等（Reduced Inequalities）

11. 永續城鄉（Sustainable Cities and Communities）
12. 責任消費及生產（Responsible Consumption and Production）
13. 氣候行動（Climate Action）
14. 保育海洋生態（Life Below Water）
15. 保育陸域生態（Life on Land）
16. 和平、正義及健全制度（Peace, Justice and Strong Institutions）
17. 多元夥伴關係（Partnerships for the Goals）

以上各項皆與社會力息息相關，事實上，每個企業皆可試著將其推動的工作項目對接 SDGs，將組織的研發、推廣、行銷、流程、服務等工作與其十七項目標緊密鏈結，檢視組織服膺 SDGs 發展趨勢的程度，強化已有鏈結的部分，進一步發展為組織的核心價值，對於有相關但尚未納為工作項目的部分，可評估了解後適時投入。以第十二項目標「責任消費及生產」為例，組織可檢視的指標為自然資源的永續管理和利用、鼓勵企業採永續做法和永續報告、大幅度減少廢物產生、消除鼓勵浪費性消費的市場扭曲等。以此逐一對照檢視，有目標性、整體性地扣緊 SDGs，不僅能永續發展為一個幸福組織，又能服膺國際趨勢，帶領組織走向國際舞台。

現今許多歐美企業已經將 SDGs 設為推動業務與 CSR 的方向，因為這些目標就是人類現在面臨的問題，而針對問題提出解決方法對企業來說，一方面是潛在的市場需求，另方面也回應利害關係人的需求。台灣雖然不是聯合國成員，但許多台灣企業也開始注意 SDGs，並將其 CSR 的活動與 SDGs 的十七項目標相對照，以做為努力的方向。

（二）從 CSR 到 USR

順應全球「社會責任」的浪潮，教育部自 2018 年起著手推動「大學 社會責任」（University Social Responsibility, USR）。USR 計畫以「在地連結」與「人才培育」為核心，引導大專校院以人為本，從在地需求出發，並透過人文關懷與協助解決區域問題之概念，善盡社會責任。鼓勵教師帶領學生以跨科系、跨團隊或跨校串聯之結合，或以結合地方政府及產業資源，共同促進在地產業聚落、社區 文化創新發展，培養新世代人才對真實問題的理解、回應與採取實踐行動能力，並增進學生對在地認同，進而激發在地就業或創業。

教育部為推動全國 USR 計畫團隊與各大專校院之跨校學習與經驗交流，進而建構 USR 共學生態圈，邀請多年以來執行 USR 計畫成效顯著的八所 USR 大學共同合作，分別是國立暨南國際大學、國立屏東科技大學、國立臺灣科技大學、國立臺灣海洋大學、靜宜大學、國立臺北科技大學、樹

德科技大學，以及國立中山大學等，於一一〇年六月至十月間辦理共同培力工作坊及SIG（Special Interest Group）議題交流系列活動，並於一一〇年六月十八日舉辦「二〇二一USR共培&SIG活動協議書聯合簽約線上儀式，藉此讓合作之夥伴學校進一步凝聚共識，因應新冠肺炎疫情嚴峻，簽約儀式全程採視訊會議方式進行。

以國立暨南國際大學（以下簡稱「暨大」）為例，暨大團隊自二〇一三年七月成立以來，即以「營造水沙連大學城」做為實踐宜居城鎮願景的知識創新與行動平台自許，並在實踐／摸索過程中發展出一套共做共學模式，透過社區駐點、跨社區協力、公民審議，以及跨專業教師社群的組織培力等模式，與水沙連地區在地政府部門、企業、非營利組織、社區組織、公民團體等單位機構，開展出各類型的協力合作議題與在地行動實踐方案。這些經驗裡，有深刻理解社區發展的蛻變過程與其限制，也認識到跨社區行動的連帶影響力，而更大尺度空間的城鎮公共議題，更帶有促發社群網絡串連的機制與系列策略運作的潛力。以下茲就駐點深根、跨域合作、資源整合等3面向分述之。（暨大水沙連中心，二〇一九）

1.駐點社區的深耕與創新：各個社區發展脈絡不同，社區駐點陪伴與協力的方式也跟著調整，唯出發點皆是從社區的實際需求開始，面對不同時期的社區環境變化，隨時保持彈性和應變能力，試著找出最適當的方法，以持續策進互動。

2. 埔里研究會的跨域合作行動：埔里研究會，以埔里城鎮為關懷對象，針對公共議題採取行動方案，每一項社會議題都與民生息息相關，從 PM2.5 空污減量、綠活學習型城市、生態博物館到長照 2.0 等，嘗試各種跨域創新的可能性，透過在地社群網絡的串連和動員，以深化學習和解決問題導向直接付諸社會實踐。

3. 校內外社群連結與資源整合：校內整合機制與行動能量方面，水沙連人社中心在暨大內部的社群生態位置，扮演校內團隊協調與資源整合平台、孵化新團隊，以及滾動式制度修正以建構暨大社會責任實踐友善機制的發動機，以厚植暨大在地實踐的資本與行動力；校外整合方面，二〇一八年行政院宣布「二〇一九年地方創生元年」的重大國家政策，埔里鎮公所即與暨大團隊共同提案，同年八月通過「埔里鎮地方創生推動戰略計劃」，成為第一個通過地方創生的中介城鎮，也是第一個由大學協力提案通過的計畫案。此舉也成功帶動國姓、仁愛鄉等周遭鄉鎮與暨大彼此形構成共生依附的生命共同體。

綜上所述，透過不間斷的實作與能量積累，大學與地方皆能彼此賦能學習，厚植雙向能量，透過多層次社會實踐所開展的廣度與深度，讓宜居城鎮的藍圖逐漸清晰可辨，並有能力共同刻化

對於未來的願景想像與成就彼此。

（三）誠信，事業最珍貴的核心價值

從聯合國的永續發展目標 SDGs，到全球普世價值的 CSR，一直到台灣教育部推廣落實於永續發展教育的 USR，在在皆彰顯其價值內涵的重要性。而其中，「誠信」是所有這些社會力的重要基石，同時也是事業永續經營的關鍵，以「利他」哲學來思考經營，能創造社會價值、建立誠信共好，互利共榮的經濟力，為社會創造共富的新視野，致力於追求企業永續與善盡社會責任，以成為社會美好願景的助力。

臺積電董事長張忠謀二〇一七年獲頒「臺灣企業永續終身成就獎」時曾致詞說，「誠信」是臺積電最重要的核心價值。張忠謀強調，企業對社會的責任，就是提升社會價值，讓社會更好，因此臺積電的四大核心價值是，誠信（Integrity）、承諾（Commitment）、創新（Innovation）、客戶信任（Customer Trust），這也是台積電成功的軟實力。歸納台積電屹立不搖的關鍵因素，除了技術領先、生產製造能力領先、客戶信任，「誠信」，更是台積電能與客戶持續互相發展的關鍵。

台積電人上班不准攜帶照相手機及隨身碟，不准將公司文件 email 到私人信箱，一位經理說，如果偷帶照相手機上班，只要被抓到四次，報告就會到張忠謀桌上。台積電企業保全處處長也曾

說，為了保障絕對的資訊安全，台積人連進廁所，也要刷卡。於是，儘管很多企業在商場上是殺紅眼的對手，但是卻都敢把自己最先進的產品，下單給台積電。曾有媒體報導：「沒有一家公司如台積電，將『誠信』的文化，落實得如此徹底，也終於造就了台積電最強大的競爭力，與最豐厚的投資報酬率。」（李松筠，二〇二一）

「誠信文化」是事業的一項無形資產，對內，透過完整的教育訓練，深化員工個人道德及職場倫理；對外，以誠信經營產業共好原則，成為客戶值得信賴的夥伴，並落實企業社會責任。破產了，錢再賺就有，若無誠信，永遠都回不來。因此，誠信，就是重視自我價值的態度，也是企業最基本的社會責任與核心價值，對事業經營而言，「誠信」佔有決定性的因素。

陸、結語－創新，保持優勢競爭力的關鍵

現在的社會變動非常快速，加上科技不斷的進步，已經深切影響到人們的工作、家庭及生活，在全球化及快速流動的年代，各行各業都應該要有所因應，必須要像海綿一樣，快速、不斷地吸

取養分，同時保持一個彈性的有機體，可以因應外在的各種時勢變化。所以組織必須要不斷地創新、求變、精進。

「創新」對組織而言，代表的是一種嶄新的意思，並且是一種全新的構想，也就是說，任何新的觀念、方法或策略，就是「創新」。「創新經營」對於企業來說，不僅可以提高競爭力，更是致勝的關鍵，是指組織管理者藉由創意環境的建置，成員參與的對話，引發組織成員進行知識或資訊的創新、技術更新、產品轉化的過程，並針對未來組織可能面臨的問題，

疫情爆發至今，有些行業受到衝擊而蕭條，但有些行業反而順勢興起。因此，危機，是一種轉機，更是一種創新的契機。在此理念下，事業經營必須秉持「做最壞的打算，做最好的準備，不恃敵之不來，恃吾有以待之」的態度，建構彈性、創新、有機的組織文化，才是事業成功因應時代挑戰、保持永續經營之道。

參考文獻

包熙迪、夏藍（Larry Bossidy & Ram Charan）（2012）。執行力：沒有執行力‧哪有競爭力（李

明譯）。臺北市：天下文化。

吉姆・柯林斯（Jim Collins）（2002）。從A到A＋：企業從優秀到卓越的奧秘（齊若蘭譯）。臺北市：遠流。

彼得・聖吉（Peter M. Senge）（2019）。第五項修煉：學習型組織的藝術和實務（郭進隆、齊若蘭譯）。臺北市：天下文化。

林讓均（2020）。瘟疫蔓延大斷鏈，全球不變則退。遠見雜誌405，2020年3月號，頁116-121。

約翰・杜爾（John Doerr）（2019）。OKR：做最重要的事（許瑞宋譯）。臺北市：天下文化。

國立暨南國際大學水沙連人文創新與社會實踐研究中心（2019）。營造水沙連大學城：多層次公共性的跨域創新與實踐。南投縣：暨大水沙連中心。

劉仲成（2020）。教育創新經營：工作、生活與學習的智慧。臺北市：五南圖書出版股份有限公司。

諾瑞亞、羅柏森、喬依斯（Nitin Nohria, Bruce Roberson, William Joyce）（2003）。4+2：企業

的成功方程式（張玉文譯）。臺北市：天下文化。

蔡翼擎（2006）。創新變革 要有彈性身段。經濟日報 2006/11/9。取自 http：//www.ubusiness.com.tw/content/news/kstmDetail.aspx?id=317。

天下雜誌（2011）。張忠謀：領導人 5 大特質。天下雜誌 338 期。取自 https：//www.cw.com.tw/article/5010167?template=transformers。

生活報橘（2019）。不管怎樣，一定要讓自己快樂！心理治療師：每天花 5 分鐘做「這件事」就能鍛鍊幸福感。今周刊。取自 https：//www.businesstoday.com.tw/article/category/154768/post/201904300016

張彥文（2019）。優秀領導人必備的 五大專業能力。哈佛商業評論，2019 年 1 月號。取自 https：//www.hbrtaiwan.com/article_content_AR0008562.html。

郭憲誌（2019）。高階主管該具備的 5 大特質。經理人月刊，2019 年 8 月號。取自 https：//www.managertoday.com.tw/columns/view/58074。

顏和正（2019）。什麼是企業社會責任？一次搞懂關鍵字 CSR、ESG、SDGs。CSR@ 天下，

2019/1/3。取自：https：//csr.cw.com.tw/article/40743?from=search。

Janis 編譯、整理（2020）。哈佛商學院教授：新冠病毒如何改變企業的未來？6個觀察。經理人新書快讀。取自：https：//www.managertoday.com.tw/articles/view/59563。

李松筠（2021）。【財商天下】台積電得天下 張忠謀締造傳奇。財商經濟研究所。取自https：//www.ntdtv.com/b5/2021/02/18/a103056619.html。

自由時報（2021）。民調：95% 民眾認未來人才需備 4 大能力。自由時報 2021/03/22。取自https：//news.ltn.com.tw/news/life/paper/1438514。

邱于瑄（2021）。「教育人才」未來10年需求萎縮逾 7%！摔了鐵飯碗，教育科系怎麼逆境求生。遠見35，2021/8/4。取自 https：//www.gvm.com.tw/article/81443

作者自述

師範體系畢業的我，對教育工作自然有股莫名的堅持，這是我的「初心」，這份強烈的使命感，

支持著我一路走來。我很慶幸自己曾在基層得到很好的磨練，因為這段經歷，讓我深知學校及家長對教育的需求與期許，也讓我在擔任教育局長時，能更得心應手，摸索出一套地方教育行政的實務經驗，並奠定了我在中央服務時，能以地方性的需求和觀點，通盤制定全國性的政策和法規。

投入教育服務工作迄今三十年，歷任國小教師、教育局局長、教育處處長、教育部督學、教育部教育研究委員會執行秘書、教育部學生事務及特殊教育司司長，之後轉任國立公共資訊圖書館館長等職務，並兼任國立臺中教育大學國民教育研究所、國立暨南國際大學教育政策與行政學系副教授、財團法人臺灣閱讀文化基金會董事等職務，期間奉公守法、兢兢業業，多年來完成許多重要工作，對於本職業務並多所改革、創新精進。

賈伯斯曾說：「創造的秘密，就在於初學者的心態。」因為時刻保持那股原始探索的熱情與初衷，賈伯斯創造了蘋果奇蹟。「不忘初心，方得始終。」動力的開端，源自於最深厚的內裡本相，再以未來的視野去思考問題並付諸行動，時間是如此的公平，但握在每個人手裡的價值卻完全不同，正是因為維持「初心」的不易。

所有的堅持與努力、跋涉與歇息，深一腳淺一足，凡走過必留痕跡，落在足跡裡的，盡是理想與感恩，一步一腳印始終隨著自己的初心進發，才能成就深廣而創新的格局。

第五章

「信」—五常信德之聖凡雙修

—從誠信、信仰到生命之圓滿實踐

玄門真宗

五常信德之聖凡雙修

──從誠信、信仰到生命之圓滿實踐

錢得龍
台中市霧峰區峰谷國小校長

關公在中華文化與信仰上，具備多元合體的身分，在華人心中有三個層面，即歷史關公、文化關公、神靈關公，來自歷代因緣與朝野信仰。《三國演義》雖是歷史小說，因其通俗普歷代相傳，較諸正史更深入民間印象。除了宗教、商業等信仰，還包涵文學、藝術美學、神話故事等多元文化面向；而關公之美麗人格，蔚為中華倫理道德之標竿。關公武聖與文聖孔子並稱「文武二聖」。關聖帝君是華人地區最普遍的信仰，是中國大陸廟宇數量之第一位。關公之所以受到華人的最高尊崇，歸略基於其英勇、誠信、聖義的人格完成，匯聚為華人社會的一個重要文化合體。關公經典流傳頗多，首要之《桃園明聖經》揭櫫「孝悌忠信人之本、禮義廉恥人之根」，將忠信列為人道根本。本文以信德（Trustworthiness）為探究，從關公忠信精神與傳統道德思想，揉合現代思潮，體現在當今生活實踐。從傳統關公誠信精神與神格緣起，談論與信德相關之概念與實踐，兼論商

人講信立業，信之一致性真義，再論及人生之謙卑信仰（Faith）、宗教情懷，並擴及於為人處事之誠信（Integrity）倫理，末了回歸玄門真宗所提倡之「五常德」落實於生活實踐，以提升人生品質，以臻人生圓滿。

關鍵詞：信德（Trustworthiness）、誠信（Integrity）、信仰（Faith）

壹、關公信仰與五常信德之緣起

華人神明信奉多為一神一名，像關公一神而有多重分身且信仰屬性不同者，實屬特例。關公本是三國名將，歷代帝王褒揚，封謚不斷升溫，直至稱聖稱帝，神職地位扶搖直上。關公稱號由侯而公，由公而王，由王而帝，由帝而聖，由聖而神。其忠義誠信品格倍受各行各業之尊崇：文人以其愛讀春秋，秉持大義，尊為「關夫子」；商人以其誠信不二重義疏財，奉為「武財神」；軍人以其勇冠三軍義不負心，奉為「武聖人」；幫會以其義結金蘭行俠仗義，崇為俠義典範，奉為「關老爺」（丁孝明，2011）。清代關廟對聯之讚詞曰「儒稱聖、釋稱佛、道稱天尊，三教盡皈依，式詹廟貌長新，無人不肅然起敬；漢封侯、宋封王、明封大帝，歷朝加尊號，矧是神功卓著，真所謂蕩乎難名」（鄭土有，1994）。上述已概括表達，關公在中國歷史文化之地位。

關公俗稱為關聖帝君、關帝爺，民間道教廟宇尊為協天大帝、伏魔大帝、翊漢天尊、恩主公、文衡聖帝等，佛教奉為護法神之一稱為「伽藍菩薩」，儒宗神教奉為五文昌之一，商業界尊奉為武財神，是貫通文武的神尊。不僅如此，關公還是當今道教界的天公，自午會十二運五世第一甲子年（西元 1924 年）輪值玉皇大帝職位，以玄靈高上帝位登玉皇大天尊（黃國彰，2014）。台灣玉線玄門真宗教派主祀關公，也是尊奉玄靈高上帝聖號。大陸許多地方尊稱關公為「山西夫子」，以與「山東夫子」孔子相稱，是為中華文武雙聖。

一、從歷史關公、文化關公到神靈關公

關公在中華文化與信仰上，具備獨特的多元合體的身分，在華人心中有三個層面，即：歷史關公，主要見諸《三國志》；文化關公，主要來自《三國演義》、《三國志平話》等；神靈關公，來自歷代朝野尊封信仰。《三國演義》雖是歷史小說，因其通俗普及自宋元以降歷代相傳，滲透百姓城鄉，較諸正史更深入民間印象，甚至取而代之；另外《三國志平話》的加入，也以民間評

說的腳本，對關公事蹟多所述說，更加鞏固其忠義誠信的精神地位。除了宗教、商業等信仰，還包涵文學、戲曲說唱、藝術美學、神話故事等多元常民文化面向；而關公之美麗人格，更是蔚為中華倫理道德之標竿。

歷史小說深植人心，關公為了信守桃園結義之誓約，與劉備、張飛既結為兄弟，則同心協力、救困扶危，上報國家、下安黎庶，不求同年同月同日生，但願同年同月同日死。爾後無論是對曹魏或孫吳的威脅利誘，始終堅持著對舊主不離不棄的忠貞態度。關公將信約視為生命，所以徐州敗戰陷入曹營，仍然意志堅定，突破千辛萬難的保護著二位皇嫂、回到當時尚無立國之地的劉備，即使是最後失去荊州、麥城，關公仍然不改其志，坦然就義，以堅守桃園結義的誓約（黃國彰，2014）。關公超凡入聖的事蹟故事，編作腳本劇碼以說書戲劇等常民休閒流傳民間，在學校教育缺乏之舊時代發揮寓教於樂的教育作用，將其富貴、貧賤、威武不移的堅貞精神，在華人心中樹立了鮮明的信義大旗。

二、武聖關公與五常信德實踐

千百年的流傳，關公已是儒家武聖，與文聖孔子並稱中華民族的「文武二聖」。馬書田 (2001)

指出，關聖帝君早已是華人地區最普遍的信仰神尊，是中國大陸廟宇數量的第一位。關聖帝君之所以受到華人的最高尊崇，完全基於其一生英勇、誠信、聖義的人格完成，而這種風範又深刻、長遠的影響華人的價值觀與社會道德，所以關帝聖義精神才會被不斷反芻、回饋、深化，終於成為儒家以外，華人社會的一個重要文化代表（林金郎，2007）。

子曰：「古者言之不出，恥躬之不逮也」（論語里仁篇），跟俗語所言「一言既出、駟馬難追」義同，即是古人不輕言許諾、重然諾的意思。此誠信顯義，正是關公在歷史上或文化上，都給人史上第一的形象。

主祀關聖帝君的玉線玄門真宗教派，為台灣新興教門，奉關公為「仁義禮智信」五常導師，透過融入教義信仰，聖凡雙修、生活實踐、挽轉人心，重拾人性之正向能量與信念，本文即秉此感召而爰以抒發淺論。

關公聖典經文自古流傳頗多，首要之《桃園明聖經》揭櫫「孝悌忠信人之本、禮義廉恥人之根」（黃國彰，2014），把忠信列為人道根本。本文乃以其中信德 (trustworthiness) 為探究，從關公忠信精神與中華傳統道德思想，揉合現代思潮，體現在當今生活之實踐。信德既是立身處世諸德實踐之根本，古來童蒙教材誠信故事題材，廣布流傳教化民間，例如商鞅徙木立信、曾子殺彘、季札掛劍、

周幽王烽火戲諸侯、季布一諾千金、樂昌公主破鏡重圓等，都成了耳熟能詳、既經典又不覺落伍的誠信典故。

三、中華先哲對誠信之重視教諭

關公手握《春秋》，春秋一書為孔子述作，專針砭亂臣賊子，乃儒家精神重要經典，由此觀之關公思想行事以儒家為準繩，是一典型奉行孔孟思想的儒將。孔子提出「仁、義、禮」，孟子增加為「仁、義、禮、智」，西漢董仲舒獨尊儒術，加入信德擴增為「仁、義、禮、智、信」，稱為「五常」，此應為五常德之濫觴。五常貫穿中華倫理，發展為華夏價值體系中最重要之元素；忠信乃關公信仰之主體，儒家對信常德之推展和闡釋占幅甚多，《論語》對於信德有諸多要義內涵之論述衍伸（廖彩琴，2105），更是五常實踐之核心。

可知仁義禮智信，非但為古代儒家提出的五個道德範疇，於今仍可借此品牌價值賦予新的詮釋，調適時代需求與創新內涵，本文著墨於信常德之探討。按《說文解字》信者誠也，從人從言。就是人說的話，是「人異於禽畜者幾希」的一部份，本義為真實不虛、真心誠意、專一不移；相對而言即「不誠無物」，正如孟子所言「誠則是人，偽則是禽獸」，直指言而無信非人也。

（一）、孔子思想中的信德

信德在儒家思想佔有重要的比重，孔子和弟子論道的言語中數見不鮮，二十個篇幅、才約一萬兩千字之《論語》就出現十五次以上，犖犖大者如表一。

序	論述要句	出處	備註
1	吾日三省吾身，為人謀而不忠乎？與朋友交而不信乎？傳不習乎？	論語學而	曾子曰
2	弟子入則孝，出則弟，謹而信，汎愛眾而親仁。	論語學而	
3	君子不重則不威，學則不固，主忠信。	論語學而	
4	信近於義，言可復也，恭近於禮，遠恥辱也。	論語學而	
5	道千乘之國，敬事而信，節用而愛人，使民以時。	論語學而	
6	人而無信不知其可，大車無輗小車無軏，何以行之哉？	論語為政	
7	子曰足食、足兵、足信，民信之矣。若必去其一，曰去兵；再去一，曰去食，自古皆有死，民無信不立。	論語顏淵	子貢問政
8	言必信、行必果。	論語子路	
9	言忠信、行篤敬，雖蠻貊之邦行矣；言不忠信、行不篤敬，雖州里行乎哉？人而無信，不知其可也。	論語衛靈公	
10	君子義以為質，禮以行之，孫以出之，信以成之。	論語衛靈公	
11	狂而不直，侗而不愿，悾悾而不信，吾不知之矣。	論語泰伯	
12	十室之邑，必有忠信如丘者焉，不如丘之好學也。	論語公冶長	
13	老者安之，朋友信之，少者懷之。	論語公冶長	
14	恭、寬、信、敏、惠。恭則不侮、寬則得眾，信則仁任焉，敏則有功，惠則足以使人。	論語陽貨	
15	述而不作，信而好古，竊比於我老彭。	論語述而	

表一：儒家經典《論語》對信德要義之闡述（資料來源：筆者整理）

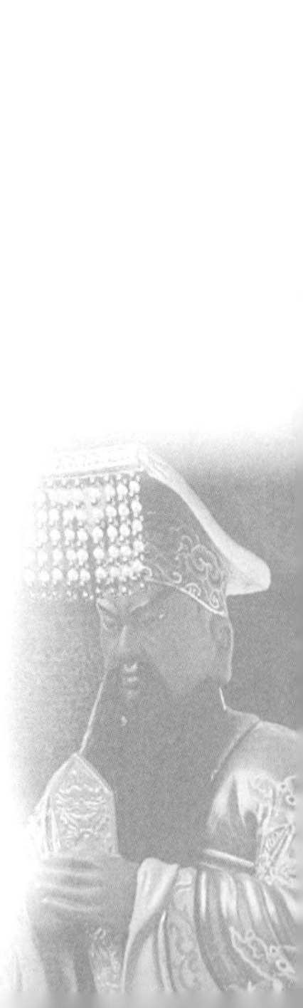

可見，孔子極為重視信之修養與實踐，認為信乃人行走在世的準繩，是人之所以為人之要件，為儒家後世大力奉行的美德。有關誠信的名言充塞於儒家典籍，成了文化教化之種子，亦是傳統華人安身立命的護身符。

（二）、傳統先哲的信常德論述列舉

除了儒家宗師孔子，中國傳統經典中，對誠信之道的論述數見不鮮，例如《呂氏春秋》即特別專章論《貴信》：凡人主必信，信而又信，誰人不親？以言非信則百事不滿也，故信之為功大矣。天行不信，不能成歲；地行不信，草木不大。君臣不信，則百姓誹謗，社稷不寧；處官不信，則少不畏長，貴賤相輕；賞罰不信，則民易犯法，不可使令；交友不信，則離散鬱怨，不能相親；百工不信，則器械苦偽，丹漆染色不貞。大要指出，人間百事幾乎是無信無以立，從天地草木之常道，到君臣百姓、為官賞罰之遵循，以至於交友、百工之運作，無一不可免。

古聖先賢對信常德之著墨可謂汗牛充棟，謹再摘略其部分重要佳句，臚列如表二一。

誠信經典名句	出自典籍	立說／編纂	朝代
無信人之言，人實不信。	詩經／政風／揚之水	佚明	西周
輕諾必寡信	道德經／六十三章	老子	春秋
信言不美，美言不信	道德經／八一章	老子	春秋
信，國之寶也，民之所庇也	左傳／僖公二五年	左丘明	春秋
棄信背鄰，患孰恤之。無信患作，失援必斃。	左傳／僖公十四年	左丘明	春秋
君子之言信而有規，故怨遠於其身；小人之言僭而無征，故怨咎及之。	左傳／昭公八年	左丘明	春秋
信者，言之瑞也，善之主也。	左傳／襄公九年	左丘明	春秋
賢者誠信以仁之	管子／勢	管仲	春秋
先王貴誠信。誠信者，天下之結也。	管子／樞言	管仲	春秋
志不強者智不達，言不信者行不果。	墨子／修身篇	墨子	春秋
政令信者強，政令不信者弱。	荀子／議兵	荀子	戰國
恥不信，不恥不見信。	荀子／非十二子	荀子	戰國
誠信生神，夸誕生惑。	荀子／不苟	荀子	戰國
古者禹湯本義務信而天下大治，桀紂棄義背信而天下大亂。故為人上者，必將慎禮義、務忠信然後可，此君人者之大本也。	荀子／強國	荀子	戰國
儒有不寶金石，而忠信以為寶。	禮記／儒行	戴聖 編	西漢
或問信，曰：不食其言。	法言／重黎	揚雄	西漢
人先信、而後求能。	淮南子／說林訓	劉安	西漢
人言為信	說文解字	許慎	東漢
信者，誠也，專一不移也。	白虎通義／性情	班固	東漢
勿持功能而失信。	出師表	諸葛亮	三國
推之以，誠則不言而信。	中說／周公	王通	南朝
信者，無偽而已。	河南程氏遺書	程顥程頤	北宋
夫信者，人之大寶也。 國保於民，民保於信。 非信無以使民，非民無以守國。	資治通鑒／卷二	司馬光	北宋
自古驅民在信誠，一言為重百金輕。	〈商鞅〉詩	王安石	北宋
誠則信矣，信則誠矣。	河南程氏遺書	程頤	北宋
信者言行相顧之謂； 信者言之有實也，人道惟在忠信。	朱子語類／卷二一	朱熹	南宋
生來一諾比黃金	推官二子…詩之一	顧炎武	明

表二：中國傳統先哲對信常德之提點舉要（資料來源：筆者整理）

誠信一家，宋儒程頤程謂「誠者信矣，信者誠矣」。「誠」主要是從天道而言，「信」主要是從人道而言，故孟子曰：誠者，天之道也；思誠者，人之道也。古哲先賢對誠的闡論、提點更多，與信之要義或重疊或類似，限於篇幅就不再予以列舉。

本文擬從華人傳統關公誠信精神與神格緣起，談論與信德相關之概念與實踐，兼論商人講信立業，再論及人生之謙卑信仰 (Faith)，並擴及於為人之誠信 (Integrity)、誠實 (Honesty)、正向信念 (Belief)、自信 (Confidence) 及信任 (Trust) 等利人利己之道德，末了回歸玄門真宗所提倡之「五常德」精神，落實於生活與實踐，以提升人生高度與生活品質。

貳、關公忠勇信義為古今商場守護神

關公在華人神明信仰中，身兼「武財神」之重要神職。行商求財，早期的財神有比干、范蠡、趙公明等，而明清之後，關公被列為武財神，這在中國信仰與神祇發展上殊屬特別。

一、武財神關公、誠信加護財

關公如何成為武財神？不論歷史上或文化印象上，關公都屬忠義英勇戰將，與財利之關聯性其實不深。關公之所以衍伸為武財神，李喬(1996)提及，古代航商由走江湖必須得到安全庇護，所以膜拜英勇的關公，然則此說僅止於「護財」。又相傳關公曾為商賈、擅長會計帳務（潘元石，1994)，被俘曹營時，曹操為了攏絡贈送甚多財銀，而關公均無使用，並且詳細記載曹操所有賞賜與贈與，離開時「封金卻印三辭操」（見《桃園明聖經》），全數歸還以杜人情，關公在帳冊上清楚標類「原」「收」「出」「存」，據說是「日清簿」、流水帳簿之由來。然而這也僅是長於記帳，尚難攖其財神高度。

商場上如何拓展商機、建立商譽以立於不敗之地，有賴商業道德與顧客之信任度，此才關鍵。是以，關公之誠信形象正足以補此之不足。傅含章(2018)指出，關公素來以「守信忠誠」的形象著稱於世，要在商界立足必須以誠信為本、以信義立業，而關公講求誠信的道德情操，正好符合商人之心理需求，關公成為一個商界信義倫理的投射符號，商人把誠信的商業倫理寄託在關公身上，此一說法更深層符合關公被尊奉為武財神之旨趣。

晉商在明清時期是一支崛起的商界勁旅，且最早崇奉關公者應是山西商賈，關公本籍山西，

晉商將關公視為精神偶像，對於家鄉英雄自然更樂於崇拜（梁小民，2007）。晉商深知，誠信不欺為經商長久不敗之基本因素，將商業信譽看得高於一切。經商活動屬於「陶朱事業」，須以「管鮑之風」為榜樣，只有講信用、重然諾，不欺不詐，人們才樂與安心交易（張正明，1996）。

上述得知，關公的忠勇信義精神，正符合晉商的需求，其兼有「護財」與「誠信」的雙重商場價值，由此擴展成華人膜拜之武財神。護財只能消極一時守住財貨資產，誠信方屬可大可久之積極商界靈魂。可以說，關公受尊奉為武財神之主因，即是誠信二字。

關公「武財神」的探討
歷史典故
演變進化
成為信仰
•關公善理財/日清簿/流水帳
•關公重信義/信義爲經商之本
商人拜關公祈求生意順利
•關公武力強/保護商途平安
守護財物
武財神

圖一：關公武財神之探討（資料來源：玉線玄門真宗）

二、誠信為商場之金質招牌

公務從政、為人處事，要遵循誠信，競爭激烈、瞬息萬變的商場，更要依誠信而行。著名徽商胡雪巖在杭州「胡慶余堂藥店」中，朝內對著內部員工掛有一塊親筆書寫之「戒欺」牌匾，在其跋文中訓示道：「凡百貿易均著不得欺字，藥業關係性命尤為萬不可欺，餘存心濟世誓不以劣品弋取厚利，惟願諸君心餘之心」（胡慶餘堂官網）。胡慶余堂藥店之所以能夠生意興隆、蜚聲於海內外，其秘訣就在於「戒欺」二字，亦即誠信。徽州商人吳南坡宣示：人寧貿詐，吾寧貿信，終不以五尺童子而飾價為欺。誠信在商場的價值，重要等同商業之靈魂，甚至一塊業界之金質招牌，自古已然，於今尤甚。

現代商場，買賣立約均期望對方信守合約，誠信乃商業活動之最佳競爭手段，是市場經濟之所本。反顧台灣大企業與其領導人，之能夠可大可久，亦莫不重視商場倫理，以誠信立業作為企業靈魂，據以發展出屹立不敗之泱泱企業國度。

（一）世界晶片龍頭台積電張忠謀之誠信正直

世界晶片龍頭、台灣企業形象第一之台積電創辦人張忠謀，認為擁有堅固之企業文化，即使

經營遇到挫折也不會倒下。「科技產業巨人」張忠謀流傳之十大經典語錄強調，企業要好及成功，須同時具備四大核心價值，即是「誠信正直（Integrity）、承諾（Commitment）、創新（Innovation）、及客戶信任關係（Customertrust），簡稱 ICIC。」而這四大核心價值就有三大屬於誠信範疇，堅守 ICIC 經營理念。張忠謀慨歎晚近企業誠信慢慢降低，而引發的連串商場失德與企業弊端，頗感痛心與憂心（商業週刊 765 期）。

台積電的《從業道德規範》首先揭櫫者為「誠信正直」，是台積電公司企業文化中之最核心價值，宣示秉持一貫的道德標準從事業務活動，並持續在日常的言行中，具體落實正直、誠實、公平、正確及透明之理念。

台積電公司守法守紀，反對貪污、不賄賂、不搞政商關係，堅持營運透明，重視公司治理，滿足客戶合理需求，並注重利害關係者之權益，希望以身作則，提升社會道德及商業水準；同時積極鼓勵各方面的創新，確保高度企業活力，並以優異的經營成果提供股東回饋，促進社會經濟發展。（台積電官網）

（二）台灣企業科技集團郭台銘之社會責任

台灣第一大企業、世界最大精密科技代工集團鴻海機構，創辦人郭台銘直言，資本市場常見樣態有三，賭博、投機、投資，而務實投資、正派經營才是真實企業。企業內往往「上行下效」，如果企業主沒有認知企業社會責任，再多法令也沒用，而企業主的最重要責任就是「誠信」。

企業界兼具狼性與良知郭台銘表示「不會把企業傳給家人，企業要永續經營是傳賢不傳子」，堅持「不賺輕鬆錢」，不投機不作假，鴻海多年來採取的是保守會計原則，每個事業群均自己獨立記帳，「連我改都無法更改」，對得起每個投資人和員工（鴻海集團官網）。

（三）石化王國台塑王永慶之廉潔誠信

台灣企業龍頭之一的台塑企業，數十年來為台灣企業之代名詞，陪伴台灣從農業走向工商業，創辦人王永慶被譽為臺灣的「經營之神」，他在「十條名句」中就強調「有競爭才有進步，市場經濟競爭不必做很多花招，做正派的，讓客戶選擇比較正派的，就有信任；做人「誠」最要緊，一個人不能獨自生存，自己要好、也要想讓對方好」。

台塑集團也明示公司《誠信經營與從業道德行為準則》，揭櫫公司為恪遵法令及謹守道德規範之企業，除遵循公司法、證券交易法、商業會計法等規章法令外，並秉持「勤勞樸實」企業文

化精神，以廉潔誠信、公平透明、自律負責之經營理念，制定落實各項道德規範政策，訂立「公司誠信經營守則」，謀求公司之永續發展（台塑公司官網）。

（四）物流一哥統一集團高清愿誠實勤道

兼具超商、食品、物流一哥的台灣統一企業集團，其已故創辦人高清愿為識見高遠之企業家，他指出企業只有專業而沒有誠信很難成功，在商場交易過程中，信譽創造之價值甚至是財產之數倍（商業週刊765期）。統一企業遵循之經營理念為----誠實勤道、創新求進、「三好一公道」（即品質好、信用好、服務好，及價格公道），據此，統一集團贏得在台灣七大企業中形象最佳，奠定企業發展永續之基石（吳萬益等，2000）。

統一前總裁林蒼生強調，統一超商抱持積極負責的態度：站在顧客的立場，不找藉口，讓客戶感受熱誠，和消費者建立長久的信任關係（統一企業官網）。故而台灣統一企業集團已然發展成橫誇兩岸之食品王國，已逾6000家門市之統一超商(7-11)，其「小七」暱稱，儼然成為台灣雜貨零售點之代號。

企業	創辦人／誠信經營理念	公司誠信宣示	揭示方式
台灣積體電路公司	張忠謀／企業成功須具備四大核心價值：誠信正直（Integrity）、承諾（Commitment）、創新（Innovation）、客戶信任（Customertrust），ICIC 四大核心價值首重誠信正直。	誠信正直：具體落實正直、誠實、公平、正確及透明的理念。	公司官網／《台積電企業社會責任執行準則》
鴻海科技集團	郭台銘／秉持「取之於社會，用之於社會」的信念，推動智慧生活、綠色生態與造福地球；「不做假帳、不做個人投資及不開法說會」三不原則，善盡社會責任。	履行社会職責並永續成長，須遵循最高標準之道德要求 -- 誠信經營，在商業交往中應秉承最高誠信標準，並採取零容忍之政策。	公司官網／《鴻海科技集團行為準則》之 SER
台灣塑膠公司	王永慶／競爭才有進步，市場經濟競爭不必做很多花招，讓客戶選擇比較正派的就有信任；做人「誠」最要緊，一個人不能獨自生存，自己要好也要想對方好。	秉持「勤勞樸實」企業文化精神，以廉潔誠信、公平透明、自律負責之經營理念，落實各項道德規範。	公司官網／《公司誠信經營守則》
統一企業公司	高清愿／企業只有專業而沒有誠信，很難成功，信譽創造的價值甚至是財產的好幾倍。	誠實勤道、創新求進、「三好一公道」，奠定企業發展永續的基石。	公司官網／公司經營理念

表三：台灣四大龍頭企業之誠信主張（資料來源：筆者整理）

綜觀台灣成功之大企業，從創辦人之經營理念到企業文化與實踐，莫不堅守誠信企業之根本精神，前台大校長孫震(2007)更進一步強調，企業誠信至少有三層作用：

(一)、企業必須公正誠信才能永續經營，有長久歷史、較具規模的企業更是如此。

(二)、企業對員工之忠誠、紀律、言行甚至衣著儀表有所要求，起潛移默化作用，乃學校教育以外最重要之教化機制。

(三)、企業是就業、所得與財富最重要之來源，也是社會資本主要組織，企業的作為對社會文化與發展起帶頭作用。

(四)、事業有成、位尊而多金成功企業家，其言行特別受社會關注，成為大眾嚮往仿效之標的。

學者 Granovetter 認為，社會中的個人有一致遵循的倫理規範，並發展出彼此的高度信任，自然使社會的經營成本較低廉；學者 Fukuyama 也有同樣的強調，企業員工因為遵循共通的倫理規範而發展出高度的信任，企業的經營成本就會降低，有利於社會順利進展、創新開發（張培新，2008)。至於實踐之法，宜由上開始，管理者誠信領導：樹立道德標準，從高層主管立下榜樣，鼓勵員工力行實踐。誠信是品牌的無形資本，是滋生品牌價值的肥沃土壤。龔道國（2014）更指出，誠信不只是一個倫理命題，更是一種商業準則，反映在經濟上就是信用決定價值；尤其是在網際網路思維模式下，誠信成為經濟健康的生命線，關乎品牌經濟的支撐發展。不論中西，誠信已幾乎是商場招牌。

參、誠與信的精義與實踐

誠信（Integrity）不但是商場招牌，更是為人處世之根本。惟，實踐予人幸福美好正向物事之承諾（promise），方稱之為誠信。誠如朱熹所主張，誠信為一種內在信仰與外在行為之统一，必須與信義相結合，堅守誠信之正當性（陳家偉，2020）。相對而言，若屬人我負向或危害之事物，縱然失信貫徹仍不能歸之，設如黑道人士拉幫結派為非作歹，雖守誓盟不渝，本質不可以誠信稱之。因此，誠信可視為堅持實踐價值信仰之自我承諾（commitment）。

一、誠信的精義與人際關係

許慎在《說文解字》云：「誠，信也」、「信，誠也」，《河南程氏遺書》說：「學者不可以不誠，

不誠無以為善，不誠無以為君子。修學不以誠，則學雜；為事不以誠，則事敗；自謀不以誠，則是欺其心而自弄其忠；與人不以誠，則是喪其德而增人之怨」。「誠」是儒家為人之道的中心思想，我們立身處世，當以誠信為本。宋代理學家朱熹認為「誠者，真實無妄之謂。」要求為人做事，必須做到真實可信，說真話，做實事，反對欺詐、虛偽。

仔細辨證，「誠」與「信」仍有若干差異，誠與誠實又不盡相同。「誠於中、形於外」《中庸》，誠是內在之真心關愛，信是外在善行之堅持與實踐。從現代心理學的角度，「誠」是站在人我立場，以對方為中心，甚至本著角色互換易地而處的體諒思維待人，其要義類近晚近人本心理學者羅吉斯(C.Rogers)等主張的「真誠」（Genuineness）、同理心（Empathic Understanding）(國家教育研究院，2021)。誠信的「誠」，望字生義，可稱之為成功之言，是使人、己悅懌歡喜受惠之言。過去師長父母教小孩應誠實，筆者分析，「誠」與「實」宜分開來看，嚴謹區分為「做人宜誠」、「處事宜實」，做人太實，若干情境下反而容易傷人。「逢人減壽、逢衣加價」，就是反映此一道理，人際互動中面臨的若干情境，甚至必須以「誠而不實」來因應。下文為筆者經歷之案例，差可說明為人誠而不實之必要：

八〇年代後期，著名歌手薛岳癌末告別演唱會，唱完＜如果還有明天＞，突然問台下聽眾：各位朋友，薛岳還有沒有明天？現場幾千聽眾瞬間愣住，不知如何回答，許久突然有位八旬老兵振臂高喊：絕對有明天！現場立即響起如雷掌聲，〈絕對有明天〉的叫聲不絕於耳，愣在台上的薛岳也感動流淚。兩月後，歌手撒手了！這段期間，推斷歌手充滿喜悅與安詳，因為有大量熱誠關懷的誠心伴隨加持。〈有明天！〉這句話，正是〈真誠而未必真實〉之典例，卻讓說者與聽者雙方都歡喜受益。

本文所研討者，也聚焦在信常德之實踐。目前台灣的問題正是誠信敗壞，筆者觀察時下識者之嘆：號稱民主選舉，卻淪為疵牙裂嘴互揭瘡疤，造謠矇拐潑糞甩鍋，所言所行我執偏狹前後矛盾，屢見處廟堂而壞綱常不啻德不配位，上行下效上下交相賊，邪說詭論充斥、跳樑小丑當道、魑魅魍魎橫行，國內外姑息逆流，豢養網軍顛倒是非，以致真理隱微不彰、價值解組倫常崩壞、欺師滅祖零落無根、麻木失志及時行樂，庶乎文革復辟亂象充斥，不知伊於胡底！

二、信之科學「一致性」定義與實踐

漢儒班固說「信者，誠也，專一不移也」《白虎通義／性情》。指出信之「專一不移」的特質。從社會科學嚴謹的角度定義信度，指事件結果的一致性（consistency），就代表穩定、可靠（謝金青，

2015)。由此衍伸，信是一個可靠、穩定的人格核心基礎。佛教的廣興法師(2016)指出，佛陀為深具自信、寬容的導師，佛陀能做到「言行一致」，佛陀稱為如來是因為「如來行如所說、言如所行，唯行如所言、言如所行，故名如來」。

可知，「一致性」已然是信常德公認之客觀特質。筆者歸納，就人品(character of person)而言，一致性除了言行之一致，還包含表裡之一致、前後之一致、人我之一致、上下之一致、價值之一致等諸多面向，下文略加闡述。

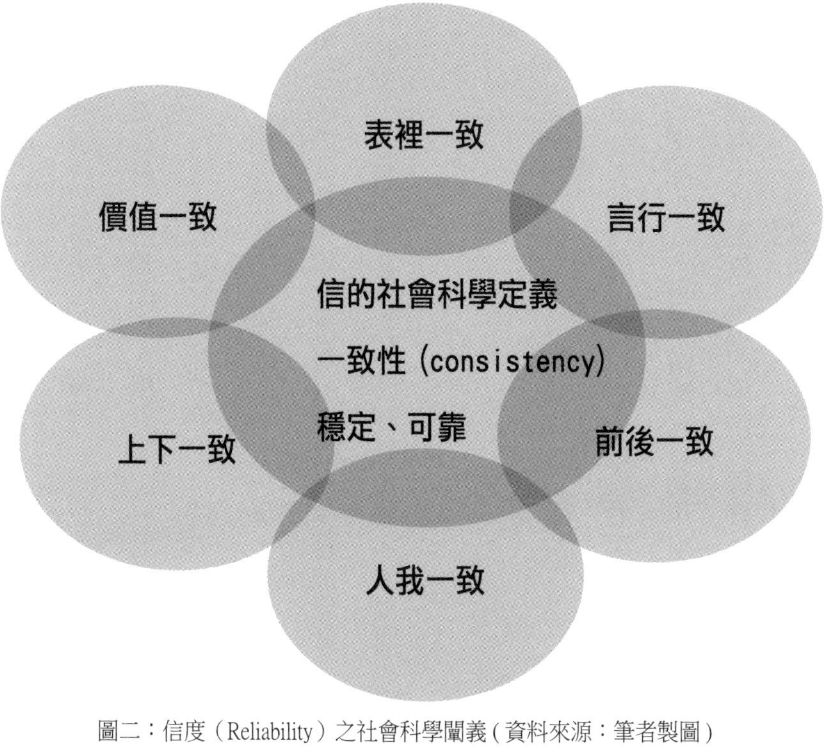

圖二：信度（Reliability）之社會科學闡義(資料來源：筆者製圖)

（一）、內外的一致

人前人後表裡一致，暗室不欺，能夠自我檢視自我要求，光風霽月，不假外力就能獨善其身的人格。特別是位高權重的領導主管，更應戒慎自持。《禮記．大學》說：「所謂誠其意者，毋自欺也。」宋代哲學家陸九淵也說：「慎獨即不自欺」。基層族群如學生、員工、百姓等，被管理監督之限制與機制較為嚴密，犯規違紀易遭發掘與懲處，多僅限於一人一事，其危害程度與範圍較輕；反而位高權重者，往往自恃無人監督或憑仗無人管控，每易流於濫權枉法恣意妄為，而其危害往往更加深遠且嚴重「人在公門好修行」，相對而言「人在公門好造孽」。故而，論及慎獨功夫，在位者更應戒之慎之。

（二）、言行的一致

言必信行必果，不輕然諾，言出必行言行合一，此乃誠信之核心；若流於說一套做一套之言行矛盾者，不啻「語言巨人、行動侏儒」，即是猥瑣小人。日常溝通語言動作須表裡一致，心理學家 Ekman 等人指出，表達不同情緒時會牽動臉部不同部位肌肉的運動，觀察臉部眼神、肌肉變化便能窺視內在真實情緒（陳皎眉，2013），因此，若語言與表情動作不一，對方從察言觀色即生

疑心，人必選擇相信非語言訊息，「相由心生」乃自然流露無法掩飾。

（三）、前後的一致

時間蹤的承先啟後，上對父母祖先追思感恩的情懷，下對子孫傳承的責任，乃至文化源流、民族認同等，皆需有淵遠恆常之一致使命感。個人以時空改變或個別利益而見異思遷，特別是為政者，前倨後恭，「雙標、髮夾彎」等，都屬失信失德之行為。今日資訊影音無所不在，為政者若前後牴觸、失信於民，又何能領導？六〇年代大陸文革，對文化進行瘋狂否定與破壞，雖終究銷聲匿跡，卻留下久遠之危害，殷鑑不遠，切莫重蹈覆轍。

（四）、人我的一致

對己對人、對小我與大我，都懷抱慈悲喜捨。儒家講仁愛，墨家講兼愛，道家講博愛，愛雖有程度之別，但本質都是愛己愛人、推己及人。儒家的五倫有親疏之別，墨家的兼愛非攻、主張世人相愛無爭，道家則更擴及民胞物與仁民愛物、眾生平等的廣浩範疇。今日講平等一致，必須落實到階級、族群、之職業、性別、年齡、貴賤貧富、地域城鄉等、都宜以利己利人之心積極對待，十二年國教教育改革，即以追求人我共好之素養為宗旨。

（五）、上下的一致

正如《法言修身》所言「上交不諂，下交不驕」，遇到顯貴之人不奉承巴結，遇到寒微之人不傲慢自大，對長幼尊卑、遠近親疏、貴賤貧富皆能一視同仁平等對待；為政公平正義、以民為本，從商童叟無欺，教師澤被平傭，甚至發揮積極性差別待遇 (positive discrimination) 之理念，濟弱扶傾，實現人間真平等之精義。

（六），價值的一致

心中秉持一把道德誠信之尺，以這把尺處事為人。老子曰道法自然，世間多變、常道則一，對古今恆常價值的堅守，明辨是非、堅守義利之辨的道德勇氣，做到「貧賤不移、富貴不淫、威武不屈」的正義氣節。固有倫常、益利之辨，雖隨時代不同而有調整作法，而其道理精髓則始終如一。

肆、以信仰而生利他之仁心

論及道德實踐，信仰是其動力。我國一向政、「教」分離，雖然歷史上曾因統治者個人喜惡而有幾次宗教事件，大體而言採取寬柔的態度，不強力迎拒，與世界其他文明相較起來，中國歷史上幾乎沒有宗教信仰鬥爭。

一、我國傳統缺乏宗教信仰教育

可能受孔子「不語怪力亂神」、「敬鬼神而遠之」之影響，以儒家為主流的中國傳統教育，對於宗教信仰(faith)多略而不提。清末以來新學制，更缺乏宗教教育政策與內涵。中共為無神論者，對心靈信仰幾無觸及；台灣雖有信仰自由，在破除迷信的口號下，學校對宗教信仰一向敬而遠之。民初以來，為了民主科學、破除迷信，把敬神當成愚夫愚婦行徑，學校教育自然也就忽略不提。

大陸50年代文革貽禍，毀孔孟搗佛道，破壞廟祠、教堂與墳墓，拔除人間信仰，倫理、祖先、因果業報觀念一時蕩然，文化價值解組。大陸歷經文革的一代，處於文化基因與運動邪說矛盾的認知失調（cognitive dissonance）中，心靈空乏，信仰虛無，缺乏理想及對固有文化的珍視。年輕一代是間接文革受害者，近乎無神主義，物質取向，心無所寄，只問現在、很少關照過去與將來，這是這一代中國人的缺憾。還好近幾年已稍有修正，略見復興之象。

其實，孔子更主張「祭神如神在」，又云「鬼神之為德，其盛矣乎！視之而弗見，聽之而弗聞，體物而不可遺。使天下之人齋明盛服，以承祭祀，洋洋乎如在其上，如在其左右，詩曰『神之格思，不可度思，矧可射思！』不可揜如此夫」《中庸第16章》。孔子闡釋，神靈巨大無邊，儘管視、聽不到卻是萬物主體，莊嚴祭祀能夠感應其充塞於四周上下之存在，他並引詩經所說，面對神靈切莫懷疑、輕慢，心誠則靈。可見，孔子雖然說過「不語怪力亂神」，卻並非「不信」怪力亂神。

留美電機博士、前台大校長李嗣涔(2008)有感而發指出，吾人從小就被教導破除迷信、獻身科學以救國，然則，為何西方先進國家之人民，大多禮拜日上午必須上教堂?他從包括「手指識字」等大量客觀實驗與數據中，認定除了物質的宇宙與四種力場(筆者按，指重力、電磁力、強核力、弱核力)之外，這個世界還有一種「信息場」存在，也就是俗稱的「靈界」，承認原來宗教不只信仰還有對深層真實世界的描述，文化中的敬天畏神、燒香拜佛尋求天人和諧皆確有根據。李嗣涔的驗證與結果有專書介紹，在此不再多述。

學校的宗教教育中、西差異頗大，歐美許多教會學校學生必須做彌薩，回教世界的國家學校

常有鮮明的宗教色彩，2000 年筆者到埃及觀摩教育，開羅大學的女生一律戴面紗，外國留學生也須戴頭巾；土耳其多數學校，每天一到五次的膜拜鐘響時刻，師生立刻放下書本朝麥加跪拜。

我國學校幾乎不碰宗教，無典型的宗教行為，連教會學校亦然。但宗教活動，在學生生活中確然真實存在。例如，一般佛道家庭孩子都曾被帶去收驚，也都跟長輩上廟燒香禮佛祈神，這些常民行為或民俗療法為學生的心靈安頓發揮相當作用，都跟宗教信仰有關。學校教育既然做生活的準備，沒理由視而不見。

新加坡 1983 年起對中學生實施宗教教育，將宗教課程分為六科：佛學、聖經知識、印度教知識、回教知識、錫克教知識和儒家思想，由學生任選一科，後來失敗，主因是某些宗教利用這些課程進行傳教，造成宗教間之緊張而告失敗，這是執行面之偏差。從西方國家及新加坡經驗，宗教教育納入學校課程應當已是常態，台灣可依國人信仰比例，採取宗教概論的方式來進行宗教教育與生命教育（錢得龍，2007）。

二、學校教育應納入心靈信仰課程

宗教教育不限於心靈層面，可從學校品德教育著手，在生活常規養成方面實踐。林進山 (2013)

指出，宗教教育皆以勸人為善、廣為佈施和淨化人心為基本教義，能啟迪學生良知良能。這種由內發出的感動、心靈交織、真誠交融，價值甚於外在的知識灌輸，由知識而內化成態度，由態度落實於行為，達到知情藝合一的學習。

杜威說「教育即生活」，斯賓塞說「教育是生活的準備」，都主張教育離不開「生活」。佛家說「生、老、病、死」，可謂我們接納生命的基本態度。生命如何面對？亙古以來宗教家、哲學家為此腸枯思槁，皓首窮經，始終莫衷一是。孩子更是對生命懵懂、對老病無知，或對死亡恐懼。儘管幼苗初長，將來不免面臨生死老病窮愁離苦等難關。父母老師早些讓孩子有這方面的認知，等於打了預防針，在人生道上有了免疫功能，此亦生命教育之重點。

傳統農業時代多數人吃穿匱乏，依然活得自在，何以現代人物質不缺卻飽嚐壓力？此是甚值探究之問題。我國傳統至少有三股力量對生命有安定作用，一是家族，二是宗教，三是土地。過去農村講究家族宗親，家族關係自成一個盤根錯節的體系，個人自出生起就被這個體系牢牢捉住，這個體系對個體提供慰藉與支持。有人認為中國人沒有宗教，其實宗教一直普植傳統社會數千年，只是柔性存在，像過年過節、時令祭祀、祁禳神鬼，各地廟宇遠比西洋教堂數量多（錢得龍，2007）。除了信仰天地諸神，還有祭祀祖先，昇平豐收謝神，運舛痼恙問神，百姓以廟宇、宗祠為

中心，形成情感與生命之共體，彼此取暖慰藉，舊時廟會上「你敲鑼我打鼓、你踩高蹺我跑旱船」，祭祖時「你點香我燒錢、你喝酒我划拳」，促進鄉里情感共融，得到心靈安頓，基本上亦是信仰之所寄。

然而依照前述，我國宗教屬性為柔性信仰，所以教育上也應循此柔性為之。宗教教育亦是生命教育之蹊徑，其論述學者每著眼於理念與原則層次，本文僅提出若干具體作法，途徑如下（錢得龍，2007）：

（一）、現身說法，邀請特殊傑出人士演講，分享個人奮鬥成功的例證，激發孩子知足進取樂觀奮發的動力。時下就有許多成功典型，像天生缺少雙手的孤兒口足畫家楊恩典，慘遭電殛四肢只剩一腳一眼的克難好漢謝坤山，出身貧病而突破命運的的乞丐兒子賴東進等，也可請特殊努力而傑出貢獻者。

（二）、機構參訪，許多富含生命體驗的情境，可以提供孩子思索人生的意義，發掘生命的價值。像醫院的急診室、照護病房、安寧病房等，養老院、療養院、孤兒院、特殊學校、特教養護機構、庇護工廠等。孩子從中不難發現自身的擁有與幸福，並激發惜福感恩的自覺。

（三）、宗教參與，社區廟宇、名剎古寺、教堂道院，甚至在不影響課業下適度參與宗教活動，讓孩子體會其中況味，像參加祈福佈道、廟會遶境、聖誕晚會，從中感受宗教氣氛、試探宗教興趣，

（四）、主題活動，即專案式的宗教教育，利用集會、綜合活動或彈性課程，設計宗教日（週），舉辦演講閱讀、藝文創作、機構參訪或宗教體驗等。慈濟、一貫道志工都有孝親短劇，許多教友媽媽會組訓溫馨聖誕劇場，如描繪瑪麗亞生耶穌的「破馬槽奇蹟」等。

（五）、閱讀寫作，閱讀以特殊傑出的傳記最好，兼及名人傳記，例如劉俠的《生之歌》、鄭豐喜的《汪洋中的一條船》、沈宗翰的《克難苦學記》等，其中不乏走出困頓危厄的奮鬥經歷，可作為奮發向上的借鑑，老師輔導心得發表，反芻並深化感覺。

三、透過信仰教育取得心靈平衡

躊躇志滿、恃才傲物每是人性的盲點，特別逢處順境之所謂「人生勝利組」，社會心理學在認知偏誤理論中提出「自利歸因之偏誤」(self-serving bias)，即行為結果為順境時，個人往往歸因於自我因素（陳皎眉，2013），比如認為好命是自己聰明努力而得，而流於沾沾自喜；反之，面臨逆

境挫折則歸諸他人或環境等外在因素，而流於怨天尤人。此種人心中沒有信仰，不管期遭逢順、逆之時，都可能或自負自高或忿懣不平而迷失本性、而自損福緣。

哲學家唐君毅 (2018) 論及真宗教的精神，是始終抱持謙卑態度，信仰神性之精神力量或超然的意志，方可去除人之罪惡與苦痛；只有轉出或接軌上一超越的精神力量，方能使人性逐漸提升，望見真正的偉大、無限、幸福與至善的境界。唐還指出「人真要識得人心、天心原來不二，人性中有神性，對之有崇敬皈依之宗教意識」。此處所講「超越的精神力量」，不是著重在神佛存在之論證，是要從遵循道德實踐中，覺察自知一己的無力。通俗來說，還是主張必須相信有天地宇宙之常理，在左右人運與天命。

茲再援例，八〇年代葉啟田有首勵志的台語歌歌「要拚才會贏」，說「三分天註定、七分靠打拼」，激勵年輕人努力奮鬥、無畏無懼追求美好的人生固然立意甚佳；但筆者觀察，依循前述理由，人生中歲之後，應該改為「三分靠打拚、七分天註定」，逆境者可免於自怨自艾、內心釋然，順利者可免於妄自尊大、得意忘形，即人生失意者接納安排，「人生勝利組」亦免自信「成功在我」，皆以謙卑的態度看待天地因緣。

（一）、樂天知命做智慧人

筆者以六旬之生命經驗感悟，命運並非全能決定於意志，多半已有定數，下文將再略作伸述。比如生在郭台銘家，出生下不經任何做為，已有數億以上財庫歸屬；若生在非洲中非共和國，呱呱落地就是滿頭蒼蠅，再怎麼夙夜匪懈，也頂多撿拾、採集蛇鳥蛋裹腹，禿鷹就在頭頂盤旋等待，能活過五十歲就算大幸，降生於此一原始蠻荒草原，命運大約已經決定。

觀諸人生途程，父母家人、出生背景、智商體能、子女良窳、夫妻伴侶、事業成敗、出入安全、身體康壽…，諸般並非個體所能自主。若干雖能自主，亦僅矇碰運氣，而其結果之福禍悲喜亦不免訴諸因緣，俗語曰各由其命，與佛教講因果、道教講業力雷同，其他宗教也有類似的說法，這就是天命觀。揆諸人生，相當比例之人事時地物主客觀條件，在受精卵生成那一剎那已經圈定，可能終其一生避不開此一藩籬。

從發展心理學來看，年輕時血氣方剛、恃才傲物自是當然；到了「五十而知天命」之年華，仍不承認天地有靈，仍一切成果歸諸我行，自詡人定勝天，似是違反身心發展的階段任務。易言之，年長而能樂天知命、敬天畏神，迴歸自然本心，亦即俗稱長智慧之人。

（二）、接納命運釋懷悅懌

如何解釋此一宿命？佛家所說的因緣果報很可解答。現代科普以理性、科學的口吻說命運只是機率，然則機率說很難安頓人心，機率說總叫人感覺不公平、不服氣。佛法始終貫穿着因果報應之規律，三世因果認為，人今生之命運由過去世所造的各種業因決定，但今生可以改變它。命由我作，福由己求，人只要及時行善積德，就可以改變命運（姚景賢，2012）。佛教經典大約也都圍繞此一概念，認為宇宙人生都離不開因緣果報，只有相信因緣果報，才能使人心生悅懌、釋懷接納。

楊國樞認為，業報觀能建立人生自我意義。人能有幸求取功名，當然人生況味無窮；但平凡人至少行善仍覺得人生有意義，這是業報的積極面；消極面有二，一是做善事雖無回報，仍覺得積陰德，所以內心悅懌；二是做壞事內心有衝突，想要改過救贖，所謂「放下屠刀立地成佛」（顧瑜君等，1990）。因為神力無邊，人若胡作非為，想到神佛就可能稍斂。業報觀念是宗教約制個人與社會和諧之核心，可見宗教教育亦是一種積極內化之道德教育。回教允許一夫多妻制度，也可窺知其業報觀。

筆者多年前印尼之行，見回教世界容許一夫四妻，感困惑女人們為何能夠接受？固然與戰亂致男性人口減少性別失衡有關，然亦可觀察到伊斯蘭教社會之女性地位稍次男性，穆斯林的女人面對這樣的大環境，其怨懟情緒並不顯著。原來穆斯林女人有其普遍念頭：前世沒能圓滿好才生為女人，這世只要安分努力就可以解脫。這樣子的轉念，衷心平衡，做女人於是可以甘之如飴。依據社會心理學平衡理論，認知態度與環境行為趨於一致，內在衝突得以消彌，個體即能回到身心平衡，這正是回教世界的宗教信仰的一種撫慰力量。

（三）、成功名利得自因緣四方

前文提及郭董，再提一因緣故事以資補充：

多年前，筆者受託為某個新住民基金會任募款志工講師，等同說客角色。座下有兼任亞洲鋼鐵產協理事長的豐興鋼鐵大董座、企業界、醫生、律師等社會成功人士。主辦友人某縣市黨部主委，筆者本謂自己聲望、權威上不足以挑此重任。友人硬說憑其直覺可以。沒有退卻拒絕的餘地，只好苦思說梗，於是筆者聯想到了鴻海科技創辦人郭台銘董事長。

詢現場人士：你的成功、你的錢財名位，都是你聰明、努力得來的嗎？沒人點頭也沒人搖頭，如此的反應研判代表「然也」之意。

筆者謂若是，那麼請以郭董為例，郭的成就應是毋庸置疑，郭當年考上中國海專，是所私立五專，筆者攻讀師專，推論功課不比他差；郭董一天努力工作逾十小時，筆者當老師、校長，早上六點多出門，傍晚幾乎六點才返家，下班假日仍須接電話跑公務，客觀推論學習能力既不比郭董差，努力質量諒也不差異太大，而郭一日所得就超過筆者一生，依附郭營生養活之人口達數十萬，依通俗觀點，郭造福之功德可謂筆者之千萬倍！

然而，陪郭董一同從無到有打下鴻海王國的枕邊夫人、至親胞弟，卻先後罹上重疾而去，再多重金、再多名醫也留不住寶貴生命。陰陽之差、天地之別，正是「生死有命」，命運豈是人力可以全然左右？

筆者拋題給諸成功人士平心省思：你是否真正位居最努力最聰明？人生路走來，身邊比你聰明、比你認真的肯定還有，這些人現在景況又如何？

最後筆者下了結論略謂：有的人可能跟在座一樣，順利加入人生勝利組；不過，有的人可能已經不幸亡故，有人可能失足而債務纏身，有人可能妻離子散，有人可能必須靠外傭照護了，也有人失志潦倒整天在村子土地廟口發呆喝酒。他們也聰明、他們也曾努力，但下場卻是如此不同！

而在座人士，卻擁有金權和名望，享有人間資源和尊貴，理性客觀探討，顯然已不能全然歸因於聰明和努力等因素。

（四）、福分得失有其常數

新冠疫情，也給了人世無常、人力難以天勝天之啟示。長榮二代菁英、身兼機師與航空專業的張國煒，挾著優異條件於 2018 年成立星宇航空，一年內就訂購空巴數十架、招募機師空姐員工數千、開闢航線數十條（維基百科）；本是一片看好榮景可期，詎料一場疫情風暴刮來頓落深淵，粗估年虧損數十億。常見，有人今年和去年投注相等的資源與努力，去年「大船入港」（台語：財利大發之意），今年卻「輸嘎褪褲」（台語：賠得精光之意）。投入的變因一樣，輸出的結果命運卻不同，甚至成敗兩極。這中介因素 (intermediary determinants) 無可解釋，只能歸因於佛教所說的因緣業力，成功者擁有較多之冥冥福報。

以常數恆定之觀點看，設若福分好運是固定額度，得自四方天地，某人囊括了正向福分，其他眾生等於分攤了其負向份額，就像彩券，眾多人「槓龜」（慘輸）才換來獨得頭彩，然則，這鉅額福分真的就應該歸某一人、其他眾人就活該全無？機率的偶然是否代表應該的必然？值得省思，

特別是贏者全拿者更應戒慎。據聞，追蹤多數得頭彩者之後況多屬不佳，稍可印證。

從佛家觀點解讀福分，可能是前世功德因緣的支票，今生兌現了；福分，也可能功德因緣雖猶未俱足，老天憐惜先開給之預付支票，而預支可是要補存的。已兌現之福分要再積累，福分用盡或透支不補，則可能福盡而禍相隨。

循此延伸，施捨便不再是給予，而是替自己補福分。利潤豐厚之獲益者不吝捐輸分潤，乃是有智慧之作為。回到前述之募款演講，經筆者此番陳述，座間人士頻頻點頭認可，那隱約「成功歸我」之表情已逐漸消失。

《周易》云：積善之家，必有餘慶；積不善之家，必有餘殃。道家《太上感應篇》云：「為善不昌，祖上有餘殃，殃盡必昌。為惡不報，祖上有餘德，德盡必報。」又云：「倫常乖舛，立見消亡；德不配位，必有災殃。」所指大約正是此理，居上位饗食祿者更不可不慎。

四、信心、自信，不可流於自傲

講信、講五常德關公的信仰，不能不探討有關神靈之論。人之意識感知來自五官意識，從客觀現象證實，人之所感有限、所能有限，時空現象遠超出吾人感官意識所能攝知，略解其奧，有助吾人謙卑自處敬天畏神。

對人守信、對己自信，乃常人之所應為。但自信若逾越，便流於自傲，反而陷入另種乖張偏執。西哲經驗主義 (empiricism) 一說，認為一切知識皆來自感覺 (sensation)，類此常見有人自詡眼見為憑、耳聽為證，抱持「以我為尊、以我為準」之態度，如此自信，在現代科普感官理解下，已然經不起考驗。人眼，只能吸收 400~700 之光譜、及紅橙黃綠藍靛紫七種可見光，其他還有太多光譜！例如紅外線、紫外線、α 射線、β 射線、X光等等，人眼無法感知；人耳只接收20到 20000 赫茲之小段落音頻，超出此一級距之音頻，人耳無法感知（國家教育研究院，2021）。即如《道德經》所述「大象無形、大音希聲」。自然界的光譜多到不可勝數，自然界的音頻更是小、大而至無窮無盡，人類之感官在動物界可謂低能者，例如狗可接收 60 至 45000 赫茲之音頻，若干動植物甚不需五官也能精密感知外在環境，太多動物能收到之光譜、音頻比諸人類廣何止十百倍。由於人體感官之限制，吾人所認知之外界現象，如同「管中窺豹、盲人摸象」囿於片面。

李嗣涔等 (2000) 也曾以科學實驗，反覆測量了數名 9 到 17 歲的青少年，他們用手指觸摸有文字或圖案的紙條，能在腦中靠「第三眼」辨識到這些文字或圖案，證實了「手指識字」的能力。

有少數體質特殊、或經過修練參悟的高人，能量高，能接收較大範圍的光譜、音頻或靈動，可以感知四維空間或靈界（神、鬼）的訊息，甚至雙向溝通。比如祖先回來，以不可見光或超音頻的型態出現，一般人的眼、耳渾然不知，家裡的小黃能卻會吠叫嗷號，你以為是無端亂叫？可能牠真看到或聽到了。

夜視紅外線（infraRed）攝影機，在我們肉眼看不到之黑暗處，仍能進行拍攝，也是類似的道理。至於充斥時空之各種磁場訊息，更是浩渺無邊。我們手機上之影音資訊，我們眼、耳雖不能直接感知，它卻無所不在且廣袤無窮。

唐人沈既濟所撰寫之《黃粱一夢》（汪辟疆，2016），其故事可比擬為四維空間之想像：

開元年間，有一盧生在旅店等黃粱飯時睡著了，睡夢中回到家中，幾個月後娶了清河崔女，妻子漂亮家庭富裕，不久又中了進士，被層層提拔做了節度使，立下戰功升為宰相，在位十餘年，五個兒子都做官取得功名，後又有添了十幾個孫子，成為天下一大家族，享盡榮華富貴，到了八十多歲時得了重病，眼看就要死了，一驚醒來，才知是一場美夢。其實，這也不過是黃粱煮熟的約一刻多鐘功夫，盧生已然經歷了六十年的歲月，還可歷歷細數「這一生」的種種，這漫長歲月是怎樣塞進這一刻鐘裡的？這不就是「四維時空」的概念嗎？所謂「天上一日、人間一年」，這故事也給了我們對於感官識覺侷限的啟示。

人腦在睡眠狀態中進入θ波頻率，作夢大約只1.5秒短暫時間，卻常感覺做了很長的夢境，這是因為在不同的α、β、θ及δ的腦波狀態中，人之時間感也不同，所以「天上一日、人間百年」之神話，可能是科學的（林蒼生，2015）。此即近四維空間之探討領域，即儘管科學之研究與發現，解出若干實證知識答案，但未能解釋者更多，在那些未知的領域，仍必須承認人之渺小和感知之侷限，承認宇宙造物主之龐大和無限，在無限與未知面前，人只有低頭前行（夏海寧，2018）。許多頂尖科學家相信，科學窮究到底，確是宇宙神靈之所在。吾人對於未能盡知的自然和宇宙，不得不心存敬畏。

五、投桃報李、敬天畏神

是以，人之五官、能力都有其偏誤與侷限，只相信自己之感官，而缺乏對天地之敬畏，表面科學其實是反科學。佛家講「眼、耳、鼻、舌、身、意」，這個意，可能就是五官之外之綜合意識，也可能是上層智慧或感悟。過於自恃流於我執，等於蒙昧了上層智慧。是以，從科學論證來講到

神靈或因緣，尚符思考的邏輯。

在拉回前述之「成功」人士，人之感知與努力固然不可或缺，而神靈老天（或主宰者）之力量亦是關鍵。社會學者韋政通曾指出，吾人期許資本家賺錢應回饋社會，也期待在台灣受栽培而留洋之成就者應回國貢獻國家、賺錢較豐之演藝人員應回報社會、知識份子應以專業能力奉獻國家，此些應該也就是一種「報」之概念(顧瑜君等，1990)。按社會心理學之交易平衡理論(陳皎眉，2013)，老天既能獨厚吾於人，吾人更當修身惕勵喜捨布施，真誠利他奉獻，以資投桃報李相應回報，亦屬至理。

因之，理解人身之有限、謙懷自持，悅納不能改變之順逆，方屬身心健全、正信通達、有德之人。

伍、實踐正信的自我、人際與和諧社會

一、正向信念、秉持積極之人生態度

信念為信常德可探討之蹊徑，儒家講智仁勇三達德，基督徒則以信望愛為三達德。《聖經》紀載保羅被聖靈感動說：如今常存的有信、有望、有愛，這三樣其中最大者為愛。而信望愛便是基督教之三達德，三者都包含了誠字，上帝之愛就是誠所歸依。筆者比較此處之信，與儒家所談之信 (integrity) 有所差異，儒家之信是對人對己之承諾，表現言行一致之人格道德；基督教義之信，指的是信念 (faith)，是一種光明正向之期待，大約與信心或晚近之「正向心理學」(positive psychology) 較相符應。

正向心理學是西元 2000 年之後心理學發展的新趨勢，強調的重點約略有三：第一是樂觀，學者 Peterson 認為樂觀有助於正向經驗的產生；第二是正向情緒，負向情緒容易致病，正向情緒能夠預防疾病及治病；第三是正向思維，學者 Frankl 主張正向思維可發現生命中的正向意義，有助於開展生命的正向經驗與獲取正向資源（常雅珍、毛國楠，2006）。希望扭轉過往太過關注消極面、負面情緒與負向思考、卻不能掌握並營造積極快樂人生的偏頗，開展樂觀正向的人格特質與人生

信念。

正向信念的養成，可促成自我提升，也可擴及對家人朋友等人際網絡的正向期待，而達成共榮共好。從人格心理學的「自我應驗預言」(self-fulfilling prophecy) 與比畢馬利恩效果 (Pygmalion effect) 作用中，透過給自己或他人的正向標籤而得到正向的應驗，實現於人於己之美好成真（國家教育研究院，2000)。正向信念可以從自我的激勵，也可以從他人的鼓舞得到增益。

二、信心、信任—對己對人的積極態度

自信是行動力與人際互動的動力，而信任則是人際互動的基礎。依照社會心理學生命地位 (life position) 理論來看，人會偏向四種心理地位 (psychology position) 其中之一，一是你好我不好；二是你不好我也不好；三是你不好我好；四是你好我也好（陳皎眉，2013)。依此心理發展理論，心理地位取決於童幼時期，父母、親人教養態度之情緒「固著」(fixing) 的影響而產生的人格型態。

第一種人小時被貶抑過度，覺得自己無能、他人才行，產生封閉退縮的自 卑人格；第二種人小時常被責罵懲罰，覺得自己不好他人也差勁，天下烏鴉一般黑，對己對人人都沒興趣；第三種也是受虐一型，覺得自我良好，只因他人出現而致其痛苦，產生己好人壞的憎恨感，轉為唯我獨尊，

寧可人負我不可我負人的自狂心態，屬於損人不利己甚至侵略犯罪型的人格。第四種是從小常被到關愛鼓舞，自尊感高且能欣賞他人，積極生活又樂於與人互動的健全人格。童幼身心可塑時期，父母的教養態度至為關鍵，多給孩子正向關愛與鼓勵，才能孕育孩子愛人愛己、自信進取之健康人格。

自信、自尊心源於自我概念(self concept)，依照心理學研究，認為自我概念來源為自我覺察、他人反映、社會比較及文化教化。其中他人反映乃指「重要他人」(significant others)，父母、師長等方能屬之(Devito，2003)。父母師長給孩子的反饋材料，孩子塑型自我概念的重要成分，而自我覺察、社會比較也多涵蓋父母、師長，直接、間接給孩子的反饋內容。

父母、師長的鼓勵讚賞與正向言語，增長孩子之自尊感與自信心；反之父母、師長的挑剔、貶抑則削弱孩子之自尊與自信，增加挫折感，極易固著而轉化為悲觀人格，變得自卑與退縮，不利於日後生涯發展與人際關係。

由是觀之，嬰幼兒期之早期生命經驗，乃日後人格萌發之種籽，可以決定個體將來之生命心理位置，而其關鍵在於父母、師長等重要他人之教養態度，父母、師長如同一面鏡子，其投射映照等同貼附標籤，決定孩子此生是自信或退縮之命運，實在必須謹慎為之。

建立正向標籤與自信心兩層面，為父母、師長必須之管教態度與作為：

（一）、營造正向標籤之氛圍，導引正向成長：

1、凡事儘量朝好處想，建立積極正面之思維與期待，相信子女、學生會變好，為孩子做正向前導。

2、多用肯定讚美、鼓舞激勵之言詞，少用否定責罵、洩憤、貶抑式之激越語言，切忌傷害彼此、撕裂感情。

3、幫助澄清知曉如何做，從消極剝奪其行為、轉化為積極疏導朝其可遵循發展之行為。

（二）、建立孩子自信心，參酌謝水乾（2005）建議父母作法如下：

1、品嘗成功之滋味。父母可提供簡單事務給孩子做，一有成就即褒獎讚美，成功經驗有助於自信心之建立，特別是欠缺自信的孩子。

2、過程重於結果。生活、求學過程中學到做人做事的方法，比賽競爭中培養運動家精神與團隊合作態度，建立完成任務之信心更重要。

3、以鼓勵代替責備，勝固欣然、敗亦可喜，失敗時更需要父母之安慰與鼓勵，才能重拾信心，無謂責備只會降低自信。

4、給孩子合理之期望。望子成龍是常情，但太高指徒增壓力與挫折，太低又降低報負水準、徒負潛能，應依其能力、興趣、性向等做合理期望。

5、鼓勵孩子勇於嘗試。鼓勵從嘗試錯誤中汲取經驗，學習靈活思考與獨立判斷能力，以適應數位化、AI時代之急遽變遷。

6、培養挫折容忍力。一帆風順者恐失人生免疫力，培養挫折容忍力，能激發愈挫愈勇之信心與韌性。

7、回憶以往之成就。遇挫折而傷心失望之際，可引導回憶過往成就，找回自我價值感，有助於重建自信再出發。

8、父母之帶頭示範。積極樂觀之父母，提供榜樣示範之潛在環境，孩子會無形中模仿，若父母只是將希望投射到子女，不易造就積極自信之下一代。

三、生命意義之省思與實踐

本文前述從關公精神之誠信本義，擴及信常德之相關概念，下文擬再略述其教育深化與實踐之人生哲學。孔子把信德列為學生教育核心，把「文行忠信」稱為「四教」，列為四大科目，把「恭寬信敏惠」列為五大仁德，強調「言而有信」、「信則人任焉」。以誠待人、以信取人、一諾千金、誠實守信等傳統美德，成為中華民族幾千年來為人處事、安身立命的道德標準，也是商業往來之金字招牌，過去如此，今更值得以新理念與新落實實踐，人類文明才得以進一步順暢與精進。

然則，信念和實踐之間存有太多文化、體制及人性之落差，學校教育和實務倫理存有巨大之矛盾。實務上的各種荒腔走板現象，往往不是學校沒教，

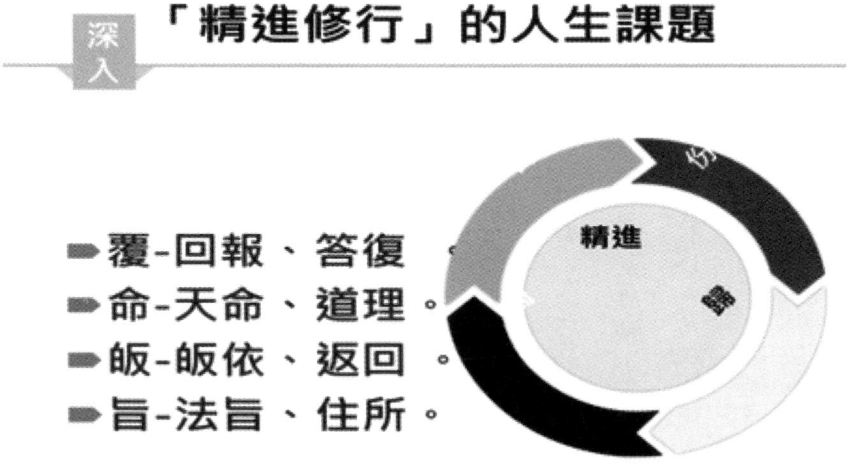

圖三：精進修行的人生課題（資料來源：玉線玄門真宗）

而是個人進入實務工作後，在人性、慾望下所「產生」出來的理論外之產物（吳忻穎，2021）。目前亂象之根源確乎如此，例如警察學校教學生不可為績效而濫權，傳播系教學生不可為利潤而誤導輿論，法律系教學生不可為升官作秀而執法不公，醫學系必然也教學生要視病猶親、懸壺救人。這些畢業生進入社會現場，太多是丟棄承諾（commitment），罔顧倫理、忘記初衷，此亦正是玄門真宗教派推展五常信德之急切緣由。

欲能知能行、守住承諾，宜落實信常德之實踐，建立精進修行之人生，進一步完成覆命歸旨，以臻生命圓滿，從二大層面略述如下：

一、體認生命昇華、同體大悲，回饋社會、服務人群

（一）孟子曰「天將降大任於斯人也，必先苦其心志，勞其筋骨，餓其體膚，空乏其身，所以動心忍性，增益其所不能」，司馬遷在《報任少卿書》中說「古者富貴而名摩滅，不可勝記，唯倜儻非常之人稱焉。蓋西伯拘而演周易；仲尼厄而作春秋；屈原放逐，乃賦離騷；左丘失明，厥有國語；孫子臏腳，兵法修列；不韋遷蜀，世傳呂覽；韓非囚秦，說難、孤憤。詩三百篇，大抵聖賢發憤之所為作也」。而司馬遷自己，更是受盡悽慘宮刑之痛苦羞辱，

幾經自殺絕望中反彈躍起，寫出《史記》而為曠世史學大家。諸如此類不可勝數，幾乎是脫繭而出之定律，人生之悲苦折磨，或可是上天之恩澤。人在艱難中能堅守心靈之高貴，磨難必能化做靈魂昇華之階梯。

（二）從佛教觀點，諸佛菩薩將眾生看作和自己為一體，視他人之痛苦為己身之痛苦，而生起拔苦與樂、平等絕對之悲心，菩薩觀察十法界的一切眾生，都一樣對其起大悲心，此即「同體大悲」情懷。與《禮運大同篇》「幼吾幼以及人之幼、老吾老以及人之老」、張載言「人但物中之一物」、「民吾同胞、物吾與也」、范仲淹言「先天下之憂而憂、後天下之樂而樂」之胸懷近似，甚至擴及於宇宙萬物都應平等相待、真誠護惜。關聖帝君《桃園明聖經》也明示「一切化生皆活命，何苦張弓捕網尋；草木花果休折採，嚴冬零落發陽春；萬物悉含天地化，依時生長與人靈；爾能遵守惜萬物，福有攸歸禍不侵」。世間萬物都在天地化育之中，藉天地之靈依時而生長，其生長毀敗之數，只有天地有此權力，人能愛物亦即能愛身（黃國彰，2014）。即在說明天地萬物與人共存共榮，與當今世界面臨生態環保、反核減碳救地球等國際議題，不謀而合。人人也當從己身做起，落實愛物惜福、簡單儉樸之環保生活。

（三）孫中山說「人生以服務為目的；聰明才智越大者，當服千萬人之務，造千萬人之福；聰明才智略小者，當服百十人之務，造百十人之福；至於全無能力者，當服一人之務，造一人之福。至於全無聰明才力者，也應盡一己之力，以服一人之務，造一人之福」。人類平等之精義，即是要發揮人性中互助、合作、服務、犧牲之道德力量，以補人類天生不平等之缺陷，使智者、強者、富者、去扶助愚者、弱者、貧者，所謂「巧者拙之奴」是也。聰明才智之士，能利己修身兼以利人淑世，邁向幸福共榮的社會，便是大同世界。

（四）墨子提出「兼愛」，就是「利他主義」，「兼相愛則交相利」，彼此相愛，彼此都會蒙受其利，正是所謂雙贏。孟子把楊朱和墨子的理念做比較：「楊子取為我，拔一毛而利天下不為也。墨子兼愛，摩頂放踵利天下為之。」《盡心》篇言「窮則獨善其身，達則兼善天下」，「窮」即是在沒有機會和權力之困境，「達」即是在擁有機會和權力之順境。不得志時修身韜光養晦；得志時照顧天下社稷，利己與利他雙重理念，可隨環境時勢來因應，均有可為。

二、完成覆命歸旨：修煉個人心志，照亮天賦真命，遂行圓滿人生

（一）覆－回報、答復

老子云「夫物芸芸，各歸其根，歸根曰靜，靜曰復命。覆命曰常，不知常，妄作凶」《道德經復命章第十六》。蓋萬事萬物不悖自然法則，復命就是復歸本性常道，返回本來面目。宇宙萬物均由無而有，由有復歸於無，至道不離庸常之行，道不須外求、毋須深山仙境，就在日常生活中，若違反人性之常而外求，無異緣木求魚，人生難得圓滿。六祖慧能說「佛法在世間，不離世間覺」，馬祖道一說「平常心是道」，太虛大師說：「人成即佛成，是名真現實」，都謂「生活即修行」。星雲大師力倡「人間佛教」，提出「入世重於出世、生活重於生死、利他重於自利、普濟重於獨修」，要有「入世的精神、出世的思想」（星雲，2016）；玄門真宗玄興教尊也常提點，五常德的修行就是日常生活方式的實踐，理同；亦即遵循天地自然之理，走人倫常道，可以終身平安美好。

（二）命－天命、道理

俗語「盡人事、聽天命」、「天命不可違」，大抵道出天命的意旨，指上天之意志，也指上天主宰之下人之命運。儒家主張天人合一，帝王遵奉「天命」順天應人，凡人則盡其在我樂天知

命，道出天命乃源自上天知之命運與使命。與本文前述歌詞「七分靠拚命、三分天註定」有異曲同工之義。孔子說「五十而知天命」《論語為政》，荀子說「從天而頌之，孰與制天命而用之」《荀子天論》，概指天命是天地萬物自然的法則；「先王有服，恪謹天命」《書經盤庚上》，「我兄說萬事都是盡人事，聽天命，自有個一定」《兒女英雄傳》，概指天命是天神所主宰的命運。「天命之謂性，率性之謂道，修道之謂教」《禮記中庸》，概指天命乃天所賦予人的稟賦與本性。「遜於不虞，以保天命。」《漢書》則指的是壽命。

傅佩榮 (2006) 指出「知天命」就是了悟自己之使命，使命源自於天，人應該完成三事：一是從事政教活動使天下回歸正道，二是努力擇善固執使自己走向至善，三是了解命運無奈只能盡力而為。道出有權者應起帶頭起教化作用，有能者應堅持行善服務人群，命運不濟者也應懷抱希望接納自持。《中庸》講「大德者必受命」，即既授天命就當替天行道、澤被萬民，否則，恐將落於道家《太上感應》篇所述「德不配位、必有災殃」之後果。

（三）皈－皈依、返回

本指佛弟子投靠三寶，回到佛法僧之帶領。即如世間，小孩子需依父母生命才得養育；老人

需依枴杖走路才能安穩；航海需依羅針船舶才能平安返航；黑夜需依明燈行路才能看清方向。

因之，有導師指引，生命不會迷失，生命才有正確之方向。吾人亦可歡喜自在、無拘無束，搭乘五常導師關聖帝君救贖誓願之渡世寶桴，從日常生活衣食住行育樂、柴米油鹽之中，奉行踐履精進修行，鍛練身心、提升秉性，開啟生命能量、航向生命高峰，誕登光明道岸。

（四）旨－法旨、住所

旨有二義：一是要義，二是帝王之令，此二者可互為體用。五常德乃潛藏於生命本體中之密契，幾千年來古哲聖賢以神聖倫常，指引內在心性行為綱常，並蘊藏著外在生活之圓融法要，乃生命中最為根本之生活指導（玄門真宗，2020），此乃要義。

而後者，為實踐五常德，實現精勤之人生理想；發願解脫離苦，持志磨練身體、內修心性、點燃服務願心、利益眾生；承擔給人歡喜、給人希望、給人方便之利他服務職責；達到天命上精進高昇、本命上了業積德、祖命上追懷報恩，以臻五常導師懸示之今生三大使命，完成關聖帝君淑世濟人之宏旨。

三、結語

《關聖帝君明聖真經》言「心者，萬事之根本；儒家五常、道釋三寶，皆從心上生來」，欲臻生活順遂美滿，有賴一顆心，即愛、亦即是誠，並在衣食住行、生活起居中，點滴實踐。墨子說「世亂何自起？起自不相愛」，「兼相愛則交相利」，並苦口婆心高喊「兼愛、非攻」，真能愛人，何能輕然動氣衝突？俗語「情人眼中出西施」，類推之，誠心愛人，必如情人但見美好而包容缺點。以愛出發，以誠待人接物，縱令一時遭受誤解挫折，終必雲過天青，而圓滿祥和。「愛人者，人恆愛之」，即說愛乃人際良矽，愛為不滅能量，愛能傳布擴散反射照映，愛終必反饋諸己。

參考文獻

丁孝明（2011）。論關帝信仰成因及其文化意涵。正修科大通識教育中心：《關帝信仰國際學術研討會論文集》。

李喬(1996)。中國行業神崇拜。臺北市：雲龍出版社。

吳萬益、蔡明田、汪昭芬及王世偉(2000)。國內主要集團企業領導風格、企業文化及組運作特色之研究。《商管科技季刊》，第1卷第1期，39-65頁。

吳忻穎(2021)。扭曲的正義。台北市：聯經出版社。

李嗣涔、鄭美玲(2008)。科學家探尋神秘信息場。台北市：張老師文化。

李嗣涔、陳建德和唐大崙(2000)。由手指識字實驗辨識特殊關鍵字所觀察到的異象。《佛與科學》，第1卷第1期，8-17頁。

林進山(2013)。學校實施宗教教育的觀點與策略之探究。《臺灣教育評論月刊》，第2卷9期，83-88頁。

汪辟疆(2016)。唐人小說上卷《枕中記》。北京：聯合出版公司。

林蒼生(2015)。量子時代的現代思維。成功大學西格瑪社/文選。https：//sites.google.com/site/xigemashe/，2015/09/04。

林金郎(2007)。http：//blog.udn.com/frankbud/1496158

馬書田(2001)。中國道教諸神。台北市：國家出版社。

姚景賢(2012)。佛教因果報應論與命運。《赤峰學院學報》，第33卷第8期。

星雲（2016）。人間佛教—佛陀本懷。高雄市：佛光文化出版社。

梁小民(2007)。小民話晉商。北京：北京大學出版社。

孫震(2007)。為社會守護誠信。台北市：經濟日報，2007/11/27。

唐君毅(2018)。人文精神之重建。台北市：台灣學生書局。

夏海寧(2018)。人類行為密碼。https：//kknews.cc/news/qnxqgag.html/20180522。

張正明(1996)。晉商興衰史。山西太原：山西古籍出版社。

張培新 (2008)。企業倫理之探討—以台積電為例。中華大學管理學院：《中華管理學報》，第9卷第4期，1－26頁。

陳皎眉 (2013)。人際關係與人際溝通。台北市：雙葉書廊。

陳家偉 (2020)。談誠信。https：//www.master-insight.com.

常雅珍、毛國楠 (2006)。以正向心理學建構情意教育之之行動研究。《師大學報》，第52期，121~146。

黃國彰主編 (2014)。桃園明聖經白話淺釋與真義妙解。台北市：財團法人中華桃園明聖經推廣學會。

傅含章 (2018)。論商人的關公信仰。《東海大學圖書館館刊》，第7期，1－20頁。

傅佩榮 (1998)。宗教與人心安頓。臺北：洪建全教育文化基金會。

廖彩琴 (2015)。論語美學思想研究。台中市：東海大學哲學研究所碩士論文。

鄭土有 (1994)。關公信仰。台北市：學苑出版社。

潘元石 (1994)。文衡聖帝—關公圖像造型介紹。《台灣美術季刊》，第 24 期，34 - 41 頁。

錢得龍 (2007)。學校的宗教教育與生命教育。《師友月刊》，第 475 期，49 - 53 頁。

謝金青 (2015)。論文寫作 100 問。台北市：黃金學堂。

謝水乾 (2005)。溝通是最好的管教。台北市：新潮社文化事業。

顧君瑜等 (1990)。中國人的世間遊戲—人情與世故。台北市：張老師出版社。

龔道國（2014）。解讀「信」。《湖南日報》，2014/11/19。https：//read01.com/nL04an.html

DeVito,J.A.(2013)The Interpersonal Communication Book. NewYork：Pearson Educadion.

玄門真宗官網 http：//blog.chms.org.tw/2011/06/blog-post_24.html

台積電公司官網 https：//csr.tsmc.com/download/csr/csr_policy_c.pdf2021/3/22

台塑公司官網 http：//csr.fpc.com.tw/FPCCSR/coporate_governance/philosophy2021/4/9

統一企業官網 https：//www.uni-president.com.tw/01aboutus/aboutus02.asp2021/4/9

維基百科 https：//zh.wikipedia.org/wiki 星宇航空

鴻海科技集團官網 https：//www.honhai.com/zh-tw/products-and-services

胡慶餘堂官網 http：//www.hqyt.com/about.html

國家教育研究院。《教育大辭書》https：//terms.naer.edu.tw/detail/1310609/2021/12/12

作者自述

一介國教小兵，不渝不悔

我父親是踩腳踏車兜售豬油的底層老兵，村子人背後叫他外省仔、死豬仔或老芋仔。老芋仔父親從小要我要「光耀門楣」，要我要嘛念軍校，要嘛唸師範，在他的世界理，當兵或當老師就是很有出息了，主要是唸這兩種學校不但公費，聽說還有零用錢可拿，這對於我們是首要的誘因。國中畢業，遵父命報考中正預校，到空軍醫院體檢第二關就被刷了，原因是有近視；父親說他私塾唸沒兩年，要我「不當兵就當老師爭口氣」，還好僥倖進了師專，算是不違父命。從此，這輩子踏入國民教育，對於這份志業，至今不渝不悔。

記得師專校歌，勉勵師範學子要「做中學、做中教，百煉成鋼；學不厭、教不倦，以進以康」，從十六歲進師專，浸淫在基礎國教的天地，從實習、級任到學校行政工作，倏乎迄今已逾四十年。套句國父語「余致力國民教育凡四十年」，無日不為國小教育這個園地，播種、耕耘，而收穫多少我不確知，我只敢說我已盡力而為。只知，如今愈發覺得，老芋仔父親真是對了，我熱愛國教工作，也以在國教現場工作而自尊滿足。

這期間，經歷教育的變革、變動、動盪，甚至可說是教育動亂，但我自詡始終如一、不為所

動。因為深信，真正的價值是永恆的，堅守真正的價值是至高無上的義務。意識形態的鐘擺、政治的擾攘、政客的競逐，雖然一波波席捲，也必將一次次掩息，儘管也能鼓動風潮，但必終成泡沫。歷史的的長河、文化的基因，都將因為浪濤的焠鍊，而更加晶瑩、更加剔透。

雖然只是一介國教小兵，也毋須必妄自菲薄。「一言興邦」的古訓，豈是士大夫的專利？普魯士處拿破崙的鐵蹄壓境之下，幾臨亡國命運，幸有菲希特（J. F. Fichte）抱持書生救國的赤忱，慷慨陳詞，發表「告德意志國民書」，讓普魯士驅除外侮，並重建民族自信與國家價值。自古，老師是價值的傳承者，士人是價值的捍衛者，敢問，我們的士人在哪？我們的老師在哪？卑微如我，不敢以此自況，卻又多麼希望，有位一如菲希特般睿智與勇氣的老師士人。

不知是否為老芋仔父親「爭口氣」？但真真感念他引導我進入國教的志業！

人到花甲，總能感受些機緣妙遇、妙不可言。近十年來關聖帝君神緣似在幽冥之處指引加持，使我有信心、踏向前，在此不便多述。邇近關帝聖緣，是老朋友芊妘校長，她多年奉獻恩主公玄門真宗聖地，引我上道場參聖，歡喜參加宗門的座談學習。此番探討教義五常德，蒙主持人政逸教授分配信德與談，正是最具實踐的核心綱目，不揣愚陋分享學思小得，淺薄發抒但祈能起共鳴作用。

附錄一

綜合報告——後疫情時代的新生活方式與契機

「仁」的實踐策略——追求法喜的身體健康

報告人：太平國小校長 湯正茂

親愛的教尊、魏教授、還有我的母校錢校長，以及在座各位教育先進前輩們大家午安：

非常感恩，到了這個年紀還能夠這麼幸福真的是不容易。相信各位也一定和我一樣，能坐在這裡參與論壇感到很幸福對吧！能有如此好的機緣，要感謝錢校長暑假中的邀約，加上陳芊妘校長熱情的聯繫，才能有今天殊勝因緣和各位共聚一堂，共同來探討五常德的實踐，才能有身心靈滿滿的收穫。

能代表本組上台分享，感到很開心。我要報告的主題是追求法喜的身體健康。法喜來自哪裡？各位知道「仁」就是兩個人，也就是說你跟自己之外的另外他人，兩個人以上的人際互動，幾乎就包含了所有關係的建立。

我們這組的討論，安排得太巧妙了，我的師父錢校長開玩笑說，麥克風不能交給退休的校長，

因為他們人生的閱歷太豐富了，拿起麥克風一定會欲罷不能，真的，我們這組討論非常非常熱烈，所以是五組中最慢從分組教室回到主會場的。

大家的發言淋漓盡致，可以想見每個人生活都非常的精彩，我們的一生當作吾十有五而至于學，三十而立，四十而不惑，五十而知天命。還有一句話說，一生中年輕的時候比學歷，中年比經歷，到了老年就比聽力了。這不就是告訴我們隨著年紀增長，五臟六腑會衰退，人也會慢慢老化嗎?幸運的是本組很多的校長前輩，不只擁有學歷，經歷也非常豐富，是真實人生的寫照，重要的是他們現在都沒有太多的病例，每個人身心都很健康，即便退休的校長，生活也都過得充實自在，個個都能自得其樂的，真是讓我們晚輩非常非常的羨慕。而我們這一組談的是「仁」，其實不外乎就是談健康。

水往低處流，人往高處爬，每個人都希望半百人生後，能功名成就，當了老師想當組長，當了組長想當主任，當了主任想要報考校長。個人比較另類，全然因著我的師父校長鼓勵才走上行政路線，算是一個很乖很聽話的師專生，凡事也都親力親為使命必達。

擔任主任就要有主任該有的作為，不瞞各位我工作可是非常努力的，原本有很好的運動習慣，但是工作一忙發現只剩下右手這個滑鼠在運動。四年主任生涯中，也為學校創造了很好的績效，完成校務評鑑，獲得品德教育獎，成為生命教育特色學校…。

孰料，利用暑假協同家人到山明水秀的貴州旅遊，一到貴州第二天就住院了，本以為是水土不合，哪知道第二天背部撕裂的痛，回到台灣後直奔醫院檢查，才發現全身都是病，當下我頓然覺知，沒有健康的身體，哪怕擁有再多，都是無福消受的。就像我們李永烈校長今天上午一開始提到的，所有的東西都是很多很多的零，而健康是一，沒有一健康全部都變成零，所以從那一刻開始，我就下定決心一定要以健康為重。我是一個很愛運動的人，會打籃球、還會跳遠……。我心想對啊！運動對我來說是一件很稀鬆平常的事，可是為什麼埋入工作後就忘到九霄雲外去了呢？我拒絕醫師排定的開刀，決定靠運動來找回健康，所以這十年來就真的養成了運動的好習慣。運動真的有很多的好處呢！比如說，我準備考校長的時候，就邊跑步邊準備，我把要讀的書，放在我的隨身聽裡面，真是一舉兩得。

考取校長後，初任遴聘到太平國小這所百年老店，拜訪地方仕紳時，總常聽到他們交頭接耳地說，怎麼是囝仔校長來呢？第二年再去拜訪，他們就說校長怎麼這麼年輕，現在都已經服務滿四年再連任了，他們就說，不是年輕而已喔！還很英俊呢。可見運動不但讓我找到健康，更讓我換回活力、生命力。

至於我是如何維持運動的好習慣？通常我都利用老師們下班之後，習慣性巡視校園的當下，就在空蕩蕩的走廊上跑起步來，也就是說，把握住每一個可以讓自己動的機會。

今天大家提的就是要運動，當然追求法喜的身體健康，除了養成運動的好習慣外，還要有很多的配套措施，如：規律作息、正常飲食、遵守時序、保有一顆愉悅正向的心…等。就讓我們一起努力，把追求法喜的身體健康，當成生活中的重要部分，暫且放下手邊工作去運動吧！今天我的分享就到此結束，謝謝大家。

「義」的實踐策略——創造通達的人際關係

報告人：螺陽國小前校長 張臺隆

教尊、專案負責人林政逸教授、中教大的師長們及在座各位校長夥伴大家好：

我們這組在江教授帶領下，針對三個子議題進行討論，僅分述如下：

人際關係的好壞，直接影響溝通互動的成效，好的人際關係有助於日常生活及工作職務的推展。有一位校長分享他擔任校長時，分發的學校有很多他的三叔公九嬸婆，也就是親戚朋友很多，所以在地方人士及親朋戚友的協助下，不但校務推動順利，成果更是相當豐碩。真的，在我擔任校長職務的13年歲月中，發現人際關係良好真的有助於校務的推展。

人際關係是如何產生影響的，我想應與人際關係的知識、技能、態度有關，就以「傾聽」而言，與人對話時，不要搶話、插話、要耐心聽完對方的表述，也不要叨叨不休，沒完沒了的說，不給對方表達的機會。應如打球一樣，要懂得適時傳球給對方，如此才能有正向良好的溝通互動。

人際關係的型塑，可以從每天做一件好事開始，在日積月累對人的協助服務過程中，建立良好正向的人際關係，如此的服務態度，人際關係豈有不佳的道理。

人際關係可透過專業機構的訓練而提升。據我所知，如：卡內基訓練、福智成長營、七個好習慣、圓桌教育基金會，還有宗教團體…等，都是人際關係培養與訓練機構。至於學校可在教學活動中融入各個領域，讓學生透過團體合作學習過程，學會且明白人際關係的重要性。

朋友之間的交往，可由淺入深，誠如李嘉誠先生所說，先交往再交心，在新學年的開學日，可安排活動讓小朋友在互動中彼此認識，熟悉對方，家長應做的是關心自己子女，在學校能不能交到朋友。從認識同學的名字，進而了解同學的興趣、習慣、個性及學習態度，再去交心。

最後，談到校園倫理，有的學校為表示對校長的尊重，設有校長專用停車位，此乃利弊參半，固然這是對校長的尊重，但是讓老師或家長經過時，就知道校長是否在學校？有時校長外出洽公，還讓家長們誤以為校長外務太多常常不在學校…。

因此，學校訂出共同的規範，彼此遵守相互尊重，不要有特權，以避免不必要的是非及困擾，乃個人淺見。

以上報告，謝謝大家。

「禮」的實踐策略——經營和諧的圓滿家庭

報告人：內埔國小校長　彭偉峰

各位教授、各位先進大家午安，大家好：

在座魏教授是諮商輔導界的泰斗，上午聆聽她的課程，剛剛又參加魏教授帶領的分組討論，我覺得就像做了一次團體諮商的治療，現在全身舒暢而且充滿了活力。我們的標題是這個雙，而這個雙，現在很流行雙語，雙這個字個人覺得代表「福」跟「慧」，福若以品格教育來講就是good and smart，那「福」可能是good的，那「慧」可能是smart，所以我們就分別用我們討論題綱的「安、靜、能、繫、望」來對照這一個架構，來做說明及報告。

第一個「安」，就是安心，安心大家提到的共同心得就是知足，幸福是最好的安心，沒有錯，能知足我們看到自己擁有了東西，我們就能安心就能安定下來。

第二個是「靜」討論時有校長提到，他覺得以他個人體驗，曾經在愛的世界裡面，有一本書叫做 noise，是諾貝爾經濟學獎得主 Daniel Kahneman 寫的，那我們要分辨什麼叫 noise 什麼叫 voice，讓我們不要想太多不要針對那個去想，其實是要去分辨什麼才是 voice。

第三個是「能」，賦權增能，如何去增加這個能，就是做好本份的事，你該做什麼就做什麼，這是最基本的，而且要能達到生活、工作、休息間的平衡。就是透過不斷地閱讀及多參與研討會來學習成長，讓自己保持鮮度。

第四個是「繫」，而繫就是與家人維繫關係的最重要原則，利用旅行是維繫家庭和諧的一個很好的方式。有一位校長分享，因親人的過世，讓他體悟到愛真的要及時不能等待啊！所以有空就多帶家人去旅行，不要只顧著存錢，要知道存回憶更能增進親情的維繫。

第五個是「望」，法喜也超越了 good smart 他就是一種希望，像我們要從生活中找到節奏，建立彼此默契才能夠培養希望。至於要經常微笑保持正能量與法喜的心，我認為可行作法除了多曬曬太陽外，主動表達對家人的關心，家庭中多付出不計較…等，都能有助於圓滿和諧家庭的建立。

最後本組的結論就是「愛要及時」要勇敢的說出來，而且要和你所愛的人一起學習共同成長。以上是我簡短的報告，謝謝大家。

「智」的實踐策略——建立利益眾生的事業

報告人：鹿峰國小校長　黃美玲

親愛的教尊、主持人、各位赫赫有名的大咖教授、各位校長先進們，大家午安大家好：

我是「智」這組最資深的一位校長，所以他們希望我來總結大家智慧的人生體驗。我有20年的校長資歷，每天都很開心工作，我常說：當校長就要當得快樂，否則寧可不要當，要如何才會快樂呢？其實啊就是樂在工作，自己找樂子，也就是自己要主動積極的出擊。

我看到處於後疫情的時代，大家都能在很短的時間內去更新自己生活的模式，以及整個人際關係的溝通管道，也大大的改變了自我，所以本組分組討論帶領人劉仲成館長他給我們三個議題：

第一個議題就是問問自己「幸福是什麼？」你心裡的幸福感是怎麼來的呢？

第二個議題是「創新」，這個時代唯一最重要可以擺在前面的競爭力叫做創新，你如何在你的工作崗位上創新，如何開創造就你美好幸福的人生？

第三個議題就是後疫情時代，你如何去實踐智慧，社會有哪些現象？今天劉館長他也引導我們，以始為終、以終為始，這是素養導向嘛，從後疫情時代這個變化談起。

首先第一點：大家說要注意到掌握社會的 ABC 人才庫，A就是AI，B就是大數據，C就是C-cloud。

第二點：就是人類的活動已經是去全球化，不再只是說全球村，當你受疫情控制走不出去也進不來時，那麼隔空發展的去全球化要怎麼做呢？這裡有一個標竿人物叫做唐鳳，唐鳳身為政務委員，他用短短三天的時間，從這個 QR Code 讓我們可以很快的掌握到疫調的軌跡，現在只要找一樣東西，鍵入那個關鍵字，馬上可以找到你要的答案。

第二，行動支付已經一網打盡，外送物流也已異軍突起，各位不用羨慕他們錢好像賺得很多，他們可是很辛苦的，各位有沒有看到，物流業、外送業多了，資源回收的東西也多了，那是不是又開創了另外一個賺錢行業呢？因為大家說要安身立命嘛，身體健康之後，如果沒有錢在口袋裡，我們還真的做不了什麼事，就像今天論壇活動，能有這麼好的場地，我們享用這麼多的資源，這些都要衷心感謝教尊，感謝各位師兄姐們的護持和付出。

現在老老小小都依賴手機，給我們什麼啟示呢？這裡越發顯示，大家不要看到3C就膜拜，會打電腦會玩遊戲沒什麼不得了，會寫程式而且知道科技始終來自於「人性」才重要。所以台積電他們最重要的核心價值不是你創造了多少業績，而是「誠信」兩個字，公司如有不誠不信的人立馬解雇。

各位之前也聽到用電子打卡，一位副局長或是科長之類的，他就在網路上面打卡了一個月，結果工作就這樣失去了，因為你很聰明但電腦比你更聰明，只要你沒做就不會留下證據。

有關於kpi跟Ike，KPI它是屬於一種量的管控，是我們所有領導者大概都讀過的一種管控的理論，但是在這個後疫情時代我們發現要注意的是OKR，OKR是什麼呢？就是你關鍵目標的達成，而關鍵目標是怎麼出來的呢？是由下而上的，以學校來說明，校長有想要達成的目標，但是也要知道老師的目標所在，老師的目標是教務處的、是訓導處的、是學務處的，然後他們都有自己的OKR之後，最後大家再一起來體現這個學校的願景。

至於如何在後疫情時代用創新的思維，才能夠讓你永遠走在世界的尖端？

1.你心中要有底線，心中要有自我的定向，不要人家說變你就變，不要人家說這個賺錢你就跟

上去，是吧。

2.危機就是轉機，當有危機出現的時候，其實它就是你創新的契機。

3.做滾動修正加上自圓其說，這個叫做有彈性的變變變，這個回到我剛剛一開始問大家的問題，幸福是什麼？我問主席，請問你心中的幸福是什麼？主席回答：幸福就是來參加聖凡雙修學術論壇，這就是體現了我說的彈性變變變。

換言之，在我們這個無常的人生中，你如何在你的工作、生活、家庭的經營中體會到幸福感呢？以下幾點供各位參考：

1.幸福不是只有物質，每個人的定義是不一樣的。

2.成功並不等於幸福，你要抱持感恩的心，你才會時時感覺到幸福。

3.得到了，不一定幸福，只有多付出，拉拔別人你才體會得到幸福。

4.幸福的思維，是減法過生活，也是加法的思考。什麼叫加法思考？就是我今天幫助了多少人，日行了多少善事，參加了多少聖凡雙修的課程？這就叫做加法的思維，這就是正向積極的觀念。

5.對於你的工作你的志業不要相信時間是最佳的解方，你要相信老天爺和神尊會有最好的安排。參與了今天論壇，無論你想到什麼、觀察到了什麼、聽到了什麼？執行才是最重要的，你要去體證這個實用的歷程，如校長的每週一書，在學校的網頁潑出每週一書，花個3分鐘看似小事，卻可以完成推廣一個大大的閱讀教育。

各位夥伴，最後我想要說品德與容錯，品德教育跟容許別人犯錯是非常基本的，我們除了要多感恩多幫助他人外，我們還要以友善來協助每一個人，相信你們都會同意的。希望有一天我退休了，依然能「寵辱不驚，閒看庭前花開花落；去留無意，漫隨天外雲卷雲舒」祝大家幸福感滿滿。

謝謝聆聽。

「信」的實踐策略——實現精勤的人生理想

報告人：大仁國小校長 劉美芬

問候教尊，教授以及各位師長，校長同仁及各位教育好夥伴，大家午安大家好！

我很珍惜站在這裡的機會，小時候我們都喜歡發言，學生時代是跟同學講話，擔任教職後對學生說話，當上主任校長則是向老師說話，今天竟然有機會再次獻醜，可以跟教授、校長們說話，這好像是在關公面前耍大刀！但是這個機會真是千載難逢，我要非常感謝我教學生涯的導師－錢得龍校長。記得我準備參加校長甄試時，偶然間在雜誌上看到錢校長發表的文章，我就斗膽地打電話請教，之後只要有參訪或研習機會，就一定不錯過向錢校長學習。

其次我要向大家報告，我跟關聖帝君的機緣，我很感謝我的父母，把我送給神當契子，讓我從小就有機會接觸關公，每年的農曆6月24日，關聖帝君生日我都會前往敬拜，幾十年下來，我覺得自己越來越像關公了，各位看我看東西都拿這麼遠，我覺得這是一種架勢了啦！

大家都提到人生是一場難得的修行，就是為了遇見更好的自己，我也很珍惜教育生涯中，能有貴人的相助，有家人陪伴、有師長各位教授的指導，讓我可以如願從事校長的職務，相信這是幾十輩子才能修來的好福氣耶。

個人能力渺小，藉由聖凡雙修論壇這樣的機緣，才能見識更多場面，很是感恩。佛家說：「人身難得今已得，佛法難聞今已聞，此身不向今生度，更待何生度此身。」所以我們要更珍視自己，你就是「千金之子不死於道賊」，身為校長為了要實現教育理念，身段就要很柔軟，要不厭其煩，不可以硬碰硬，相信各位校長前輩們也都是實踐者。

上午錢校長與談報告時，有提到為什麼關公是武財神？感佩錢校長的一流口才與淵博見識，原來關公重義氣講信用，商人做生意就是要學習關公守信的精神，才能為自己帶來滾滾財源。

本組討論信的運用，如何實現精勤的人生理想？誠信在日常生活中真的很重要，包括從自己、家庭、學校、社會、國家任一層面都缺一不可。

我就舉最簡單的例子，來說明自己對信用信實的堅持，例如：我常常自己問自己，「為什麼要當校長？」不就是希望能當學生的貴人嗎？所以「親近師生之所欲常在我心」，我就會不忘初

心去想這麼一句話。為了成為更好的校長，我更需要面面俱到，不斷地提醒自己，才能遇見更好的自己。

至於有人質疑，校園是不是應該有宗教或信仰，其實只要是好的宗教，能鼓勵學生向上向善，像今天玄門真宗推展的五常德這麼好的教育，我們當然歡迎進來喔！只是我們會弱化宗教氣息，學習宗教為善助人的精神意涵。每年的聖誕節狂歡活動當中，不就有好多活動也都和宗教有關嗎？

最後我們說這個「信」的實踐，就是要透過追求法喜的身體健康、創造通達的人際關係、經營和諧的圓滿家庭、建立利益眾生的事業、達到實現精勤的人生理想，我也期勉自己，能因著五常德的實踐，每天站在校門口迎接學生上學的時候，孩子們看到我會大聲地說，校長媽咪好，而不是說校長奶奶好。謝謝大家。

附錄二

心得闡述——後疫情時代的新生活方式與契機

大道同功
常流儒學風

後疫情時代人際關係的反饋

台中市光正國小校長　阮志偉

◆關聖帝君聖緣與神威感召

個人擔任臺中市太平區光隆國小組長時期，性情豁達灑脫的蔡秋生師傅主任（現任玄門真宗玄儒院院主），開啟了我與玄門真宗之機緣。首回參加由中華玉線玄門真宗教會所主辦之「聖凡雙修的生活方式—實踐策略論壇」，乃受惠於臺中縣第一期國小主任儲訓班陳芊妘輔導校長的引領；今次有幸再度與會，則由衷感謝長期傾囊指導後學的霧峰區峰谷國小錢得龍師傅校長之邀約，兩次與會中，演講者的真知灼見與精闢見解，著實令我受益匪淺。

從小接觸三國演義，關公智勇雙全、義薄雲天之形象深烙於心，然真正與己有所感應，則來自切身的體悟。首先是為兒女的升學之路向大里主祀帝君之宮廟祈願祝禱，在關聖帝君指點迷津、賜福保佑下，得以遂其心志，考上第一志願。再者自身於校長甄試數度挫敗後，遵從台北師院同

窗吳校長之建議至大坑主祀關聖帝君的宮殿，虔誠祈求後終能一償宿願，躋身校長之列。

「人生能走多遠，看與誰同行；有多大成就，看有誰指點。」關聖帝君神威無遠弗屆，而其正信正念，吾人亦必遵循為待人處世及傳家訓示的準則，以期能無愧於心。

◆義的實踐策略—拓展生命的互動

論壇議題組別依五常德教義—仁、義、禮、智、信劃分，個人編至江志正教授主持之「『義』的實踐策略—創造通達的人際關係」組，上午聆聽江教授就「拓展生命的互動—從人際素養談職場人際溝通互動」主題發表演說，內容從人際素養的時代意義與價值談起，包含回應社會結構變遷的需求、修調科技資訊時代的偏執、符應未來人才典範的期待。

其次，談到人際素養的要素內涵，包含真誠：單純意念；同理：同感體會；情商：表現能力；覺察：敏銳感知；正向：特質傾向；尊重：生活修養；傾聽：謙遜態度；分享：共好作為等八種。

最後，歸納職場人際素養的應用與行為準則，包含（一）職場上自我角色扮演的應用與實踐：適切的服裝儀容、主動問候招呼、了解規範與遵循、用心投入、同理心推展工作、態度良好博好感，（二）職場上工作階層溝通的應用與實踐：向上溝通、向下溝通、平行溝通等要訣。

人類是群體性的動物，個人難以離群而索居。因此，人際溝通互動能力的培養是基本功，尤其在 COVID-19 疫情蔓延之下，封境、封城、保持社交距離，徹底改變全世界的生活方式，嚴重影響人與人的互動，使得人際關係更加疏離，因此，人際關係的重建是後疫情時代理當思考的重要議題。

◆疫情如同第三次大戰變革——危機即轉機

COVID-19 大流行被視為另類的第三次世界大戰，已對人類造成許多深沉的改變，如全球化走向區域化、影響人際間信賴關係、經濟惡化短期難回復、人際疏離宅經濟崛起等。有關後疫情時代人與人的關係如何重新建立，許多學者重新檢視各種可行的溝通理論模式，如需求層次論（Need Hierarchy Theory）、溝通行動論（Theory of Communicative Action）、溝通冰山論（Iceberg Theory）、善意溝通論（Nonviolent Communication Theory）、正向溝通論（Positive Communication Theory）、和諧溝通論（Congruent Communication Theory）等。

矽谷 Acorn Pacific Ventures 創投基金共同創辦人鄭志凱曾言：「信任，是溝通的母語」，有效溝通是人際關係的潤滑劑，然高效溝通的基礎是相互信任。少了信任關係，再高超的溝通技巧也

無用武之地；有了信任基礎，再加上善用各種溝通的核心模式，才能大大提高溝通品質，拉近彼此疏離的人際關係。蘇格蘭作家兼詩人 George Macdonald 的觀點：「信任是比愛更好的讚美。」所有牢靠堅固的人際關係，唯有建立在信任的基礎上，才能讓關係永固，友誼長存。

關聖帝君「義不負心，忠不顧死」，忠於劉備，忠於桃園結義情操，歷來被全球華人視為最值得信任的道德楷模、忠義典範，此說明關公的忠義精神在任何歷史時期都是贏得他人和組織信任最重要的基石。因此，師法關聖帝君的忠義精神，以「信任溝通」為本，身體力行「義」的實踐策略，必能在後疫情時代創建通達的人際關係。

參考文獻

江志正（2021）。拓展生命的互動—從人際素養談職場人際溝通互動。後疫情時代下的新生活方式與契機：聖凡雙修的生活方式實踐策略論壇手冊，國立臺中教育大學。

風險社會與政策研究中心（2020）。〈後疫情時代 07〉化衝突為轉機的「善意溝通」系統。線上檢索日期 2021 年 11 月 21 日，網址：https：//reurl.cc/Q6oOLb。

教育百科（2019）。詞條名稱：和諧溝通理論。線上檢索日期 2021 年 11 月 21 日，網址：

https：//reurl.cc/q1qy50 。

美國管理協會（台灣）（2017）。6個信任溝通的好習慣。線上檢索日期2021年11月21日，網址：http：//www.amataiwan.com/course/course_detail.aspx?id=22。

張小玫（2021）。COVID-19疫後重塑全球12大潛在新經濟與社會變化。臺灣研究亮點-臺灣各大學研究重點與創新發展的報導。線上檢索日期2021年11月21日，網址：https：//trh.gase.most.ntnu.edu.tw/tw/article/content/184。

葉若蘭（2021）。「後疫情時代」以正向溝通來精彩生涯。臺灣教育評論月刊，10（2），173-182。

鄭志凱（2018）。信任，是溝通的母語。天下雜誌，644，58。

校長的修行～我日常實踐聖凡雙修的二三事

臺中市大仁國小校長 劉美芬

與關聖帝君的結緣，應追溯到出生時，父母追隨習俗，相信給神明當契子就能一生平安，於是把我許給關公當契囝。一直以來關老爺聖誕時，我都前往答謝祈福。這次，因緣殊勝能參與玄門真宗辦理「後疫情時代的新生活方式與契機—聖凡雙修的生活方式」論壇，聆聽「五常德教義—仁義禮智信」，經五位專家學者詮釋講述，深刻體悟玄靈高上帝的微言要義，有：「大哉斯言，吾昔有見口未能言，今見是書，得吾心矣」的讚嘆；也燃起：「雖不能至，心嚮往之」與「有為者亦若是」的孺慕之情。記錄點滴日常實踐，入世做好聖凡雙修，感恩上天的厚愛，期勉向聖賢看齊，回饋於萬分之一。

首先，追求法喜的身體健康：「萬物唯心造」，深信有好心情，就會有好事情，同時也會帶來健康的體魄。凡事以正向樂觀、積極向善的態度去迎接每天遇到的人事物。例如：巡堂、觀課、走察校園時，就能關心師生的需要，下課時，居高臨下看孩子們玩樂，同時進行望遠凝視。簡單的日常，把握與師生擦肩而過的短暫寒暄問候，是紓壓的秘笈。而週三進修或各種講座，也都是攝取新知的重要管道。總愛把握每次充電機會，讓自己像蓄滿能量的永備電池，好活力十足的投入自己熱愛的教育志業。

接著，創造通達的人際關係：「教育，是生命影響生命的歷程」，校長是高密度的與人互動，很容易拓展生命的影響力。把握每次與親師生交流的機會，對教師真誠感謝，與教育合夥人熱情分享，對學生友善關懷。營造溫馨幸福的大家庭氛圍，熟記學生名字，與老師聊學生的學習及言行，家長也多次告知孩子們聽到校長叫出名字時，總興奮好幾天。

正所謂「人在公門好修行」，短暫交會的加油打氣，對孩子們衷心的關懷與祝福，就像涓滴之水，溫暖彼此。觀摩同事及家長的優秀用心，感受見賢思齊，「德不孤，必有鄰」，不但志同道合，更是一輩子的良師益友。

再次，經營和諧的圓滿家庭：任何事業的成功，都無法彌補家庭的失敗。感恩家人的支持，讓我實現自我：讀博士，當校長。下班的公務行程，儘量結合家庭休閒。例如：帶著父母或婆婆參加社區活動，增加生活體驗；和先生及孩子出席各項聯誼或活動，交流彼此的想法，感悟生活的趣味。在公益或教育場合的親子共學，多元豐富，藉由做眾人的事，練自己的功，在公務中不

但高效增能，親情裡也同時增溫，可謂「聖凡兼顧」哦！

再者，建立利益眾生的事業：相較私人企業的業績壓力，百年教育需假以時日才能立竿見影。為引進更多外部資源，我總爭取競爭型計畫，平日點滴構思學校整體發展，累積靈感，如有計畫評比，則利用週休二日等假期，或連日的挑燈夜戰，加班來梳理脈絡，書寫作品角逐獎項。曾勇奪多項全國性競賽特優佳績，亦還獲得八十萬元獎勵補助，當時服務偏鄉，對全校親師生真是一大肯定。不斷引進外部資源，讓學校能見度提高，爭取經費，激勵生命共同體，是教育志業另類版圖的延伸擴大。

最後，實現精勤的人生理想：堅定信念，感恩擁有世界上最好的志業，既能滿足日常需求，又能實現自我，做功德回饋社會。秉持「歡喜心、甘願做」，相信自己的正能量可為全體親師生吸引好事，帶來好福氣。期勉在日常多些付出，力行七種不需本錢的布施：「顏施、言施、心施、眼施、身施、座施、察施」等，正念所及，捻花微笑，隨處皆菩提。

深信：世上一遭是場修行，我如何待人，人也當如是待我，正是：「我見青山多嫵媚，料青山見我亦如是」。溫暖對人、愛心助人，自己是最大的受益者。以前祝福用詞，常以「福慧雙全」為吉祥話，現在可以「聖凡雙修」自我期許，在平凡生活實踐聖人信念，成就他人，圓滿自己。

瞻仰關帝神威，共浴帝恩，將五常德力行於日常，祈願在生活得到幸福及快樂的法寶與源泉，追求生命意義和價值的圓融與成就。

幸福——就是在平凡生活中實踐五常德

彰化縣文開國小校長 詹雪梅

經過疫情的洗禮之後，人們的生活產生了巨大的改變，無論是身心或是生活的方式，都讓原來正常的模式，產生了更多元的選擇。但是，唯一不變的是，大家想追求一個更健康更幸福的人生。因此，五常德教義的—仁、義、禮、智、信的實踐，對於想追求日常幸福的人來說，更顯得簡單易行。

壹、仁的實踐—邁開腳步迎向健康

如果我們不願邁開前行的腳步，就無法到達最美的遠方。身心的健康看似隨手可得，其實並非如此，我們一旦給自己設限，還沒有去實踐，就說自己是不行的，那麼健康的路就會離得越來越遠。我們唯有破除心靈的藩籬，一步步走出自律的運動人生，才能活出生命的精彩。人生的路，說長不長，說短不短，人生如果要活得漂亮，走得鏗鏘，沒有健康的身體那一切都是免談，無論你是誰，只要能堅持努力，人生的道路將由自己掌控。

貳、義的實踐—你好我好大家共好

凡事能設身處地為他人著想，利人利己的「共好」，建立好的人際關係，相信在任何的團體，一定都是受歡迎的人。在生活中建立己所不欲，勿施於人的同理觀念，時時以同理心多替別人著想，並遵守約定，落實在生活裡，社會倍添和諧與溫暖。我們都需要了解自己在工作上扮演的角色，就會發現工作都有社會價值，在工作中創造共好，才能讓大團體達到成功的目標。

叄、禮的實踐—同理關懷幸福一家

我一直深信人與人相處是互相的，被愛的孩子才能懂得愛人，所以我們要不吝說愛，讓家人知道我在意她，而孩子亦是如此，同樣在意著爸媽的感受，然後會把同樣的溫暖回饋給我們。同理心是關懷、助人、分享、等待、公德心及道德感等，是品格養成與社會技巧中的重要基本元素。若是孩子沒有辦法同理他人的感受，就等於失去了一顆溫暖與關懷的心，更不用說擁有道德正義感了。孩子能否懂得愛與關懷，也就是說，當孩子從爸媽的同理之中得到被認同、被理解與撫慰

的感受，也就能願意試著去同理爸媽。如果家中的成員都能同理家人的獨特性，彼此包容與尊重，必能創造幸福的一家人。

肆、智的實踐─運用智慧找出優勢

「每個人都是天才。但如果你用爬樹的能力評斷一條魚，牠將終其一生覺得自己是個笨蛋。」愛因斯坦的這句名言如火一般燃燒各個領域，帶給許多人嶄新的希望和契機。每個人都有自己獨特的能力，有的人擅長說話或寫作，對語言和文字的掌握度和理解力高，用字遣詞非常的精準。有的人擅長分析問題或歸納統整，能夠運用抽象概念思考和表達。有的人熱愛音樂，音準和節奏感很好。無論你是哪一種人，相信你都能運用自己獨特的智慧，培養和成長自己獨一無二的天賦，運用這些智慧創造出獨特的優勢，進而服務更多的社會人群，造福更多需要幫助的人。

伍、信的實踐─言而有信圓滿人生

古人云：「言而有信，不知其可也」，「一言既出，駟馬難追」等，我國古人的經驗都說明了誠信的重要性。誠信的基本含義是守諾、踐約、無欺。人生活在社會中，就應該遵從一定的規則，而誠實守信就是第一重要的規則，失去了誠信，一切都失去了準則。一個人一旦失去了誠信，最先失去的是親朋好友，如果你在待人處世上失去了誠信，同行憎惡你，你將孤獨前行。如果你在商場上失去了誠信，沒人敢同你做生意，事業必定走上失敗之路。因此，人生的路上，言而有信一定是你最好的朋友，有這樣的好朋友，才能讓你的人生更加圓滿幸福。

平凡中的幸福就，是在生活中實踐五常德教義，從邁開腳步迎向健康仁的實踐，義的實踐你好我好大家共好，同理關懷幸福一家禮的實踐，智的實踐運用智慧找出優勢，最後到言而有信的圓滿人生信的實踐。讓我們用一顆更包容更正向的心，去認識去實踐，祈願每個人都能尋覓到不一樣的幸福人生。

活出寵辱不驚、安身立命的創新智慧

台中市鹿峰國小校長 黃美玲

我剛升國一時，輔導室對全學年施以智力測驗，以做為常態編班及檢出資優學生的依據；當時我的分數超過一百分屬頂標，內心竊喜不已。老師說：智商是一種表示智力高低的數量指標，也可以解讀為一個人對知識的掌握程度，反映其觀察力、記憶力、思維力、想像力、創造力以及分析和解決問題的能力。

翻開測驗與統計的書籍，上面還說：智商高的人比較幽默，處事有彈性而且饒富創意……。這些字眼變成年輕時自我認同的模板。

後來每逢考試，我總給自己訂下高標準；只要總分低於98分，我就覺得今天考得不好。我相信只要定神誦讀，比別人努力一點，結果總能出人頭地。確實，在讀書與考試的路上，我是個聰敏而幸運的考生。但是否此後便意興風發、幸福順遂了呢?當然沒有。

◆般若之智人自有之、只因心迷蒙蔽

因為聰明不等於有智慧；聰明指反應敏銳、機靈、學習、理解、找出問題和答案的能力強，它多少是天生的，跟一般所說的IQ有很大的交集。但智慧指的是一個人能衡量全局，找到最可行又圓滿對策的領悟力。通常需要經歷時間、種種磨難才會形成。所以梵語以「般若」來稱呼智慧。不過惠能大師曾說：「菩提般若之智，世人本自有之。只緣心迷，不能自悟。」可見，智慧與生俱來，只是人性的貪嗔癡與庸碌遮蔽了它。如果不能明心見性，年紀越大，還可能越糊塗。換言之，並不是人老了，就會長出智慧。這真是一個有趣又發人深省的醍醐。

我不排斥宗教，只要是教人向善，而且提供人們身心靈的慰藉，這種殊勝的歸屬感是令人羨慕的。只是，從小我就不喜歡遵循規則，學不來九宮格框內的書法，也無法忍受教規的限制，所以只能獨善己身。

但惠能的說法提醒了我，即：自大的人就聰明嗎？是謙卑的人才聰明吧！因為滾石不生苔，懂得向人學習、時時感恩的人，收穫永遠最多！兒子在國小三年級某次月考後說：「我覺得考第一名和第二名的同學很笨。」我：「蛤？」他解釋：「因為他們下課都不敢玩，還一直讀；而我

都沒有讀就考第五名ㄟ。」也許他替自己解圍之舉是小聰明，但長遠而言，「看得開」不失為一種人生智慧！（當然，媽媽也要看得開。）

2021年玄門真宗辦理的五常導師課程，在中教大寶成演藝廳舉開，我和去年同，在仁、義、禮、智、信中又選擇了「智」這個議題；因為講座是國立公共資訊圖書館的劉仲成館長；二年多前我剛到鹿峰國小履新，第一個帶領師生參加的校外活動，便是該館辦理的環境研究國小學生發表會。開場時劉館長令人印象深刻的內涵及口條，讓我很想找他簽名呢！館長果然也是教育人出身，他所分享的人生智慧，既前瞻又淺顯易懂，令人讚嘆。

◆幸福是一種感覺、不是一種擁有

此場研討，他直指疫情改變人類生活，對於事業經營更是勝負立判；他勉勵大家要調整作法、掌握契機、超前佈署並及早因應，以成為彈性的有機體。面對AI、Big data、C-cloud，他強調速度決定一切。但是，如何在零接觸的新生活創造幸福的事業？這就需要展現高度的智慧！他說：「幸福學」是後疫情時代的必修課程與關鍵。是啊！如果我們的事業沒有帶來幸福感，那麼，我們將會迷惘，不知為誰辛苦為誰忙？經過一天智慧洗禮，我寫下幾點心得供參：

如何在無常人生體會到工作、生活與家庭經營的幸福？

1.幸福不是只有物質，而且每個人的定義都不同。

2.成功並不等於幸福，要抱持感恩心才會有幸福感。

3.得到不一定就是幸福，要付出、提拔別人才會有幸福感。

4.幸福的思維是減法過生活，而用加法去造福別人。

5.對於工作或志業，要相信時間，相信老天有最好的安排。

◆以創新智慧引領風潮、變有變優

創新是疫情下更顯重要的智慧：

心中有定見，不隨波逐流，創新從生活中的改變開始。

危機就是轉機，也是創新的契機。

唯一不變的就是變！超前佈署+滾動修正+自圓其說，促成彈性的變變變！

創新能力就是優勢競爭力！創造後還要能付諸行動、引領風潮。

創新立基於令人信服的核心價值；例如誠信文化，是台積電最強大的競爭力。

要嗅出創新的因素，執行實用化歷程，能具體操作。無中生有到有中求好，直到止於至善。

面對後疫情環境，組織必須掌握時代風潮 ABC，彈性應變並持續前行：

疫情只用一年多促使全球瘋網路學習，行動支付一網打盡、外送物流異軍突起，此快速讓經濟轉型。所以經營的頭殼必須時新日異。

掌握龐大流通的訊息，運用不同於傳統的方式學習，例如唐鳳的閱讀，就是拆解一本新書，然後掃描入檔，以關鍵字來彙整利用。

人類活動已邁入去全球化，以隔空方式發展。過去重視 KPI 的評鑑，現在則為 OKR 管理，讓高層、主管和員工確認此 OKR 才是有利於組織的目標或使命。當週期完成，要對關鍵環節進行客觀、主觀的評分並反省修正，隨即做得更好！

所有的舉措都離不開品德；好品格並非不能容錯，而是有則改之。要秉持 Think、Thank、Help、出自 Kind、善用激勵，並思考此要求是否有必要等要領。

總之，安心才能立命，行遠自邇地一步一腳印，努力不會是白費。當我有朝從職場退下，盼能「寵辱不驚，閒看庭前花開花落；去留無意，漫隨天外雲卷雲舒」，笑稱「看得開」果然是大智慧呀！

職場良好溝通 乃工作順利完成之條件

國立台中教育大學國企學系教授 龔昶元

一一〇年十月初，中華關公信仰研究學會舉辦的學術論壇活動，是一場美妙的知識饗宴。五位蒞臨論壇的專題演講者，在玄興教尊及主持人林政逸教授的引領下，以其豐富的生活經驗與淵博知識現身說法，分別闡釋了關聖帝君訓示仁、義、禮、智、信五常德聖凡雙修的生活實踐方式。每位演講者觀點精闢，見解深入，也體現了成就人生目標，增進人際關係，建立和諧圓滿家庭生活的實踐方式。其中對於以「義」的實踐「創造通達的人際關係」，此一主題印象深刻，個人深覺受用。

茲以當天江志正教授演講的內容精義，及個人的體會心得，提出建立職場良性互動的人際關係，淺見如下：

◆發揮真誠、同理心拓展圓融互動

首先，當前是個重視團隊合作的時代，在職場上建立與人良好的溝通機制，創造通達的人際關係，是工作順利完成的必要條件。職場可以說是人際素養的實踐場合，關聖帝君訓示以「義」為基礎的生活方式，是創造人際關係溝通的圓融與和諧，也是現代人職場生活最重要的素養。實踐「義」的生活方式正能符應未來人才典範的期待。

人際素養的成就內涵包括「待人真誠」、具備願意在人際互動的過程中真切的體會他人的想法與感受的「同理心」。在職場的訊息溝通與反應交流中，要能具備處理情緒的能力，適切的表達觀點；在彼此意見的交流中，即可不受負面情緒的影響與人積極的互動，得以圓融的處理人際關係。以「同理心」的「同感體會」心態與同事、顧客、合作夥伴互動，在職場上是拓展生命互動，建立人際素養，改善人際關係的第一要務。

◆放下自己、專注傾聽對方

其次，在人際交往中的另一個重要技巧是「傾聽」，主要就是「放下自己」做「相對」判斷的一種溝通藝術，也是良性溝通互動的謙遜態度。「傾聽」的重點內涵在於透過「做一個好聽眾」，以求得相互理解及與對方取得共通性，而不是在溝通中只想說服別人。在職場上，懂得做一個冷

靜的聽眾是一種素養；因為能夠在與人溝通的過程中做個好聽眾的人，基本上必然是個富於思想、思慮周密及謙虛溫和性格的人。

個人認為，要成為一個善於傾聽的人，要先能養成專注的習慣；形諸於外的表現是，當別人與你對談時，眼睛應該注視對方，不宜有讓對方感受不到受尊重的行為，否則當對方偶然反問我們一些問題時，就會因心不在焉而無從應付，就會因而讓對方覺得不受重視，反而不利人際溝通。

在實務上，聽別人說話時，偶而插上一兩句話表示同意或同理是有必要的。在不完全明白對方說的含意時，甚至加上一些問話也無不可，這可以顯示我們是很留意對方所要表達的意思的。且對談時，應留意到對方說的話告一段落時再接話；絕不可在對方還沒講完話時，就迫不及待變換談話主題，不顧對方的反應，即開始提出自己意見。具備樂於傾聽的素養，就是在溝通時，不管對方說什麼，不隨便糾正其錯誤，要給對方留餘地；否則，不僅容易使對話陷入僵局，也會造成對方反感，成不了一個好的傾聽者。

◆同感體會，促成通達人際關係

總之，個人參與此論壇所獲最受用的心得是實踐關公「義」的策略、體現在職場的生活方式，就是在身處的情境中，表現正當適切的行為。

江教授幽默風趣的演講，闡釋了創造通達人際關係的生活密契：建立「同理心」的「同感體會」心態與人相處，作為人際互動的基本態度。在與人溝通時，以適切的服裝儀容加上適切的表情，展現誠懇與人交流的友善態度；在職場上養成主動問候與招呼的行為習慣，在互動的溝通交流中，能表現出一個「冷靜的聽眾」應有的傾聽素養，必能促成通達的職場人際關係，使工作的推展順利。而這也是「義」的生活方式具體實踐。

遠離不良嗜好、堅持運動習慣

——永保身心康泰

台中市外埔國小校長 邱弘毅

從小，我就是個健康寶寶。印象中，沒什麼病痛，身體輕盈安康。最初得力於父母親良好的照顧；加上本身作息規律，不熬夜、不抽菸、不喝酒；飲食均衡、不偏食。因此，身體一直很健康。師專畢業後，擔任教職，學校內許多老師都在運動，如桌球、羽球、網球等。在此環境薰陶下，也培養自己的運動興趣。二十多年來，每當放學後，體內的網球細胞即蔓延開來，在球場中奔跑、揮擊、流汗，這是我最快樂的時光。運動讓我有機會鍛鍊身體、身體更健康；以球會友，增加社交經驗，增廣見聞；心裡不如意的事，也常在球場的競技中紓解釋懷，讓我情緒更穩定。因此，我認為養成良好的運動習慣，有助於達到身體、社會、心理的健康。

◆大家一起來運動、健身又歡樂

一有機會，我也鼓勵周遭的同事朋友一起來運動，共享運動的樂趣。民國108年8月任職外埔國小校長，發現老師下班後都各自回家，只有幾位同仁在操場跑步。我想推動幾個大家可以共同參與的運動，以便聯絡感情、運動健身、抒發情感；藉由運動歡樂的氣氛，了解老師的想法，將來推動校務也能順利得便。

首先，找到圖書室木地板空間，聯絡師資，成立瑜珈班，有十多名老師參加，我也親自參與，帶動風氣。

其次，在學校禮堂畫了三面羽球場，買了三組球柱、球網，充實教學設備，也鼓勵老師下班一起打羽球。後來，引進一項新興球類—匹克球，讓老師試打，發現連不常運動的女老師都打得到球，應該是老少咸宜的運動。而且球技不同的老師，都可以打出不同程度的精采好球。球場大小與羽球場地一致，不須重新整理場地，球具取得又方便，因此大力鼓吹。老師越打越有興趣，如今，下班時間，三面球場常常客滿、還需要排隊。老師打球時，歡笑聲不絕於耳，歡樂氣氛充滿校園，推動校務也順暢無礙。可見，運動不僅可以促進個人健康，同時有助於團體氣氛融洽、社會和諧。

◆放慢腳步寄情田間、另種養生體悟

二十多年的網球生涯，一直很自豪的是，擊球動作標準，所以並無運動傷害。隨著年歲漸長，也許是肌力退化，慢慢的，傷痛找上了我，腳踝、膝蓋、肩膀、手腕接連受傷。幾次傷停休息時間，讓我深入反省，自己拼命三郎的個性，跑得到的球一定要追，不管輸贏一定要盡力，如此勉強身體的打球方式，或許才是運動傷害的主因。是否應該調整運動方式？是否該尋找其他運動項目？除了運動之外，有沒有其他更多勉強自己的行為？

民國一一〇年5月新冠肺炎疫情嚴峻，全國防疫警戒升至第三級，所有人員均須戴上口罩，室內外運動場館一律禁止活動。對於有運動習慣的人來說，這段時間真是煎熬。為了排解時間，只好散步寄情於田野之間。閒適踱步，也帶來更多省思。以前汲汲營營每天想打球，真的只是想運動強身嗎？或許更像是另類的「上癮」行為？生命是否有更多值得期待的事需要去完成？

◆挑選自己適合的運動、日行不輟

原來，運動帶來更多的生命反思。如今，我已放慢腳步，體會古人流傳下來的智慧之語，如：「飯吃七分飽」、「飯後百步走，能活九十九」，也嘗試步行、太極、氣功等運動方式。後疫情時代的新生活方式與契機，也許從此刻的體悟開始。

健康是人生的基礎；沒有健康，一切努力成果皆付諸流水。如上所述，達成個人健康的方式，如遺傳照顧、作息規律、均衡飲食、培養運動習慣、社交互動、穩定情緒等，皆有助益，但需日行不輟持之以恆，才有實效。

當今國人的運動習慣亦漸成風氣，實有強健國民體魄、促進社會和諧之功。人人應衡量自己的身體狀況，挑選合適的運動方式；也須時時停下腳步，問問自己的心靈，是否同樣獲得成長；這樣，才真正達到身體、心理、社會整體均衡健康發展。

從後疫情的教學鉅變談營造幸福學校

台中市黎明國小校長 徐大偉

個人有幸獲邀參加中華玉線玄門真宗教會、中華關公信仰研究學會之「聖凡雙修的生活方式」實踐策略學術論壇，聆聽了五位學者專家對於關聖帝君之五常德—禮、義、禮、智、信的實踐策略的精闢演講，有了更深刻的體認，以下僅就智的實踐策略談利益眾生的幸福學校，分享如下：

一、教育現場的另一波變革方興未艾

後疫情時代學校無法完全實體上課，需要兼採線上與線下教學，因此，教學管理策略需要重組，以小學來說，線上學習有時需要家長的協助，學生的學習成效才更顯著，因此，學校與家長的關係也愈趨複雜且需要更多的合作。

隨著疫情對於學生學習影響漸劇，遠距教學成為新型態的學習樣態，全球超過九成以上的實體課程受到影響甚至取消，轉為線上或部分線上，甚至許多核心課程也應用線上教學的模式進行，從積極面來說似乎是擴大參與，教育現場正興起另一波的變革，我們必須好好探究在疫情下對教育的影響以及相對應的對策。

以大學生為例：今年的大一新生內在的不安感及入學的不確定性、擔心自己家庭的狀況及未來就業的問題、使用科技設備的資安問題及軟硬體設備的妥善運用等問題，學校須建構完善的校園資訊安全，學校亦可運用VR科技，模擬真實情境，透過跨域的合作建構適宜的教學模組。因此，學校透過科技輔助，人才培育與危機管理，才能使學校機構的治理與經營在疫情中仍能順利維持。

雖然遠距教學（線上教學）過去已提倡多時，但普及化不高，經由這次疫情的催化與影響，線上教學已成為重要教學型態，身為現代的教育工作者除有實體教學的能力，更要有線上教學的技能，才能指導學生正常的學習。

「科技始終來自於人性」，這是過去一款手機的廣告詞，放置今日來看，雖然線上教學的趨勢不可擋，但是從教育目標來看，學生必須在群體中才能體現的，而非只是電腦、手機、平板螢幕下的畫面呈現可以完全達成。再者，人的學習過程中身教是非常重要的，人與人關係的互動模式才是更人性化的學習，非只是靠眼睛與文字的學習。另，自主學習雖然重要，但不能都流於網路世界的探索式學習，要從同儕的互動中相互觀察與反躬自省，因為這才是真實的人生。

二、在工作、生活、家庭與學習經驗中，找出自己的幸福思維模式

校園是發生心性薰陶與集體記憶的地方，教育工作者有責任引導學生航向幸福，讓學生適性發展與學習。論壇活動中劉仲成館長帶領大家在議題討論中提到，幸福是甚麼?劉館長認為：幸福在每個人心中都有定見，由自己下定義，他認為簡單的生活就是最大的幸福!活從容，打造品質生活；心存感激、笑口常開；保留彼此空間、活到老、學到老、歲月靜好，這就是幸福!

我常想校長的幸福是甚麼?個人以為校長的幸福感源自於正向情緒、工作投入、工作意義、人際關係及工作成就等面向，工作或事業的成就是無法與幸福畫上等號，成功不等於幸福，個人認為生活簡單，拋開私利，建立利益眾生的幸福學校，讓親、師、生共同合作努力經營，營造友善、關懷與愛的環境，大家擁有良好品格與永續環境的思維，或許就是幸福學校的風貌吧!

三、善用智的策略：建立利益眾生的幸福學校

學校自古以來都是曾作為危難發生時的避難所，在台灣疫情趨緩的時刻，如何恢復校園的運作並搭配適宜的防疫措施，重塑學校強健功能，也重拾民眾對校園的信心，值得大家深入共同討論。

這次疫情的發生，使我們重新認識社會與自然之間的聯繫，因為世界各國經濟活動大受影響甚至停止，雖有經濟上的損失，但也讓整個地球有稍微喘息的空間，至少對於「碳排放」造成地球環境的負擔與破壞情形有所改善，提醒全人類該重視日益的環境危機問題，要找出經濟發展與環境保護雙贏的方法，思考如何有智慧地應用資源是關鍵，對於地球的資源運用到社會公平、符合經濟效益、不危害環境以及數位科技的改革朝向永續發展，都值得我們深思！

最後，個人從正向心理學或幸福學的觀點來看，建立一個利益眾生的幸福學校，可從下列層面思考：

（一）型塑學校願景以利幸福學校的經營：凝聚學校同仁對學校發展的願景共識，從正向情緒、工作投入、工作意義、人際關係及工作成就等思考，轉化為具體可行的課程與教學活動，有利於幸福學校的達成。

（二）培育正向幸福能力的主管人才：鼓勵行政主管擁有正向態度及發揮創新思維，有助於幸福學校經營的成效。

（三）發展正向幸福文化的學習組織：積極鼓勵成員提出正向創新的點子，並透過團隊學習，

彼此分享創意經驗，帶動幸福學校穩定發展的制度與風潮。

（四）推動突破性的正向幸福的經營作為：從行政管理、課程設計、教學方法、多元評量、空間整體規劃，賦予新的教育意涵，營造學校更多的幸福感的氛圍。

（五）提供資源營造正向幸福的工作環境：有效地爭取學校內外部的資源，提供優質的學校環境，鼓勵師生發揮創意布置教學場所及辦公處所，提高同仁工作士氣，增進教師教學效果和學生學習興趣。

（六）觀摩標竿學校激勵正向創新動力：透過學校外部的標竿學習，開拓學校經營視野，並可透過學校同仁共同經驗的建立，形成共識，增進同仁情感，更易激發促進幸福學校的創新動力。

參與論壇個人深切認知，從智的實踐策略談建立利益眾生的幸福學校，共勉後疫情時代的教育工作者，更要努力實踐關聖帝君的五常德教義，誠如狄更斯在雙城記所云，這是一個黑暗的時代，也是一個光明的時代！讓我們一起努力！

參加聖凡雙修論壇，充電滿滿、素養釐清

彰化縣螺陽國小前校長 張臺隆

很榮幸參加了「聖凡雙修的生活方式實踐策略」論壇，論壇的主軸在探討關帝文化的核心要義：「五常德」，它是人類生命本體的的根本「倫常」是生命中最根本、最重要的生活指導方針。五常德就是「仁、義、禮、智、信」，仁就是身體健康，強調正向能量的重要；義就是良好人際關係與團體溝通；禮就是指家庭和諧；智就是利益眾生的事業，強調要天天閱讀；信就是表裡一致、言行一致……。每位講師所講的字字入心坎，是一場充電論壇，更是一場素養的釐清，讓我再一次思考，教育究竟要將學生帶往何處？

五常課程是全人教育，也就是終身教育，參加論壇中，思考怎樣的「人才」是未來需要的？在分組（創造通達的人際關係）座談時，夥伴們談到未來我們需要「感知力強」「自覺力強」的孩子。而現今孩子大多「自我」為中心，無法感知別人的「立場」、無法自覺自己的「錯誤」，所以我們需要有通達的人際關係，有位校長朋友更是以他的工作經驗，說道有良好的人際關係是

學校領導與校園經營成功的良方。

目前正在實施的十二年國教課綱主要的「核心素養」是指一個人為適應現在生活及面對未來挑戰，所應具備的知識、能力與態度。其中「社會參與」素養主要核心在於「人際關係與團隊合作」是教導孩子學習「人與社會」重要的素養，也就是一種人際素養，其內涵有「真誠、同理、情商、覺察、正向、尊重、傾聽、分享等」。

「真誠」的實踐策略，首先要能先自我靜心，然後真切省視並坦誠面對，亦即是用心傾聽自己內在真實的聲音；其次，要時時省思自我內在真實想法與所說、所為之間的關係，如果三者間相互一致相符應時，那就是能符合真實性、一致性、可信任的條件，也才算是圓滿真誠；若否，則表示尚有修調精進的空間。第三是要「主動積極，負責任」：說到做到，不說謊騙人；做錯事時，會誠實認錯並改正。

「同理」的實踐策略：首先是要能先開放心胸，放下任何自我定見及主觀意識；接著，是要將焦點聚在他人身上，並尋求自身相同經驗屬性之感受與想法且相互連結；第三，則應用適切表達讓對方知悉並感受到自己的同感、同思與回應。第四，「知彼解己，聽再說」：我願意從別人的眼光看事情。最後是，「雙贏思維，都快樂」：我有勇氣爭取自己所愛的事物，但我也會顧慮別人的需要，我會在兩者間求取最好的平衡。產生利益衝突時，我會努力尋求第三種可能性。

「尊重」的實踐策略：首先是讓學生知道，尊重是看重別人並傳達珍視、欣賞或欽佩感，因而要先對人的尊嚴價值及基本人權有一定的了解外，也要對互動對象能多加關心及理解。其次要思考在互動過程中如何傳達出對其表現理解、肯定、欣賞及欽羨，讓對方能感受到並提升自我尊嚴感，且樂於持續相處互動，形成更凝聚的人際關係，如此才算是能傳達尊重而促共好。

「傾聽」的實踐策略：李嘉誠說到，人際關係的養成，需要「先交往，再交心」，要與人交往，首要的功夫就是傾聽。傾聽時要：1.用眼神看對方，觀察表情、肢體、語言；2.用耳朵仔細聽取訊息及了解意涵；3.用口語來做適切反應以鼓勵繼續；4.用肢體語言來加以反應；5.專心、關心、用心、耐心。

最後談到校園倫理，在自我角色扮演方面有：適切的服裝儀容；主動的問候招呼；校園規範的了解與遵循；用心的學習與教學；同理的表達；有良好的態度。在工作階層溝通方面有：向上溝通時宜表現出：尊重、認真、專業。向下溝通則應表現：關懷、明快、果決、展現大度。平行溝通時：多在背後說別人好話。聽到別人談論他人是非時，只微笑！多為別人喝彩！說話時常用『我們』開頭！

以前的教育「傳道、授業、解惑」，現今呢?知識爆炸、資訊迅速……，社會在變、孩子也在變，若教育思考仍不變—教育場域上就會是不斷的衝突與矛盾……!非常喜歡今天論壇所談的~仁、義、禮、智、信。

修身成仁——落實於人倫日常之間

臺中市瑞峰國小校長　蘇世昌

「仁、義、禮、智、信」，是做人的基本道德準則，因此又稱五常德，是中華文化價值體系的核心。孔子提出「仁、義、禮」，指出：「仁者人也，親親為大；義者宜也，尊賢為大；親親之殺，尊賢之等，禮所生焉。」孟子在「仁、義、禮」之外加入「智」，延伸為「仁、義、禮、智」，《孟子．告子上》：「惻隱之心，人皆有之；羞惡之心，人皆有之；恭敬之心，人皆有之；是非之心，人皆有之。惻隱之心，仁也；羞惡之心，義也；恭敬之心，禮也；是非之心，智也。仁義禮智，非由外鑠我也，我固有之也，弗思耳矣。」到了西漢經學家董仲舒又加入「信」，擴充為「仁、義、禮、智、信」，他在《賢良對策》中提出「仁、義、禮、智、信五常之道」，認為仁、義、禮、智、信是與天地長久的經常法則，後遂有「五常」之稱。

◆親炙五常教義、從自身到眾生、自覺覺他

「仁、義、禮、智、信」五常隨著漢代經學、魏晉南北朝玄學、唐代佛學、宋代理學的發展與交互影響，並經歷代學者不斷演繹，體系越趨龐大、完備；原屬於儒家倫理教化的五常，被援引、結合殷周以來天命神學和祖宗崇拜的宗教思想，進入以天帝信仰為核心的儒教系統，讓五常有了更豐富的意涵；甚或對應五行，而有了仁居東屬木、禮居西為金、信居中為土、義居南為火、智居北屬水之說。

玄門真宗奉祀關聖帝君，以「仁、義、禮、智、信」五常德為教義理念，認為關聖帝君是奉行五常的典範，是五常導師，透過「五常課程」學習聖凡雙修的生活方式，讓身心靈獲致安住與提升，達到超凡入聖、神人合一、天人合一的境界。有幸參加玄門真宗教會、關公信仰研究學會所辦理的「聖凡雙修的生活方式實踐策略論壇」活動，親炙五常教義。玄門真宗希望在紛亂社會中落實關聖帝君的精神與教義，傳承固有倫理教化，建立現代生活觀，不啻是危微社會中的一盞明燈。

◆守住我們的良心、天理不假外求

依循著「仁、義、禮、智、信」的實踐策略：仁是追求法喜的身體健康、義是創造通達的人

際關係、禮是經營和諧的圓滿家庭、智是建立利益眾生的事業、信是實現精勤的人生理想。由己及人，由自身到眾生，所謂自覺、覺他，自能聖凡雙修，覺行圓滿、成就圓融境界。

五常德中的仁，向為儒家所重，是孔子學說的中心思想。宋代開始用哲學的理氣關係、心性之論，來論證仁；清朝譚嗣同《仁學．界說》更視仁為天地萬物之源，是良心，是天理。玄門真宗從實踐策略來談仁，認為仁是追求法喜的身體健康，因為是實踐策略，所以重要的是追求法喜，身體健康是追求法喜後達到的身心靈平衡狀態，是天人合一的境界，是聞道、喜道、求道、法喜充滿的一種悅樂、圓融境界，而追求法喜的關鍵便在「義、禮、智、信」。

「義、禮、智」三者分別對應：人際、家庭、事業，乃由個人再往外擴及家庭、朋友到眾生。「義者，宜也」，所做合乎情、理、法，友誼自能久善，人際必當通達；「禮者，履也」，凡事互相尊重，行為節制有度，則家庭自能和諧圓滿；「智者，知也」，明是非、曉大義，經由博學、審問、慎思、明辨、篤行五步驟，以成就利益眾生之事業。因此義、禮、智是外在的行為準則，然而其價值判斷卻由我們善良的本心所生，意即為良心的表現，是仁的顯露，所以五常德以仁為首。良心天理本不假外求。只是良心天理有待察覺，故由修習外在規範以明心見性。

◆成聖不須捨身、只需日常修為

而「信」即是修，是信守承諾、說到做到，踐履的意思，「仁、義、禮、智」需能信守踐履、日日精進才能產生意義，是以重修、重行，強調明心見性中的「明」、「見」功夫。五常德中「信」居中，撐起「仁、義、禮、智」，強調知行合一、即知即行、實在踐履，達到圓融自在的人生理想。同時由信居中也可知中華文化重修的傳統，禪宗的頓悟—「不立文字，教外別傳；直指人心，見性成佛」真的是「教外別傳」。

綜合言之，「仁、義、禮、智、信」為善良本心所生，透過信的精進修行，落實道德修養，而達到天人合一、圓融自在的「仁者」境界，意即由凡入聖、成賢成聖。有如朱熹的儒教思想體系：從天地萬物說起，從格物致知入手，落實於人倫日用，道德修養，歸結為求仁，成賢成聖。因此成仁、成聖不須捨身，只需修身便能成仁、成聖，而這也是儒者追求的人生理想。

玄門真宗的聖凡雙修理念，傳承了中華文化五常德的精隨，發覺人與聖賢無異的善良本心，落實於人倫日常之間，從修行己身道德、開發自我潛能終至超凡入聖的圓融自在，不僅拉近了聖凡的距離，也開啟了完善自我、修身成仁的方便法門。

與疫情和平共處、實踐新生活運動

台中市大明國小校長 鮑瑤鋒

一場疫情，改變了人們的生活，也創造不少「防疫新生活」的理念出現。「勤洗手、量體溫、戴口罩」等口號，已成為落實在人們心中的作為。當疫情尚未升溫，控制得當，不少人已警示，世界各地每日的確診及死亡人數仍在攀升，恐有下一波要面對的壓力來襲。但這樣嚴峻的疫情，並非做好防備就可以應對，畢竟在疫苗尚未全面普遍讓人們接種，以及新冠肺炎病毒也不斷地透過傳播產生變種株，對於人們的防疫戰爭而言，無疑是注入了更多的變數。眾人都以為，隨著時間的推移，疫情總會過去，但過渡期要多久，絕非誰可以預測的。

當各國開始出現一些關於肺炎的新報告，雖說疫苗已經在不少國家普遍的開始施打，甚至因為疫情衝擊的經濟、社會、文化等議題能見到復甦的曙光，而台灣的處境，開始變得艱難。雖說我國的防疫措施標榜超前部署，但是很多問題是非戰之罪，畢竟病毒無孔不入，在還沒有全民施打疫苗之前，很多問題還是會一一浮現。但幸好遇到問題，我們有一個解決問題的核心團隊，至

少每日都能透明化疫情的變化與因應之道，政府也開始透過紓困等方式來解決民生議題。

當前比紓困更重要的是，如何防堵疫情的擴散，以及遏止死亡人數逐漸攀升，還有讓疫苗的數量購足。但是，一切就只能「等」與「忍」。「等」，等待疫情可以降溫，等待疫苗可以到來，等待可以解封的一天；而「忍」則是要更積極地進行聖凡雙修的防疫新生活作為，針對自我控管的標準要再提高。後疫情時代的生活方式，是除了持續地延續過往的作為，更要積極的設想將來，提前找到問題與解決方式，這是官方與全民都需要及早因應的。

疫情遽變、要及早發現問題與預做因應

另外，停課或停班的機率提高，人們也得順應時代，提升自我的數位能力，以及增加家中辦公設備的機能。無論是學生或是上班族，人人都要有居家辦公與學習的能力，畢竟，前所未有的危機襲來，而且時間不知道會延續多久，所以這樣的能力是必備的。因為，人們無法繼續仰賴過去的生活方式，而是應該具備提前適應各式各樣變化的能力，例如用網路購物，用網路下單，然後直接在超商或是家中取貨，簡言之，防疫新生活不會只是在防疫的基本原則打轉，而是滾動式的修正，所以人們應積極作為，跳出舊窠臼。

新型冠狀病毒肺炎（COVID-19）危機席捲全球，不僅突破疆界藩籬、影響了數十億人生活，甚至癱瘓全球經濟。新冠肺炎就像是第三次世界大戰爆發，各國無一倖免，目前疫情雖已稍加控制，日漸緩和，但恐第二波疫情又起，短時間內似無法遏止。這場突如其來的疫情，導致全球多國多座城市首度面臨封城狀況，進出口封鎖，無法貨暢其流，衝擊各國經濟，製造業供應出現不順甚至斷鏈情況，迫使企業採取員工遠端在家辦工措施，疫情還帶來恐慌情緒與消費緊縮，使得全球經濟面臨二〇〇八年金融海嘯以來最大的衰退風險。金融市場隨之動蕩不安，全球投資人一同目睹了美股在短短十天內熔斷4次，油價史無前例的出現了負值，更別說難以計數的運動、展覽等大大小小群聚活動停辦，就連東京奧運都不得不宣布延期。「疫情像一場戰爭，對經濟衝擊大，也會影響很多人生活。」台積電創辦人張忠謀為二〇二〇年這場對疫情下了註解。此次疫情顯示，系統性的風險所帶來的影響不斷增加，而既有的體制在面對已知的危機降臨，也無法充分準備及應對。後疫情時代，世界即將面臨極大的衝擊與改變：

全球經濟成長衰退

全球經濟面臨巨大衝擊，國際貨幣基金（IMF）的預估，全球經濟成長率將由原先預估的3.3％，

下修至2.9％，事實上，疫情帶來的實際衝擊仍難以預料。而國際金融協會（IIF）更是預估，二〇二〇年全球經濟成長將負成長1.5％，是金融海嘯以來首次負成長。

從各國消費者信心指數、失業率，還是製造業採購經理人指數等，都顯示經濟前景的不明朗。在這些未見曙光的經濟數據背後，顯示整體經濟活動因疫情而大幅縮減，企業投資勢必也將減緩與推遲。全球經濟成長衰退似乎已成定局，而各國祭出QE政策及各項經濟激勵方案，就是為了不讓狀況進一步惡化成大蕭條。

科技產業製造業全面受衝擊

缺料危機，供應鏈、產業鏈將重構，製造業、科技產業面對全球化的衝擊、當全球經濟陷入不明之際，個別產業受衝擊的狀況都是當前最受關注的議題。疫情不僅影響全球經濟力道，消費力道也受到很大的衝擊，不諱言，這次的疫情將嚴重影響整個製造產業，科技業，未來的布局方向更是關鍵。

全球化供應鏈走向在地化與自動化

過去製造業供應鏈，科技業產業鏈多集中於中國，當今年1月中國疫情大爆發後，全球製造代工業、科技業立刻面臨產品供應不順的危機，而原先就進行中的中美貿易戰仍持續延燒，為分散風險「去中國化的態勢將更為明顯」。降低中國市場的依賴，拓展多元 市場，提升地緣風險意識，進而走向在地化與自動化，將是後疫情時代各國產業的因應對策。

5G大爆發延後

全球都對今年5G的發展寄與厚望，原先預期二〇二〇年5G 產業會帶來很大的爆發點，但疫情衝擊，供應鏈、價值鏈受地緣政治影響，先前受到中國大陸封城影響，工廠的開工率低迷，5G所需產品如光通訊元件、光傳輸設備與相關零組件在供應鏈並未完全順暢的影響下，衝擊的正是5G骨幹網路布建的速度。另外像是5G等重要技術的導入，也都因為疫情而出現遞延效應；今年5G手機發展，也蒙上一層陰影。

新興科技超前部署

疫情為全球帶來了心理上的驚嚇與實質的衝擊，但也帶來了改變的契機，疫情的蔓延也引發新興技術發展的空間。後疫情時代的產業將進入全新的局面，常態也將重新改寫，廠商超前部署具市場潛力的新興非接觸式科技與應用，包括 OPEN RAN、私人網路、邊緣運算、機器人、人工

智慧等，以迎來疫情新商機。

驅動新商業模式

新冠肺炎已大幅改變商業運作常態，並創造新的趨勢，包含遠距辦公、遠端學習與日俱增的數位社群聯繫、近岸生產、區域化和國有化供應鏈，呼應「在地生產」的口號等。政府和企業都需要自新冠肺炎的危機中成長，讓彈性、應變能力和永續能力都更勝以往。

消費模式改變

各國祭出鎖國、封城措施，控管人與人的社交接觸，也使得〈Work form home〉在家工作與遠端學習模式興起，過去民眾生活、工作、運動、娛樂等群聚活動將因保持社交距離受限而改變，最近哈佛大學 THChan 公共衛生學院的研究者基於美國數據進行建模研究，探究了未來數年時間裡，保持社交隔離對疫情發展的影響，顯示如果沒有特效藥或疫苗出現，那麼可能要到二〇二二年都需要長期或者間歇性的保持社交距離。疫情未減，在保持社交距離的情況下，人的消費模式將徹底改變，導致旅遊、航空、精品、餐飲、娛樂、運動、汽車、石化等產業，都受到疫情重創。面對疫情，企業必須更冷靜因應，啟動一系列風險管控策略，設法掌握變化，引領公司開創新商機。

食物短缺、糧食自給

疫情影響導致的封城鎖國政策，讓許多進出口業務被迫暫停，導致許多仰賴糧食進口的地區跟國家，陷入食物短缺的危機。如何提升糧食自主率，減緩疫情對食物供給的影響，已成為不少國家疫情後新生活型態的重要考量。

疫情經濟衝擊助長了民族主義

經濟衝擊導致民族主義高漲，而新冠疫情（COVID-19）危機也不例外，民族主義不僅加劇全球化的結構性挑戰，也將造成各國及種族間之衝突、全球戰爭之風險。後疫情時代，新產品、新技術、新市場、新來源、新組織將有所改變。台灣企業和教育界，都應掌握此波有利台灣的契機，創造自己與台灣的新價值。

後疫情時代 從「心」出發落實健康生活新準則

遵循防疫新生活運動：持續維持個人防疫措施，包括：勤洗手、保持社交距離、呼吸道衛生與咳嗽禮節等良好個人衛生習慣等，維持室內1.5公尺、室外1公尺以上的社交距離，若無法維持時應佩戴口罩。

重新檢視自己的日常：先列出原來因疫情影響預計的工作或規劃，檢視其重要性或急迫性之後，其實真正需要立即處理的事情有限，有許多非必要的工作或是活動可以先略過，放下過度擔心，安排未來的生活。規劃充實的作息與運動：每天除了正常的作息和量體溫重要外，家庭時間與朋友聯繫也很重要。每天也要運動以維持健康，可以以在自己家裡就能完成的較佳。

定時的關心疫情發展：我們對疫情要注意、要謹慎、但是不要緊張，所有防疫資訊依中央流行疫情指揮中心公告為準，避免資訊誤導，也要避免隨時或過度關心疫情發展而影響生活。在疫情解封後，建議大家趁機檢視自己生活型態後作調整，落實聖凡雙修的新生活運動，重拾健康快樂的規律人生。

五常德－後疫情時代的新生活實踐

臺中市四德國小校長　陳世穎

COVID-19新冠肺炎自二〇一九年爆發以來迅速在世界各國擴散，已感染累計人數超過2.2億，造成數百萬人死亡，是人類歷史上大規模流行性疾病之一，而且病毒持續變異，世界衛生組織警告，變種病毒會不斷的變異與傳播，未來新冠病毒將會流感化不會消失，新冠肺炎疫情改變我們各個面向的生活型態，包括消費方式、衛生安全、生態保育、心理調適、國際交流、疫苗接種的健康公平權等問題，將是我們必需重視的議題，我們的生活已受到全面性的影響，我們的應對措施，不再是消滅病毒或完全清零，而是要重新思考如何與病毒共存，並要做適時的調整與改變，轉型為後疫情時代的新生活實踐。

關公是華人社群最廣泛的一位神明，關公的民間故事、德性與信仰，都對人們的思想、性格或習慣具有潛移默化之效，在民間能佛道兩教降妖伏魔、為士人求功名利祿、為農民呼風喚雨、為商人招財進寶；並為公侯進官加爵、為帝王護國佑民，深受軍方、警界認同，亦為江湖弟兄所

供奉，人們之所以特別推崇關公，不是因爲祂的神威和武藝，而是敬重他的道德人格，玄門真宗中華關公信仰研究學會推動關公「仁、義、禮、智、信」的精神來教化信眾、推廣社會道德，作為規範人們生活和交往的道德模式，裨益民眾能提升知識與道德，強調「處世以仁；待人以義；對家以禮；任事以智；修行以信」，鮮明地體現出關公信仰的文化意涵。關公信仰若能成為普世價值，則可為後疫情時代帶來良好秩序以及人際間的和諧互動，促使人們自我超越與成長，以戰勝新冠疫情對我們的影響。

筆者很榮幸能受邀於民國一〇九年十一月十五日「聖凡雙修的生活方式實踐策略」學術論壇擔任與談發表有關「義」的實踐策略—「創造通達的人際關係」相關文章，在後疫情時代，有必要再為其賦予新義。人際關係在我們生命中，扮演相當重要的角色，人際關係的好壞對於每個人的情緒、生活、工作，甚至於對每個人所處之組織都可能會帶來極大的影響，良好的人際關係有助於個體發展健康的身心以及養成正向的人格，也是個體社會適應歷程中的重要關鍵。中華關公信仰研究學會依據關公信仰「義」—創造通達的人際關係的核心概念，提出「人際關係八大技巧」，在後疫情時代正向人格形成與社會適應實有其實際的效益與功效，茲析論如下：

一、見面時，親切的問候（微笑）

見面問候是我們向他人表示尊重的一種方式。見面時的問候雖然只是簡單的寒喧、打招呼，卻代表著我們對人的尊重，後疫情時代，口罩遮住了非語言的表達，停止過去熱情的握手、擁抱等禮儀，人與人之間必需保持距離，口罩也掩蓋臉部表情，降低人際間的互動情感，心理學家 Dr. Peggy Drexler 佩姬・德雷克斯勒博士，認為要了解一個人的感覺所需要的大部分訊息還是來自他們的眼睛，雙眼是靈魂之窗，我們仍然能依靠它們來交流，即使在口罩之下，仍需保持著微笑，問候時要面帶微笑，並注視對方，明確地表達歡迎之意，微笑、點頭和致意的問候才能具有傳情達意的效果，只有硬而單純的口語表達，反而給對方感受到敷衍的或流於形式。眼睛是靈魂之窗，善用眼神與聲音變化，面帶微笑發自內心的問候，更能建立良好人際關係。

二、常說請、謝謝

個人最基本的禮儀就是常說請、謝謝。常說「請」是最基本的禮儀，「請」是在公共場合使用頻率最高的語詞，主動邀請別人是人際互動成功的首要要訣，一個謙遜大方、熱情有禮的人必然能獲得他人尊重，邀請別人的態度誠懇，才能得到別人的正向回應，更會讓人覺得你謙遜和禮

貌而願意與你互動交往，真誠有禮的關注別人就會得到別人的關注。而「謝謝」也是基本的社會禮儀，受到他人的幫助，就必需回應一句「謝謝」，雖然是很簡短的一個詞，但是從中可以讓人感受到你對他的在乎，以及對他為你的服務或勞動的尊重。

三、記得別人的名字，並經常使用它

美國著名的人際關係學大師卡內基曾說：「世界上最悅耳的聲音，就是自己的名字」，贏得別人好感最簡單且顯著的方法就是記得他的名字，尤其在後疫情時代，人與人之間的接觸與互動減少，記憶和活用別人的名字，是贏取人們好感最簡單卻最顯著的辦法，在人際之間的互動上，要獲得他人的信任和支持，就是記得他的名字，並經常使用它。

四、從肢體語言中表達你的誠懇與善意

臉部表情是非語言溝通的重要部分，但在後疫情時代人們可能會因為戴口罩，而無法完全理解臉部表情的訊息而產生誤解，因此肢體語言變得格外重要。例如以微笑點頭表示友善、揮手表達道別等，非語言的肢體動作有時能傳達強而有力的訊息。肢體語言可以算是人類的第二種語言，

它能顯現人們的外在風度和形象，從肢體語言中表達誠懇與善意，可以有以下幾個參考方向。

（一）真誠的眼神：與人交談目光接觸對方時間最好占談話時間的 30%~60%，如果超過這個比率，會讓人感覺你對對方本人比對談話內容更感興趣。反之，如果低於這個比率，則表示你對彼此的談話內容和對方本人均不感到興趣。

（二）適當的坐姿：與人交談時，最好坐在對方的對面，讓他能清楚地看到你，並且保持端莊姿態，不要坐得歪歪斜斜，或者將手臂支撐下巴，這樣會讓對方感覺你不尊重與輕視對方。

（三）善用生動表情：面部表情反應我們內在情感，需要適當地與談話內容相配合，我們要想讓對方感受誠懇與善意，配合言談內容的生動的表情能發揮相得益彰的作用。

五、常常有關心別人感受的想法

在後疫情時代，人際交往更需要關心別人感受，把對方放在心上，能體會關懷別人的感受比良好的說話技巧更重要，大部分善於說話，讓人喜愛的人，總是把對方放在心上，發自內心的關心別人感受，會讓人感到溫暖。多說關心別人的話，會贏得真心的感謝，為了表達出自己的關懷

之情，在說話時應該：

（一）**適時鼓勵**：在面對遇到困難或是陷入困境的人時，可以適時地設身處地為其指出可能的希望與方向，協助他振作精神，樂觀走出困境。

（二）**表示關心**：能對所有人都懷有關心之情，真誠地表達出來，而不考慮對方地位尊卑或貧賤富貴，常關心別人感受的想法，別人自然也會將同樣的善意回報。

（三）**表達尊重**：能考慮對方的感受，就是尊重對方，而被你尊重的人，也會對你尊重與敬愛。

六、要求別人做事時，勿用命令式的口氣

後疫情時代，人們的工作受到場所與時間的限制將會減少，而轉向網路經營或在家彈性工作，生活中沒有人會喜歡被命令與被支配，這會讓人覺得不受尊重並受到輕視，想擁有更好的人際關係，就必須避免用命令的口氣，即使是我們的下屬或是子女，也不會喜歡聽到命令式的語言。具有良好人際關係的人，會講究說話的技巧，不管跟任何人說話都採取建議的方式，以個人魅力和能力來說服對方，只有人際關係不好又能力差的人，才會用高高在上的命令式語言與人說話。

七、以身作則

所謂「身教重於言教」，一個人的為人、行儀都不正當，想要指導別人是不容易被接受的。反之，自己行為健全、語言正當、心地善良，自然而然就會影響他人。身為主管者，以德領眾最重要，不可有本位主義，尤其敷衍塞責最是要不得。作一位主管，能以身作則，多一點勤勞、多一些規畫、多一分慈悲、多一分智慧，依部屬個人的體力、性向、能力去要求，不以自己的條件為標準，抱著「捨我其誰」的承擔態度，必定受到部屬的尊重。

八、己所不欲，勿施於人

孔子說：「己所不欲，勿施於人」。也就是說自己不願承受的事，也不應該強加在別人身上，要求別人做事時，首先自己本身也能做到。待人處事應該有寬廣的胸懷，寬以待人。倘若自己所不願意卻硬推給他人，會破壞與他人的關係，事情弄得僵持難下，這是尊重他人，平等待人的體現，人除了關注自身的存在以外，也必需關注他人的存在，切勿將己所不欲施於他人。

新冠肺炎疫情對全球造成了巨大影響，預料將對未來的生活模式帶來重大變化，中華關公信仰研究學會揭示關公信仰五常德，作為後疫情時代人們生活和道德的模式，本文僅就「義」德—創

造通達的人際關係「八大技巧」加以淺論，提供人際間和諧互動之參考，期能營造後疫情時代的新生活實踐。

「仁」的實踐策略——追求法喜的身體健康

太平區太平國小校長　湯正茂

這是一個最好的時代，這是一個最壞的時代；
這是一個智慧的時代，這是一個愚蠢的時代；
這裡是希望的春天，這裡是絕望的冬天；
我們應有盡有，我們一無所有；
人們直達天堂，人們直墮地獄。

有緣參加玄門山關公五常德論壇，不禁思索起英國大文豪迪更斯《雙城記》的這段名言。描繪著人們面對不確定時代，所產生的茫然與無助的心情寫照。面對呼嘯而來的新冠狀病毒(COVID-19)疫情，全世界陷入嚴峻的考驗，從封城鎖國、封校停課、搶口罩、疫苗及防疫物資、量額溫、實名制，疫情的不確定性彷彿綑綁了一如往常的行動自由，讓整個地球幾乎陷入窒息，一場面對「無常」的大哉教育，無聲無息的考驗著人類戒定慧的修養，回歸人類生命本體的源頭，古聖先賢所倡議的「五常德－仁義禮智信」，乃古哲聖賢之行為綱常，指引著人類往圓融、圓滿、自在的生命原點，在後疫情時代，是一種必要的修行功課，更是一種必然的生活實踐。

一、戒—自主管理，修心養息

疫情來得突然，傳染源捉摸不定，變種性高，且透過人際互動與接觸而傳染，看見全世界染疫人口及死亡人數不斷攀升，恐慌、害怕、擔心、猜疑、無助的心情猶如烏雲般瀰漫著整個世界，一場看似疫情的大戰演變成信任的危機，所有一切習以為常的自由都受到了限制，戴口罩、量額溫、實名制、限制室內室外群聚人數、維持社交距離、出入境須自主管理14天等各項防疫準則，在人人自危的氛圍下，一切回歸「反求諸己，戒慎恐懼，自律自保」的生活型態，唯有守戒守分，自我管理，調伏內心的自私、妄想與貪欲，靜心內省，養成良好習慣，注重個人營養、衛生、運動及防疫行為，才是最好的防疫疫苗。

二、定—自我覺察，平心靜氣

面對這一場疫情浩劫，面對突如其來的生離死別，面對無可奈何的停課停業，面對史無前例的經濟變化，面對看不見的未來曙光，在我們不斷驅動向前，追求高速運轉的年代，我們似乎從未停歇腳步去靜靜思考，為何如此匆忙？為何如此盲然？為何如此迷茫呢？當確診死亡人數只是一個數字，我們才恍然瞭解在滿足人類口腹之慾下，多少生靈塗炭成為餐桌上的山珍海味，我們是否曾謙卑地滋養「民吾同胞，物吾與也」的慈悲心呢？是否曾恭敬地擁抱「眾生皆有佛性」的平等胸懷呢？又是否經常表達「萬物皆為父母」的感恩之意？

這是一場大災教育，更是一場大哉教育，它教會我們「仰天求懺悔，俯地道感恩」，人類必須省察自性，回歸最清淨的初心，方能在動盪飄搖的疫情下，穩定正念，平心靜氣。

三、慧—自我提升，寬心自在

疫情初期，許多國家人民仍抱持著僥倖心態，缺乏戒慎恐懼的危機意識，堅持不戴口罩的習慣，以致疫情如洪水猛獸般爆發，難以收拾，造成難以算計的生命經濟損失；而台灣因為有經歷過SARS危機的經驗，全國立即啟動三級警戒，訂定各項防疫準則及措施，全島一心，共同防疫，連續加零的紀錄讓台灣一夕之間成為全球防疫模範，後來因為鬆懈輕忽，讓得來不易的防疫網有了破口，五月中疫情再度席捲全台，導致全國各級學校停課將近三個多月，影響家庭學校及社會

頗大，足以顯示不斷地自我管理，自我覺察，自我提升，維持敏睿清淨無染的智慧，才能在無常變動環境中，少憂少惱，放下執著，過著寬心自在的生活。

這是一個最好的時代，這是一個最壞的時代；這裡是希望的春天，這裡是絕望的冬天？無形的疫情變動固然難以掌握，病毒還會不斷地往來復去，面對如此劇烈變動的世代，唯一不變的是重新思索追隨古聖先賢所傳承下來「仁義禮智信」五常德的智慧資產，它將引導著我們勤修一顆自律自愛、守記守分的愛心，一顆尊重萬物皆有靈性的悲心，一顆自助互助天助的善心，藉由聖凡雙修的德行，滋養一顆浩然正氣，法喜充滿的生命價值，讓我們在茫然無助時仍有依靠，身心得以安住。

附錄三

照片集錦——後疫情時代的新生活方式與契機

門

論壇前諮詢會議（一）

論壇前諮詢會議（二）

論壇前諮詢會議（三）

與會貴賓依序簽到

弦樂演奏拉開序幕

與會貴賓陸續進場

大會主席玄興教尊致歡迎詞

介紹與談專家學者

主持人林政逸教授說明活動流程

專注聆聽凝聚共識

李永烈校長帶領「仁」組分組討論

江志正教授帶領「義」組分組討論

魏麗敏教授帶領「禮」組 分組討論

劉仲成館長帶領「智」組 分組討論

錢得龍校長帶領「信」組 分組討論

綜合報告 — 張臺隆校長

綜合報告 — 湯正茂校長

綜合報告 — 黃美玲校長

綜合報告 — 彭偉峰校長

綜合報告 — 劉美芬校長

大會主席玄興教尊說明
五常德教育基金計畫

與會貴賓合影留念

圓滿賦歸 期待再會

志工團隊辛勞付出

場佈一隅

後記－辦理「聖凡雙修的生活方式」實踐策略學術論壇省思與回顧

國立臺中教育大學高等教育經營管理碩士學位學程教授
兼學程主任 林政逸

壹、緣起

一切都是機緣！似乎冥冥之中要來參與並擔任本次「聖凡雙修的生活方式實踐策略學術論壇暨專書出版」產學合作計畫主持人，很高興也很榮幸參與本次計畫。民國110年1月教尊親自蒞臨國立臺中教育大學拜會教務長和我，表達想委託中教大辦理此次論壇之意，開啟本次論壇合作之旅；後續，我個人於110年2月2日，及2月19日偕同五位與談人一同到玄門山，與教尊、秘書、副會長及陳芊妘校長，商討論壇辦理事宜，凝聚共識。

因為台灣是全球關公信仰的重鎮，關公實踐春秋大義，落實儒家三綱五常，其言行代表的信仰精神本質，足以淨化人心，安定社會。為了使關公信仰與文化成為人類的宗教文明寶藏，本次論壇特別以研討及專書出版等方式提升民眾對關公信仰的認識，進而將關公「仁、義、禮、智、信」五常德內涵：仁—身體健康、義—人際關係、禮—家庭經營、智—事業經營、信—精進修行，落實於日常生活中。

貳、籌組堅強豪華的與談人陣容

我想一個高品質的學術論壇，最主要關鍵在於與談人對於論壇主題的專業與熟稔程度，經過仔細思考與聯繫，最後敲定五位與談人：臺中市大安區永安國小李永烈校長、國立臺中教育大學教育學系退休教師江志正教授、國立公共資訊圖書館劉仲成館長、臺中市霧峰區峰谷國小錢得龍校長，及國立臺中教育大學諮商與應用心理學系魏麗敏教授。因本次論壇主題有五項，內容較為廣泛，經過討論，最後決定撰寫主題與撰寫人如下：

一、李永烈校長：「仁」的實踐策略—追求法喜的身體健康

二、江志正教授：「義」的實踐策略—創造通達的人際關係

三、魏麗敏教授：「禮」的實踐策略—經營和諧的圓滿家庭

四、劉仲成館長：「智」的實踐策略—建立利益眾生的事業

五、錢得龍校長：「信」的實踐策略— 實現精勤的人生理想

參、籌畫與辦理歷程

一、召開三次諮詢會議、二次工作籌備會議及一次技術會議

為使本次論壇能夠有高品質的產出，也為使五位與談人所寫內容能夠符應關公「仁、義、禮、智、信」五常德內涵，除了110年2月19日我偕同五位與談人一同到玄門山，拜會教尊、關公信仰研究學會副會長以及陳芊妘校長，共同進行研討之外，另外，也在4月12日、6月8日（線上會議），及8月16日召開三次諮詢會議，除了針對撰寫內容進行多次研討之外，也針對論壇辦理方式以及專書出版進行意見交換，主要的決議如：專書方式可跳脫宗教，各主題加入理念的說明補充；撰寫內容針對生命、生活的圓滿如何更加提升，如何落實信仰於生活中；因應這兩年COVID-19疫情，撰寫稿件內容也需談及「後疫情時代的新生活方式與契機」。

除了諮詢會議之外，本次論壇因為有演講、分組討論以及分組上台分享，進行方式較為多元，為使論壇能展現高度的品質，於110年7月23日晚間（線上會議）及9月24日（五）進行兩次工作籌備會議，召集協助本論壇之中教大研究生及大學部同學，共同針對論壇所有行政事務進行研討，

包含：簽到、停車、引導、午餐、座位安排、下午分組討論與分享等進行仔細討論，希望能設想到所有細節並安排完整，使參與論壇的來賓都有賓至如歸之感。

另外，因本次論壇舉辦地點中教大英才校區寶成演藝廳內的燈光、音響與舞台等設備皆相當專業，於110年9月24日與寶成演藝廳人員召開技術會議，提出本次論壇的需求與想法，雙方加以確認定案。

二、辦理徵選設計

為使論壇之邀請函、手冊封面、研習證書及專書封面能具質感，邀請中教大美術系大四學生施彥妤（具設計專長）協助設計，每項設計有3款，在諮詢會議時大家一起討論評選。這次設計理念主要有：1.透過低彩度的色彩以增加莊嚴及質感。2.邀請函中的大理石雲霧與框界效果是希望能與中華關公信仰研究學會做連結。

三、因應疫情，提報防疫應變計畫報台中市衛生局核准

本次論壇另有一插曲。論壇原訂110年7月4日辦理，後來因5月中疫情大爆發，為遵守中央疫情指揮中心之規定，並考量與會者之健康安全，經過會議討論決定延後至110年10月2日舉行。

因應疫情的變動，室內人數原本規定上限為80人，但本次論壇人數約100人，略為超過。為符合規定，8月底我親自撰寫防疫應變計畫，報請台中市政府衛生局審核，並於9月初獲審查通過。原本因為疫情突然大爆發，我心裡七上八下，不知疫情何時可以和緩？也擔心萬一延期，所有工作都要重新安排規劃。還好，9月中下旬之後，疫情慢慢和緩，所有防疫規定也逐漸鬆綁，看來真的是關聖帝君在保佑我們，讓論壇不因為疫情延期，能夠順利舉行！

肆、論壇進行順利成功，與會貴賓收穫滿滿

10月2日這天論壇於中教大英才校區英才樓寶成演藝廳舉行。一共有60位中小學校長、10位中小學主任、3位中教大教授、10位中教大研究生，以及64位中華玉線玄門真宗教會、中華關公信仰研究學會的會長、副會長、院主及修士共同參與。

開幕式前安排音樂演出，邀請中教大4位音樂學系學生進行大、小提琴演奏，演出帕海貝爾：D大調卡農，莫札特：D大調嬉戲曲，作品136等曲目，讓論壇在悠揚的音樂聲中展開。

上午議程除開幕式外，分別安排五位與談人進行約20分鐘的演講，五位與談人展現高強功力，不僅演講內容充實精彩，且相當風趣幽默，現場貴賓聽到妙語如珠的演講內容，笑聲不斷。

中午休息時間，玄門真宗教會特別安排「心靈樂音－午後引導式靜息 心靈花園」，透過教尊的引導冥想，紓解壓力，讓大家身心靈獲得平靜舒緩。下午分組座談，透過事先的分組安排，讓與會貴賓分成五間教室進行研討與分享，每個主題的討論都相當精彩豐富，有的組別甚至時間到了都還欲罷不能。分組研討完之後，回到寶成演藝廳進行各組分享時間，由各組派一位代表上台分享，透過與會人員充分交流與分享，大家都收穫滿滿！

伍、結語

本次論壇能夠順利進行，並獲得與會貴賓一致高度肯定，要特別感謝教尊、玉線玄門真宗教會及關公信仰研究學會的全力支援，陳芊妘校長費心規劃聯繫，關公信仰研究學會陳裕昌副會長協助，再加上五位與談人全心付出，呈現最完美精彩的成果。大家幾個月來的用心規劃安排，以及關聖帝君的庇佑，讓疫情舒緩使本次學術論壇得以順利舉行。另外，透過本論壇，也可了解教尊及玄門真宗教會的奉獻與關愛，造福許多弱勢孩子與家庭，使他們得到好的照顧，讓社會更加和諧美好！

最後還要感謝國立台中教育大學教務長洪榮照、國立台中教育大學教授龔袛元、國立台中教

育大學助理教授譚君怡、南投縣同德高中校長童建文、台中市安和國中校長柯瓊華、台中市日南國中校長鄭清烽、台中市溪南國中校長張倉漢、台中市東華國中前校長江鴻鈞、台中市外埔國中前校長李文題、台中市光復國中小候用校長葉天喜、台中市中教大實小校長楊家慶、台中市中教大實小前校長塗文忠、台中市賴厝國小校長賴振權、台中市內埔國小校長彭偉峰、台中市黎明國小校長徐大偉、台中市瑞峰國小校長蘇世昌、台中市大安國小校長許瑞芳、台中市篤行國小校長彭瑞洵、台中市國光國小校長趙祝凌、台中市四德國小校長陳世穎、台中市樹德國小校長林佳灵、台中市車籠埔國小校長包沛然、台中市內新國小校長張文綺、台中市平等國小校長劉姿芬、台中市文雅國小前校長黃智慧、台中市吉峰國小校長林雅盛、台中市文雅國小校長王俊華、台中市外埔國小校長邱弘毅、台中市安定國小校長陳素萍、台中市台中國小校長張添琦、台中市僑忠國小校長陳銘鎮、台中市鹿峰國小校長黃美玲、台中市忠信國小校長黃美樺、台中市東陽國小校長吳文芳、台中市立新國小校長連忠誠、台中市太平國小校長湯正茂、台中市馬鳴國小校長李勝億、台中市大仁國小校長劉美芬、台中市光正國小校長阮志偉、台中市進德國小校長莊慶鑫、台中市大明國小校長鮑瑤鋒、台中市中華國小校長游麗蓉、台中市仁美國小前校長陳翠娟、台中市新盛國小校長陳美娟、台中市廍子國小校長張榮林、台中市何厝國小前校長關紫心、台中市崇光國小校長林再山、台中市大同國小校長馬任賢、台中市東新國小前校長張蘭珠、台中市永隆國小前校長蔡淑娟、台中市龍峰國小前校長陳芊妘、苗栗縣大埔國小校長徐臻輝、彰化縣文開國小校長詹雪梅、彰化縣伸東國小候用校長林媛萍、彰化縣螺陽國小前校長張臺隆、彰化縣草湖國小校長林昭青、南投縣僑光國小校長侯靖男、南投縣中原國小校長溫富榮、南投縣平林國小校長王志全、南投縣共和國小校長謝永義、南投縣文昌國小校長陳建助、南投縣愛蘭國小校長邱國峰等，在校務百般繁忙中仍能撥冗與會，讓本次論壇更添光彩，謹致上最高的敬意與謝意，謝謝您們。

後疫情時代的新生活方式與契機 活動執行感言

國家圖書館出版品預行編目資料

聖凡雙修實踐策略：後疫情時代的新生活方式與契機 / 陳桂興主編.
－－第一版－－臺北市：宇河文化 出版；
紅螞蟻圖書發行，2022.5
面 ； 公分－－(玄門真宗；14)
ISBN 978-986-456-327-2（平裝）

1.修身

192.1 111000443

玄門真宗 14

聖凡雙修實踐策略：後疫情時代的新生活方式與契機

主 編／陳桂興
計畫主持／林政逸
學者專家／李永烈、江志正、魏麗敏、劉仲成、錢得龍
發 行 人／賴秀珍
總 編 輯／何南輝
校對整理／柯貞如、紀婷婷、陳芊妘
美術構成／沙海潛行
出 版／宇河文化出版有限公司
發 行／紅螞蟻圖書有限公司
地 址／台北市內湖區舊宗路二段121巷19號(紅螞蟻資訊大樓)
網 站／www.e-redant.com
郵撥帳號／1604621-1 紅螞蟻圖書有限公司
電 話／(02)2795-3656（代表號）
傳 真／(02)2795-4100
登 記 證／局版北市業字第1446號
法律顧問／許晏賓律師
印 刷 廠／卡樂彩色製版印刷有限公司
出版日期／2022年 5 月 第一版第一刷

定價 360 元 港幣 120 元

ISBN 978-986-456-327-2 Printed in Taiwan

關聖帝君《玄靈高上帝》親敕 建立自己的教門
尋回自己的累世的門徒 咸令得到皈依、歸宿

玄門真宗 總山門

玄門山

關聖帝君《玄靈高上帝》親臨降頒，尋回自己的緣生門徒，為近二千年的神威救渡及五常德『仁、義、禮、智、信』精神能有一定位，更讓關聖帝君《玄靈高上帝》近二千年來的神人因緣、門徒有所的皈依歸宿。

天運甲子歲次開科，關聖帝君《玄靈高上帝》親敕點選門徒，創建以『關聖帝君《玄靈高上帝》』為教主的宗教脈延，親敕以『玄門真宗』為教名，更從立『教名』、『會集賢才』、『創建道場』、『立教申請』、『學術公聽會』等完成創建以關聖帝君《玄靈高上帝》為教主的『玄門真宗』。

根據「玉皇尊經」的記載，關公在公元一八六四年被各教教主推舉，禪登「玉皇大天尊玄靈高上帝」，至今一百三十餘年，復於公元二〇〇三年在內政部正式申請立教，有了自己的教門，自己的國度，稱為圓融國度。

關聖帝君如今已立有自己的教門『玄門真宗』來宏揚無量無邊的神威誓願，有廣大的門徒，有完整的經卷和殊勝濟世的方便法門，如今更創建『玄門山』為宣教總山門，得以更完整的建制，組織，宏揚關聖帝君《玄靈高上帝》的大誓願天命、拔選人才、為社會，為云云眾生行救渡、救贖、教化的大慈悲誓願。

讓我們在恩主恩師的五常課程學修教門

追求法喜的身體健康

創造通達的人際關係

經營和諧的圓滿家庭

建立利益眾生的事業

實現精勤的人生理想

歡迎你回家

教脈道務中心
玄門山迎賓堂